Seminar in managerial accounting

セミナー管理会計

筑波大学名誉教授
門田安弘 編著

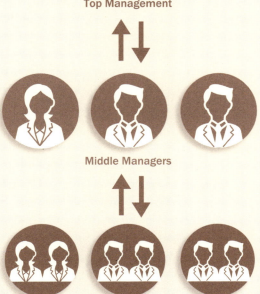

税務経理協会

ま え が き

　管理会計に対する世の中の期待は，近年大きく変わりつつある．

　第1に重要なテーマは，何といっても外部環境の大きな変化に対する事業構造の転換に関係する．それは「**経営戦略決定**」の会計であり，「戦略的事業計画」が中心になる．企業は外部環境の変化に遭遇し，既存の事業のうち陳腐化してきたものから撤退し，新しい有望な事業を取り込んでいかなければ，存続し続けることができない．これは企業の脱成熟化であり，新陳代謝であり，広義のイノベーションである．このことを財務的に支援する会計が必要である．

　第2に重要なテーマは，経営戦略で導入した事業を管理運営していく問題である．これは「**マネジメント・コントロール**」と呼ばれる問題である．その中心は各事業を担当する組織単位の管理者をマネージすることであるが，各組織単位（事業部や事業子会社など）レベルで立案される戦略的事業計画の評価問題や設備投資計画を含み，また各組織単位の管理者の業績評価問題が入ってくる．

　本書『セミナー管理会計』は，以上の2つのテーマ「経営戦略決定」と「マネジメント・コントロール」を平易に解説した教科書であり，管理会計の基本的部分については十分にカバーしている．各章は，それぞれの分野の円熟の専門家がポイントを分かり易く書いている．また，巻末の索引の用語を比較的たくさん収録したので，簡易の「管理会計用語辞典」としても役立つであろう．

　その内容を大括りにして分野別にまとめて示すと，次のようになっている．

　第1章　管理会計とは

第1部　戦略的計画の管理会計

　第2章　財務情報分析

　第3章　短期利益計画

　第8章　差額原価・差額収益分析

第9章　設備投資計画

第10章　戦略的事業計画

第12章　バランスト・スコアカード

第17章　M&Aの管理会計

第2部　分権的業績管理の管理会計

第4章　予算管理

第5章　資金管理とキャッシュ・フロー管理

第6章　事業部制における業績管理

第7章　グループ経営

第11章　EVAと事業評価

第3部　コストマネジメントの管理会計

第13章　原価維持−標準原価計算−

第14章　ABCとABM

第15章　原価企画

第16章　原価計算の基礎

　本書はこれまで読者に親しまれてきた拙編著『管理会計レクチャー』（基礎編）を改訂増補したものであるが，本書で新たに追加した章は，第17章「M&Aの管理会計」と，第16章「原価計算の基礎」である．

　第17章のM&Aは合併と買収であるが，上に冒頭で述べた経営戦略決定で新しい事業を開発し，そこに投資していくに当たっては，自社の強みを他社の強みと結合してシナジー効果を出していかなければならない．このテーマは財務会計の「企業結合会計」やファイナンスの手法と管理会計が交流する分野であるが，管理会計の分野でこれを取り扱ったものはほとんどない．企業評価や事業評価，買収価格の決定などがテーマになる．

　もう一つの追加章である第16章「原価計算の基礎」は，伝統的な原価計算の

まえがき

基礎的諸概念や計算のロジックを解説しており，管理会計のほとんど全分野にわたってベースとなる知識である．

本書の各章では，必ず簡単な数値例を使って説明している．各章末には練習問題を載せているが記述問題も含んでいる．

本書のもとになった『管理会計レクチャー』は，基礎編と上級編の2分冊からなり，本書はその基礎編の改訂版であるが，読者におかれては本書をマスターされたならば，『管理会計レクチャー（上級編）』に進まれ，さらに新しいテーマを勉強されるようお勧めしたい．

今回の改訂増補版の原稿収集や索引作成等の仕事では，関西学院大学の浜田和樹先生に一方ならぬお世話になった．また，練習問題の解答の整理では国士舘大学の井岡大度先生と白鷗大学の星法子先生のお世話になった．それらを日本組織会計学会のホームページアップロードすることは，甲南大学の長坂悦敬先生のお世話になった．これらの方々に心から御礼申し上げたい．

最後になったが，今回の改訂増補版の出版を快く引き受けてくださった税務経理協会社長　大坪嘉春氏と，同社の編集担当　峯村英治氏に深く感謝の意を表したい．

2016年1月吉日

門田　安弘

目　　　次

まえがき

第1章　管理会計とは ……………………………………………… 1

§1　マネジメントのための会計 ……………………………………… 1

　1.1　管　理　会　計 …………………………………………………… 1

　1.2　経営目的と管理会計情報の意義 ……………………………… 2

　1.3　財務会計と管理会計の関係 …………………………………… 3

§2　経営管理階層による体系 ………………………………………… 5

§3　戦略策定の管理会計 ……………………………………………… 6

§4　マネジメント・コントロールのための管理会計 …………… 9

§5　課業コントロールのための管理会計 ………………………… 13

第2章　財務情報分析 ……………………………………………… 17

§1　財務情報分析の意義と分析方法 ……………………………… 17

　1.1　財務情報分析の意義 …………………………………………… 17

　1.2　分　析　方　法 …………………………………………………… 18

　1.3　「純資産の部」の創設と財務指標への影響 ………………… 21

§2　収益性分析 ………………………………………………………… 22

　2.1　総資産（本）経常利益率 ……………………………………… 22

　2.2　自己資本当期純利益率 ………………………………………… 23

　2.3　売上高営業利益率 ……………………………………………… 24

　2.4　その他の収益性指標 …………………………………………… 24

1

§3 安全性分析 ……………………………………… 25

 3.1 短期支払能力の指標 ……………………………… 25

 3.2 長期支払能力の指標 ……………………………… 26

§4 成長性分析 ………………………………………… 27

 4.1 売上高伸び率 ……………………………………… 27

 4.2 売上高研究費比率 ………………………………… 27

 4.3 売上高新製品比率 ………………………………… 28

§5 連結キャッシュ・フローの分析 ……………… 28

 5.1 連結キャッシュ・フロー計算書の分析 ……………… 29

 5.2 キャッシュ・フロー分析 ………………………… 30

第3章　短期利益計画 ……………………………… 33

§1 計画の意義 ………………………………………… 33

 1.1 なぜ計画が必要か ………………………………… 33

 1.2 短期利益計画の位置づけ ………………………… 34

 1.3 管理指標の設定 …………………………………… 34

§2 利益計画の立て方 ……………………………… 35

 2.1 利益と変動費・固定費 …………………………… 35

 2.2 固変分解 …………………………………………… 36

 2.3 損益分岐点分析 …………………………………… 38

 2.4 損益分岐点の求め方 ……………………………… 39

 2.5 安全余裕率 ………………………………………… 40

 2.6 目標利益を達成するための売上高 ……………… 41

 2.7 目標利益確保の施策 ……………………………… 41

§3 直接原価計算と短期利益計画 ………………… 44

 3.1 直接原価計算の概要 ……………………………… 44

 3.2 直接原価計算，全部原価計算と損益分岐点分析 ……… 44

 3.3 直接原価計算と利益計画 ………………………… 46

目　　次

第4章　予算管理 ……………………………………………… 49

§1　予算管理の概要 ……………………………………… 49
　　1.1　予算，予算管理および予算制度 ……………………… 49
　　1.2　予算の種類と体系 ……………………………………… 50
　　1.3　予算管理の基本機能 …………………………………… 52
§2　総合予算の編成 ……………………………………… 53
　　2.1　年次総合予算の編成手順 ……………………………… 54
　　2.2　予算編成日程 …………………………………………… 55
§3　予算統制のプロセス ………………………………… 56
　　3.1　予算執行と期中統制 …………………………………… 56
　　3.2　予算報告書，原因ならびに是正措置 ………………… 57
　　3.3　予算実績と業績評価・報酬 …………………………… 58
§4　予算編成の数値例 …………………………………… 59

第5章　資金管理とキャッシュ・フロー管理 ………… 67

§1　資金管理の意義 ……………………………………… 67
§2　現金資金の管理 ……………………………………… 68
　　2.1　現金資金管理の意義 …………………………………… 68
　　2.2　現金資金計画のための計算書 − 資金繰表 ………… 68
　　2.3　現金資金管理の方法 …………………………………… 70
§3　運転資金の管理 ……………………………………… 72
　　3.1　運転資金管理の意義 …………………………………… 72
　　3.2　運転資金計画のための計算書 − 資金運用表 …………… 73
　　3.3　運転資金管理の方法 …………………………………… 75
§4　キャッシュ・フロー管理 …………………………… 78
　　4.1　キャッシュ・フロー管理の意義 ……………………… 78
　　4.2　制度会計上の資金計算書 −キャッシュ・フロー計算書 ……… 79
　　4.3　キャッシュ・フロー管理の方法−キャッシュ・フロー分析 … 81

3

第6章　事業部制における業績管理 ……… 85

§1　事業部制組織と管理会計上の視点 ……… 85

1.1　事業部制組織 ……… 85

1.2　事業部制組織のマネジメント ……… 86

1.3　事業部における業績評価の2つの意味 ……… 87

1.4　レスポンシビリティ・センターの考え方 ……… 89

1.5　事業部の業績評価とバランスト・スコアカード ……… 91

§2　プロフィット・センターとしての事業部制組織の業績評価 … 91

§3　インベストメント・センターとしての

事業部制組織の業績評価 ……… 93

3.1　インベストメント・センターの特徴 ……… 93

3.2　ROI（Return on Investment） ……… 94

3.3　残余利益 ……… 95

3.4　EVA™ ……… 96

3.5　指標のベースとなる数値の問題 ……… 97

§4　日本の事業部制マネジメントと業績評価 ……… 99

第7章　グループ経営 ……… 103

§1　グループ経営の課題と意義 ……… 103

1.1　グループ経営の背景 ……… 103

1.2　グループ経営とは ……… 104

1.3　純粋持株会社制の意義 ……… 105

§2　制度連結と擬似連結の同質性・異質性 ……… 107

§3　分社の課題とグループ化の意義 ……… 111

§4　グループ経営のための短期業績管理会計 ……… 113

§5　グループ経営のための意思決定管理会計 ……… 115

目　　次

第8章　差額原価・差額収益分析 119

§1　意思決定と関連情報 119

1.1　意思決定のプロセス 119

1.2　個別構造計画と個別業務計画 120

1.3　情報の収集 120

§2　関連情報と原価の概念 121

§3　差額分析の計算例(1)：受注の可否の決定 122

§4　差額分析の計算例(2)：自製か外注かの決定 124

4.1　単純な自製・外注の決定 125

4.2　機会費用を考慮した場合の意思決定 125

§5　差額分析の計算例(3)：追加加工をすべきか否かに関する決定 127

§6　差額分析の計算例(4)：セグメントの追加・廃止の決定 129

§7　差額分析の計算例(5)：プロダクトミックスの決定 130

§8　差額分析の計算例(6)：設備更新の決定 132

第9章　設備投資計画 137

§1　設備投資計画の意義 137

§2　設備投資の種類 137

§3　時間価値の概念 138

§4　設備投資計画の効果の測定 139

4.1　投資と投資価値 139

4.2　現金流出入額の計算と税金の効果 140

4.3　数値例による現金流出入額の推定 141

4.3.1　純投資額の計算 141

4.3.2　設備投資後の現金流入額の計算 142

§5　設備投資評価技法 142

5.1　現在価値法（Net Present Value Method） 143

5.2　内部利益率法（Internal Rate of Return Method） 144

5

5.3　回収期間法（Payback Method） ……………………………… 145

§6　投資案のランクづけ ……………………………………………… 146

6.1　現金流入のタイミングが異なる投資案の比較 ……………… 147

6.2　投資規模が異なる投資案の比較 ……………………………… 148

§7　資本コスト ………………………………………………………… 149

7.1　源泉別資本コスト ……………………………………………… 149

7.2　機会費用としての資本コスト ………………………………… 149

第10章　戦略的事業計画 ………………………………………… 153

§1　経営戦略の基礎概念とその計画化 ……………………………… 153

1.1　経営戦略の定義と戦略の策定・戦略的計画 ………………… 153

1.2　経営戦略の3階層と計画化 …………………………………… 153

§2　戦略的事業計画と戦略プログラムを支援するPPM手法 ……… 157

2.1　PPMの現代的意義 ……………………………………………… 157

2.2　PPMの基本モデル ……………………………………………… 157

§3　戦略的事業計画と戦略プログラムのための

セグメント会計情報 ……………………………………………… 161

§4　戦略決定のための管理会計システム …………………………… 163

§5　戦略的コスト低減 ………………………………………………… 164

§6　戦略的事業計画をめぐる課題 …………………………………… 167

第11章　EVAと事業評価 ……………………………………… 171

§1　本章の目的 ………………………………………………………… 171

§2　スターン・スチュワート社のEVA™ …………………………… 172

2.1　EVA™の計算方法 ……………………………………………… 172

2.2　CAPM法による資本コストの推計 …………………………… 174

2.3　EVAの利点 ……………………………………………………… 176

§3　EVAによる価値創造パフォーマンスの評価 …………………… 177

目　　　次

　　3．1　EVAによるパフォーマンス評価 ················· 177

　　3．2　EVAスプレッドによるパフォーマンス評価 ········· 178

　　3．3　EVAスプレッドによるパフォーマンス評価 ········· 179

　§4　EVAを用いた事業評価 ························· 182

第12章　バランスト・スコアカード ················· 187

　§1　バランスト・スコアカードの意義 ················· 187

　§2　バランスト・スコアカードの4つの視点 ············· 188

　　2．1　財務の視点 ····························· 188

　　2．2　顧客の視点 ····························· 189

　　2．3　内部業務プロセス（内部ビジネス・プロセス）の視点 ··· 190

　　2．4　学習と成長の視点 ························· 191

　§3　バランスト・スコアカード作成の基本的ステップ ······· 193

　§4　バランスト・スコアカードの機能 ················· 195

　　4．1　業績測定システム ························· 195

　　4．2　戦略的マネジメント・システム ··············· 195

　　4．3　組織変革の枠組み ························· 196

　§5　バランスの意味とバランスト・スコアカードの活用 ······· 197

　　5．1　「バランス」の意味 ······················ 197

　　5．2　バランスト・スコアカードの活用 ·············· 198

　§6　戦略マップ―4つの視点の因果関係― ··············· 199

　　6．1　業績ドライバーと業績尺度 ·················· 199

　　6．2　視点間の因果関係 ························· 199

　　6．3　戦略マップ ····························· 200

　§7　本章のまとめ ······························· 202

第13章　原価維持－標準原価計算－ ················· 205

　§1　原価維持と標準原価計算システムの意義 ············· 205

7

§2　標準原価の設定 ·· 206

2.1　直接材料費標準の設定 ································· 208

2.2　直接労務費標準の設定 ································· 208

2.3　製造間接費標準の設定 ································· 209

2.4　製造間接費予算 ··· 209

2.4.1　固定予算 ······································· 210

2.4.2　変動予算 ······································· 210

§3　原価差異分析 ··· 211

3.1　直接材料費差異の分析 ································· 211

3.2　直接労務費差異の分析 ································· 213

3.3　製造間接費差異の分析 ································· 214

§4　原価差異の原因分析 ·· 217

4.1　直接材料費差異の発生原因 ························· 217

4.2　直接労務費差異の発生原因 ························· 218

4.3　製造間接費差異の発生原因 ························· 218

§5　標準原価管理の意義の低下と原価維持の趣旨 ············ 219

第14章　ABCとABM ·· 223

§1　ABCとはなにか ·· 223

1.1　ABCの起源と発展 ····································· 223

1.2　ABCの定義と活動の意味 ···························· 224

1.3　ABCの考え方 ··· 224

1.4　ABCと伝統的原価計算との比較 ··················· 225

§2　ABCに基づく損益計算 ······································ 227

2.1　原価の活動レベルに基づく分類とABC分析 ········· 227

§3　ABCからABMへ－二元的ABCとABM－ ··················· 230

3.1　コスト割当の視点 ······································· 230

3.2　プロセスの視点とABM ································· 231

目　　次

　　3.3　ABMと価値連鎖 ································· 232
　　3.4　活動分析の例示 ······························· 234

第15章　原　価　企　画 ·································· 239

　§1　原価企画の意義 ······························· 239
　§2　中（長）期利益計画 ·························· 241
　§3　個別新製品企画 ······························· 242
　　3.1　顧客の要求品質とその重要度の調査 ········· 242
　　3.2　要求品質のウェイトの決定 ················· 244
　§4　個別新製品基本計画 ·························· 245
　§5　製品詳細設計と原価の造り込み活動 ········· 248
　§6　生産移行計画 ································· 251
　§7　原価企画へのITの活用 ······················ 251
　　7.1　検索機能の強化による原価企画の迅速化 ····· 252
　　7.2　構成部品による自動見積作成 ··············· 252
　　7.3　企業間で最新情報の共有化 ················· 252

第16章　原価計算の基礎 ·································· 255

　§1　原価計算の意義 ······························· 255
　§2　原価計算の目的 ······························· 256
　　2.1　財務諸表の作成 ··························· 256
　　2.2　原　価　管　理 ··························· 256
　　2.3　予算による利益管理と経営意思決定 ········· 256
　　2.4　短期利益計画の策定 ······················· 257
　§3　原価計算の基本的な概念 ······················ 257
　　3.1　原価計算の対象 ··························· 257
　　3.2　原価の分類 ····························· 258
　§4　個別原価計算と製品別原価計算 ················ 261

9

§5　個別原価計算の計算例 ……………………………………… 262

　5.1　費目別計算 …………………………………………………… 262

　5.2　部門別計算 …………………………………………………… 263

　5.3　製品別計算 …………………………………………………… 265

§6　製造原価明細書と財務諸表との関係 ………………………… 266

§7　サービス業の原価計算 ………………………………………… 269

第17章　M&Aの管理会計 ……………………………………… 273

§1　M&Aの目的 …………………………………………………… 273

§2　M&Aと企業結合会計 ………………………………………… 274

　2.1　M&Aの分類 ………………………………………………… 274

　2.2　被買収会社や被合併会社の「識別可能な」純資産の

　　　「公正価値」……………………………………………………… 277

　2.3　貸借対照表の連結プロセス ………………………………… 281

　2.4　のれんの概念と算定法 ……………………………………… 283

　2.5　新株の発行による合併 ……………………………………… 285

§3　企業評価と事業評価の方法 …………………………………… 286

　3.1　株主価値と企業価値の概念 ………………………………… 286

　3.2　フリーキャッシュフローと残余利益の定義と計算 ……… 287

　3.3　フリーキャッシュフローによる企業価値の測定：

　　　実務的簡便法1 ………………………………………………… 288

　3.4　残余利益による事業価値の測定：実務的簡便法2 ……… 289

　3.5　企業評価の一般公式と簡便公式 …………………………… 289

§4　合併での交付株式数はどのように決められるか……………… 291

　4.1　ステップ1：各結合企業の株主価値を測定する ………… 291

　4.2　ステップ2：合併比率の決定 ……………………………… 293

　4.3　ステップ3：交付株式の総数および買収価格を算定する …… 294

目　　次

§5　付録：企業評価の諸公式の合理性証明 ……………………… 295

　5.1　フリーキャッシュフロー法の簡便法の証明 ……………… 295

　5.2　企業価値評価のフリーキャッシュフロー法と

　　　営業残余利益法の同等性 ……………………………………… 296

索　　引……………………………………………………………………… 301

第1章　管理会計とは

§ 1　マネジメントのための会計

　マネジメントとは経営管理者であり，トップ・マネジメント，ミドル・マネジメント，ロワー・マネジメントの3階層があり，それぞれの主な役割は経営戦略の決定，戦略実施のコントロール，個々の仕事のコントロールというふうに分かれている．ただし，ここでいうコントロールは広義であり，その中にプランニングも含まれている．このようなマネジメントの役割を遂行するのに必要な財務情報を管理会計が生み出すことになる．

1.1　管理会計

　管理会計（management accounting, managerial accounting）は，経営者が資金をその事業に投下して効率的に運用するための財務情報を，経営者自身に提供する情報処理のシステムである．つまり，マネジメント（経営管理者）のために役立てる会計が管理会計である．

　そのような情報には，経営者自身が事業の方向を決めること（新しい事業に進出したり，多角化したり，あるいは成果のあがりにくくなった事業から撤退したりすること）に役立てるものもある．また，経営者自身が設備投資や長期や短期の経営計画にたずさわるさいに役立てる情報もある．これは経営戦略のための管理会計あるいは**戦略的管理会計**である．

　他方で経営者は，経済活動を遂行するにあたって多くの人々を雇用し，人々の間で財務活動，生産活動，販売活動，研究活動，新製品開発活動等，各種の業務を水平的に分担させることになる．水平的な分担があるところ，分担者の間を調整するような上位の管理者が必ず必要になる．水平的分担そのものも，

企業の上位目標（利益目標）を達成するために，これを手段的に複数の下位目標（生産目標，販売目標など）に分割することから生じており，そこに上下の目的・手段関係がみられる．

このような階層的な組織構造のもとでは，経営者の役割は自分1人ですべての経済活動の意思決定を行うことではなく，部下の管理者の意思決定を調整することにある．ここで**「調整」**とは，**「影響づけ」**といいかえてもよく，部下の管理者の意思決定に方向づけを与えたり，部下から提案された計画案に採否の決裁を下したりしてコントロールすることである[1]．そこでは，実績に基づいて決定の修正や変更を行ったり，部下に対する業績評価も行われる．これは**「マネジメント・コントロール」**の会計（**業績管理会計**ともいう）である．

さてそこで**管理会計の定義**を示しておくと，次のようになるであろう．**「管理会計とは，経営者が自ら企業の経済活動の方向を決定したり，部下の管理者の経済的決定に影響を与え，彼らの業績を評価し，もって将来の経済活動をよりよい状態にするための財務情報システムである．」**

この場合の「情報」は，基本的には冒頭に述べた経済活動の概念が資金調達に始まり，資金運用を通じて生産・販売活動を行うことであるので，基本的には資金，つまり貨幣金額による数値（財務情報）を意味する．管理会計の情報システムというのは，そうした経済活動に伴う財務データの収集，処理，伝達を通じて企業組織の効率的な運営に役立てるシステムを意味する．

1.2 経営目的と管理会計情報の意義

上記の管理会計の意義で述べたような，「資金調達と資金運用」に着目した企業組織の経済活動は，企業組織の構成員としての投資家（とくに株主）の目的を重視した考え方である．そこでの財務情報というのも利益，収益，費用，資産，負債，自己資本，キャッシュ・フローなどを指し，その中心は利益情報である．

それでは非財務情報や投資家以外の組織構成員の目的はどのように扱われるのか．この問題は，管理会計が経営者による経営管理に役立てるツールである

第 1 章　管理会計とは

から，経営管理の目的の考察から明らかになるであろう．

　企業の目的は，経済学的には，家計に対して財貨ないし用役（サービス）を生産し提供することにある．他方で組織論の立場では，企業組織はさまざまな個人の提携（coalition）であり，経営者・従業員・株主・債権者・資材部品サプライヤー・販売業者・消費者・地域住民などがこの提携の構成員となる．このような利害関係者それぞれの持つ個人的目的の中で，有力な組織参加者の間の交渉ないし闘いを通じて形成される目的が企業の主たる政策上の目標（「組織上の目標」ともいう）となる．

　この政策上の目標は国によって，あるいは景気によって多少とも違ってくるが，近年では経営者の戦略形成において通常，収益性（profitability）とか株主価値の最大化が主要な目標として選択される．これは主として株主の目標である．これは歴史的事実としての価値判断による．しかし，その他の組織構成員の個人的目標が無視されるわけではなく，株主を含むさまざまな立場の利害関係者の個人的目標について満足水準（制約）を満たす形で達成して行かれる[2]．これが行われる時，組織の各参加者の貢献に対し，企業の与える誘引支払が均衡し，**バーナードの組織均衡理論**にいう「**能率**」（efficiency）が達成される[3]．

　他方で，現代の企業が組織目的としての収益性ないし株主価値（＝株価×発行株数）を追求していくとき，経営者は意思決定の基準として組織の「**効率性**」（effectiveness；**効果性**とも訳される）の原理を用い，それは目標に対する手段の達成程度であるから，究極的には利益目標の達成の程度が基準となる．

　管理会計は，このような脈絡の中で，組織の「効率性」を追求するための財務情報を経営者に提供するツール（システム）である．非財務的情報ないしは組織の他の構成員の目標については財務目的や利益目的との関連で調整が必要な限りにおいて，管理会計において取扱われることになる．

1．3　財務会計と管理会計の関係

　企業活動の基本は，挑戦心豊かな企業家（事業を企てる人）が経営者となって，個人や銀行などの株主・債権者から資金を集め，この資金を自分が企てた

事業（business）に投下・運用し，より大なる資金を回収することにある.

ここで，企業の経営者はとくに資金の提供者（株主・債権者）から資金の効率的な運用の委任を受けているわけだから，彼らに対し資金運用の成果を期間的に報告する責任がある．これが**会計責任（accountability）**であり，財務会計（financial accounting）の本質は資金提供者に対して資金運用の成果を**「説明する」（account for）**ことで，**投資家の投資決定の判断情報とする**ことにある.

しかし，現代の企業は大きな社会的責任を有するので，資金提供者だけでなく，労働の提供者（従業員・労働組合）やモノの提供者（仕入先），販売業者，消費者に対しても，企業のパーフォーマンス（業績）を報告し，**利害関係者が当該企業への参加意思決定を行うための情報を提供する**ことが必要である.

このように財務会計は，組織に関する財務情報を外部の利害関係者の参加意思決定に資する情報生産システムである．このほか，一般に管理会計情報と財務会計情報の違いは，大体次のようなものである.

① 会計期間の違い……内部の経営者は毎週，毎日，あるいはもっと頻繁に情報を要求するが，外部の意思決定者は四半期や半年や１年ベースの情報を要求する．管理会計では最新の追加情報が管理者の行動決定にとって重要だから，タイムリーな情報提供という適時性の基準が重要である.

② 会計実態の違い……財務会計は基本的には一企業全体あるいは企業グループ全体を単位にして業績を測定するが，管理会計はそれだけでなく，部門別ないし責任単位別，さらには製品別，販路別，プロジェクト別なども取扱う.

③ 過去情報と未来情報の違い……財務会計ではほとんど過去の情報を扱うが，管理会計では過去の情報と未来の情報（推定値）との両方を扱う.

④ 客観性と目的適合性のウェイトの違い……財務会計では客観性が重視され，財務諸表は「一般に認められた会計原則」に従って作成されていることを公認会計士が検証してはじめて，財務諸表の真実性が確保される．これに対して，管理会計では管理者が有用と考えるどんな方法を用いてもよい.

第1章 管理会計とは

しかし，財務会計システムは，多くの場合に管理会計システムの一部と一体化していて，両者は日々の取引データの処理システムを通じてその基礎データを共有し，さらにアウトプット情報とその途中の処理システムをも共有する．

§2 経営管理階層による体系

管理会計とは，企業の経営者がその経済活動の方向を決め，かつ部下の管理者の経済的決定に影響を与え，彼らの業績を評価するための財務情報システムである．

このような管理会計システムを体系づけたり設計するには，経営管理のプロセスを3つの階層に分解することが有用である．ロバート・アンソニーは経営管理のプロセスを以下のように戦略策定，マネジメント・コントロール，課業コントロールという3つのレベルで分けて考えるべきことを主張した[4]（その基本書はAnthony, R.N. 1965. *Planning and Control Systems, A Framework for Analysis*, Harvard University.（高橋吉之助訳「経営管理システムの基礎」ダイヤモンド社，1968年）であるが，Anthony, R.N. and Govindarajan, V. 2007. *Management Control Systems*, 12th Ed. が彼の最期の到達点となった）．

(1) 「戦略の策定」(Strategy Formulation)

これは「組織の目的，これらの目的の変更，これらの目的達成のために用いられる諸資源，およびこれらの資源の取得・使用・処分にさいして準拠すべき方針，を決定するプロセスである．」

(2) 「マネジメント・コントロール」(Management Control)

これは，「組織の目的達成のために下位の管理者が資源を効果的[5]かつ能率的[6]に取得し使用することを，上位の管理者が確保するプロセスである．」つまり，下位の管理者の意思決定を上位の管理者がコントロールするプロセスである．換言すると，管理者が組織の戦略を実施するために他の管理者に影響を与えるプロセスである．

5

(3) 「課業コントロール」（Task Control ; 現場管理）

これは，「特定の課業が効果的かつ能率的に遂行されることを確保するプロセスである.」

以上の3つを総合的にみると，まず戦略策定によって組織の目的（goals）や方針（進むべき方向）が決定されると，これの枠の中で，マネジメント・コントロールではその**戦略を実施**（strategy implementation）するための計画設定とコントロールの双方が行われるが，メインの活動は戦略的ガイドラインの実施コントロールにある．課業コントロールではマネジメント・コントロールで決められた行動プランや行動ルールの実施が確保されることになる.

このような3つの管理プロセスのそれぞれを支える情報システムに管理会計は関与する．しかし，管理会計を他の諸科学と識別する本質的な特徴は，上位の管理者が下位の管理者の意思決定をコントロールするという管理会計のもつ**「分権的業績管理」**の機能にあるといえるので，**管理会計のコア**はマネジメント・コントロールを支えるシステムにある．しかし，戦略策定のための情報システムの一部と，課業コントロールのための情報システムの一部は管理会計に入ってくる．それらの情報システムのうち，財務情報を扱うものがそれである.

また，アンソニーによれば，戦略策定もマネジメント・コントロールも，ともに自動化されるのはむずかしい．いずれもすぐれた経営者の判断によるところが多く，彼らの五感によって重要な情報を検知して行われる．またマネジメント・コントロールでは人々の間の調整が必要になる.

§3　戦略策定の管理会計

経営戦略の策定（Strategy formulation）も計画と統制からなるが，戦略はそれほど頻繁には変更されないからそのほとんどは計画にあり，この計画をサポートするものは「戦略策定のための情報システム」ということができる.

戦略策定とは，**組織の目的（goals）の決定とその目的を達成する戦略の決定**

第1章　管理会計とは

からなる．ここで戦略上の目的とは，会社の包括的な長期にまたがる目標であり，これが変えられることはめったにない．たとえば，満足な目標投資利益率の達成とか，大きな市場占拠率の達成がこれである．また**戦略とは，事業領域（事業ドメイン）の決定である**．それは，企業目的達成のために企業の進むべき事業方向を決定することである．これは（職能別戦略や部門別戦略とは別の）いわゆる「企業戦略」の決定である．

しかし，組織の最高の上位目標がどのようにして形成されるかについては，多分に価値判断を必要とする領域の問題であるので，戦略策定の方法をシステム化することはかなり難しい．

なお，近年では環境変化が早くなっているため，トップの決めた戦略を実行するプロセス（マネジメント・コントロール・プロセス）を通じて得られる情報（とくに非財務情報）によって，下位部門からの**新しい創発型の戦略が立案**されて，これを戦略策定に結び付けることが行われる．これは**「相互作用コントロール」**（interactive control）[7]といわれる．相互作用コントロールでは，マネジメント・コントロールで得られた情報が，経営者に**イノベーション**を喚起させる．つまり，新しい事業や市場の開発と，古い事業の閉鎖についてその必要性を示唆する．

さて，戦略策定の情報システムは次の3つのサブシステムから構成されるが，このうち(2)と(3)が管理会計の情報サブシステムとなる．

(1)　外部環境調査システム

外部環境調査システム（environmental scanning）には，長期経済予測やその業界の長期需要予測，あるいは会社の市場占拠率と売上高の長期予測などの予測モデルが組込まれている．これらの外部経済情報の処理はコンピュータ・モデルにのるが，技術予測や社会予測，政治予測などはコンピュータ・モデルに適用し難く，たとえば，デルファイ法[8]などの人的な予測方法が必要である．

業界の景気動向や，業界の他の企業の企業分析は，M&A（合併と買収）の対象企業を選別するのにも役に立つ．

戦略策定の観点からは，外部環境調査の目的は自社にとっての外部環境の

7

好機（Opportunities）と脅威（Threats）を見出し評価することである．好機とは，企業の組織目標にとって貢献する外部の特質である．脅威とは，目標達成にとって障害となる外部の特質である．

　好機と脅威の例としては，次のような項目がある．政治・法令，市場トレンド，経済状況，株主の期待，科学技術，公衆の期待，競合他社の行為．

(2) 経営分析システム

　内部的な全社業績の分析システムは，会社全体に関する資本収益性や財務流動性の分析を行う財務諸表分析システムを指している．ここでは，事業部業績や部門業績に関する分析よりはむしろ全社的業績（それも連結企業グループの業績）に対する経常的なモニターと分析に限定している．経営管理という観点で企業グループのトップ・マネジメントの立場から全社的業績の評価をみると，これはトップ自らが強み（Strengths）と問題点（弱み；Weaknesses）を発見して，彼の将来の戦略策定への指針を与えるという意味をもつ．強みとは，自社の目標達成に貢献するような組織上の特質である．弱みとは，目標達成に障害となるような組織上の特質である．

　強み・弱みの例には次のような項目がある．資源（財務・知的財産・立地），顧客サービス，効率性，競争上の優位，インフラ，品質，材料，経営管理，価格，輸送時間，コスト，容量，主要顧客との関係，市場における知名度・評判，地域言語の知識，ブランド，企業倫理，環境．

(3) 戦略的事業計画システム

　企業が生きのび，発展していくためには，現在手掛けている諸々の事業のうち，撤退すべきものと伸長させるべきものとを峻別し，さらには成長分野への進出の決定がトップ・マネジメントにとって最も重要な戦略的決定となる．このような会社の方向を決める問題（撤退，多角化，集中化，新市場開拓，新製品開発など）へのシステマティックなアプローチ（例えばＰＰＭや，企業価値評価手法をグループ内の事業の「事業価値」評価に適用し，事業の選別を行う方法など）が，ここでいう戦略的事業計画システムである．

　ただし，戦略的事業計画は，「戦略策定」の段階でも，「マネジメント・コン

トロール」の戦略的計画の段階でも用いられる．戦略策定の段階では，企業グループにとっての事業領域（事業ドメイン）を編成するのに用いられる．他方，戦略実施のマネジメント・コントロール段階では，戦略策定段階で決めた各事業ドメインの内部で，事業ポートフォリオを決定するのに用いられる．

ここで，上記の(1)(2)(3)のシステムの相互関連を示すと次のようになる．まず(1)の外部環境調査システムによって市場環境における好機（opportunities）と脅威（threats）とを識別し，**好機を認識**する．ついで(2)の内部経営分析によって社内の技術力，製造力，販売力，流通力，物流力などを調べ，自社の強みと弱みを識別し，自社の核となる**強み（コア・コンピタンス）を認識**する．そこで(3)の戦略的事業計画では，自社の内部的なコア・コンピタンスを外部の好機に当てはめてみて，自社が進むべき**事業領域を決定**することになる．

このような分析は，いわゆる**SWOT分析**（Strengths, Weaknesses, Opportunities and Threats Analysis）に他ならない．創造的な戦略につなげるために，次のような事項を検討する．

・どのように強みを生かすか，
・どのように弱みを克服するか，
・どのように好機を利用するか，
・どのように脅威を取り除くか，または脅威から身を守るか．

§4　マネジメント・コントロールのための管理会計

マネジメント・コントロールは，戦略策定の段階で定められた，望ましい戦略を実施するための仕組み（システム）である．

管理会計の情報システムの中心的な役割は，この「マネジメント・コントロール」を支援することにある．つまり，組織における（あらゆるレベルの）上位の管理者が下位の管理者による戦略実施ための意思決定をサポートしたりコントロールしたりするプロセスの各ステップに役立つことである．

さらにいえば，マネジメント・コントロールのプロセスは，システマティッ

クに働かせるのではあるが，決して機械的に動くものではない．管理者は組織の目標だけでなく，彼自身の個人の目標も持っている．そこで，**マネジメント・コントロールの中心課題は，管理者が個人の目標を追求するさいに，組織の目標も同時に達成できるように彼を誘導することにある**．これが「**目標整合性**」（goal congruence：「目標の一致」ともいう）であり，組織の個々のメンバーの個人的目標が，組織それ自体の目標と首尾一貫すべきことを意味する．

たとえば，管理者が個人的な目標として，自分は将来人事分野のコンサルタントになって独立して活動したいと思っているのであれば，彼は現在いる会社の中の人事部門の仕事に精を出して会社に貢献するべきである．そうすれば，彼は人的資源管理のノウハウに習熟し，人事の会社を起業するにも役に立つ．

マネジメント・コントロールのプロセスは，アンソニーによると次のようなステップからなる．

- (1) **戦略的計画**（Strategic Planning）（プログラミングともいう）
- (2) 予算編成
- (3) 実行と記録会計
- (4) 業績報告と業績差異分析

これらのステップがサイクルで回ることになる．以下では，各ステップと，それをサポートする種々の情報サブシステムの概要について明らかにしておく．

(1) 戦略的計画

マネジメント・コントロールの段階でいう「戦略的計画」と，その前段階の「戦略策定」とは峻別しなければならない．

「戦略的計画」はかつて**プログラミング（Programming）**とも呼ばれたものだが，その中心の内容は長期計画であり，それは「会社が着手するプログラム（Programs）の決定と，各プログラムに配分すべき資源の概算量の決定とを行うプロセスである」と定義される[9]．プログラムの具体的内容は投資や研究・開発のプロジェクトとか，製品別・市場別などのセグメント（営業区分）を意味する．

10

第1章　管理会計とは

　このプログラミングには2つの段階があって，その第1は**プログラムの分析と決定**である．これは「**個別計画**」（project planning）[10]としていわゆる構造的個別計画と業務的個別計画からなる．構造的個別計画は，経営の基本構造を決めるような特定問題の決定を指し，設備投資計画（資本予算）や原価企画などが入る．これらに役立つ情報システムが管理会計のなかにある．

　さらに，プログラミングの第2の側面は，**プログラムの期間的割り付け**であり，「**期間計画**」（period planning）[11]として長期総合計画と短期総合計画の作成である．個々の戦略プロジェクト計画案を通常5か年という長期計画の中で総合調整する．これが長期総合利益計画システムである．

　さてプログラミングには短期の計画もあるが，それは個別業務計画と短期総合計画である．業務的個別計画のためには製品組合わせ（セールズ・ミックス）決定モデル，価格決定モデル，広告計画モデルなどがある．年度計画は長期総合利益計画の第1年計画によって大枠を与えられて，その枠内で上のような個々の詳細な業務的個別計画案を年度的に総合調整するための短期総合利益計画のプロセスを必要とする．

　上記のプログラミングのプロセスでは，設備投資計画とか長期利益計画などがなにゆえに先に述べたマネジメント・コントロールの概念に合致するのか．これらが「マネジメント・コントロール」の範疇に入るか，それとも「戦略策定」に入るかは，主としてその企業の構造や規模によって異なってくる．

　中小企業の場合には公式化したシステムとして部下に担当させないでトップ・マネジメントが自分自身で行うことが多いので，それはインフォーマルな「戦略策定」に入ることになるだろう．

　しかし，巨大な事業部制企業を前提にすると，これは「マネジメント・コントロール」に入る．そのような企業では，製品分野や市場は多角化し，その活動は多国籍にまたがっている．このような企業においては，設備投資計画などは，最高のトップ・マネジメント自身が意思決定するプロセスではなくて，**「事業部門の長に全社的な目的に合致するような『戦略プログラム』を立案するように仕向けて，そのプログラム案を評価して，そして各事業部門が全社的**

11

共通目的を達成できるように彼らに資源を配分すること」[12]である.

このように現場に近いところにいる分権的組織単位管理者（事業部長，社内分社長，子会社長など）が企業グループのトップ・マネジメントからただ単に戦略を与えられるだけではなく，その**戦略実施プロセス（つまり，マネジメント・コントロールのプロセス）において，学習する過程から新しい戦略が創発される場合がある**[13]．新規事業の発想が現場で起こるのがこれである．企業グループ内部におけるさまざまな事業領域（事業ドメイン）の決定は，グループのトップ・マネジメントの決定権限に係わるマターであるが，分権的組織単位の長が新規事業を提案し，これをグループのトップが検討して承認を与えるのは，まさしく**マネジメント・コントロールから戦略策定へのフィードフォワード・コントロール（事前的コントロール）**である．これを「相互作用コントロール」ともいうことはすでに述べた．さらに，社内分社や子会社の長がインベストメント・センターとしての権限を有している場合には，一定の範囲内ではその管理者自らが戦略の修正にかかわる場合も出てこよう．

また戦略の実施段階では，**戦略を実行**するためのツールとして，バランスト・スコアカードなども利用する．

近年の管理会計においては，「戦略策定の管理会計」で述べた戦略的事業計画と，マネジメント・コントロールのステップにおける「戦略的計画」や「戦略策定へのフィードフォワード・コントロール」との間の境界は厳密に区分できるものではない．これらの分野は近年の管理会計における最もホットなテーマの1つである．

(2) 予算編成

予算編成は次年度に関する活動の詳細な実施プランを作成するプロセスである．この予算編成のプロセスでは，プログラミングの段階で決定された各プログラムは，そのプログラムまたはその一部の執行に責任がある管理者の責任に対応した区分に変換されることになる．したがって，もともと個々のプログラム区分でたてられていたプランが，予算編成プロセスで責任中心点（responsibility centers）の区分に変換されるわけである[14]．

12

第1章　管理会計とは

　ここで，短期総合利益計画と予算編成を区別する理由は，プログラミングと予算編成の関係から明らかになるであろう．プログラミング・プロセスは会社の主要な意思決定を行うステップであって，予算編成はそれらの諸決定を受けてこれを責任中心点別に実施に移す手段である．

(3)　業績差異分析

　業績差異分析の働きは，事後的に下方から伝達されてきた実績情報を予算と比較して差異を算出し，この業績差異の大きさが重大であるかどうかを判定し，差異が重大と判定されれば，その差異の原因を探索することを指示するのである．

　業績分析は，全社や事業部の利益予算の差異分析や，部門別予算の差異分析として販売予算，製造予算などの差異分析が行われる．原価管理に役立つ会計システムもまた，業績分析システムに属する．これには原価維持と原価改善のシステムがある．これらの原価管理については，本書では基礎編の第4部と上級編の第3部で説明している．

　ところで，予算編成から業績差異分析にいたるマネジメント・コントロールのための会計システムは，実際には分権的管理組織の中で事業部制や社内分社制あるいは子会社の組織で行われる．

§5　課業コントロールのための管理会計

　課業コントロールは現場の第一線の監督者，作業長（職長・組長などともいう）あるいは事務員や自動制御装置などが，現場の特定の課業（task）や取引の実施活動そのものを直接的にコントロールする過程である．

　課業コントロールの例は次のようなものである．

① 　在庫管理システム，統計的原価統制システム，受取勘定（信用残高）・現金・預金などの内部統制システム

② 　生産スケジューリング・システム，統計的品質管理システム

③ 　自動プロセス制御（セメント工場，精油所，発電所などオートメーション化され

13

たプラントにおいて)

　上のような種々のコントロールに関する情報システムが課業コントロール情報システムである．この情報システムは「取引データの処理システム」[15]と密着していて，そこから日常的な大量の取引データの処理結果としての情報を受取るのである．受取った取引情報は，課業コントロール情報システムの中にプログラム化されている意思決定モデルにインプットされ，この決定モデルによって自動的に決定が導びかれることになる．上記の①が，「課業コントロールのための管理会計」の職能であり，②と③は工学的職能である．したがって，日々の原価統制をサポートするシステムや内部統制システムは管理会計の中に入れることができる．

　多くの課業管理システムはマネジメント・サイエンス（数学的手法）による管理に従うが，マネジメント・コントロールは決してマネジメント・サイエンスに従うことはない．マネジメント・コントロールは，その定義からして管理者の行動に関係し，数式で表現できるものではない．マネジメント・コントロールでは，管理者は他の管理者と相互作用をもつが，課業管理では人間は関与しないか，または管理者は非管理者と係ることになる．

〔注〕

(1)　Simon［1945］pp. 12-14.

(2)　企業における多目標間の調整方法についてはさまざまなものがあるが，詳しくは門田（1978）を参照されたい．

(3)　Cyert and March［1963］p. 36. Barnard, C. I.［1938］（邦訳書第11章参照）

(4)　この要約は主に Anthony［1965］第 1 章による．

(5)　「効果性」（effectiveness）はここではバーナード（Barnard, C. I.）のいう次の意味で用いられている．すなわち，「効果性は協同の目的達成に関するものである．……ある特定の望んだ目的が達成される時，その行動が『効果的』（effective）だと普通いう．」（Anthony［1965］訳書 p.33）

(6)　「能率性」（efficiency）は，バーナードが「組織均衡理論」でいう意味（個人の働

第1章　管理会計とは

　く動機に関するもの）では用いられていないで，技術的な意味，すなわち，投入と産
　出との間の最善な関係という意味で用いられている．Anthony［1965］訳書 p. 33.

(7)　Simons［1995］pp. 80－88.

(8)　デルファイ法またはデルフィ法（Delphi technique）は一群の人々の意見を一連の
　質問によって個別に引出し，それを集団の意見によって洗練し，最後に総合して１つ
　の意見にまとめあげる繰返しの手順である．

(9)　Anthony and Welsch［1974］pp. 302－304.

(10)　AAA［1956］p. 184.

(11)　AAA［1956］p. 184.

(12)　Anthony, Dearden and Welsh［1972］p. 459.

(13)　Mintzberg, Ahlstrand and Lampel［1998］

(14)　Anthony and Welsch［1974］p. 304.

(15)　取引データ処理システムはアンソニーのいう「情報処理」（information handling）
　プロセスに相当する（Anthony［1965］p.94. 訳書 p.113）.

参考文献

AAA. 1956. Committee on Cost Accounting Concepts and Standards 1955, Tentative
　Statement of Concepts Underlying Reports　for Management Purposes, *The
　Accounting Review, April.*（青木茂男監修・櫻井通晴訳著. 1975.『A.A.A.原価・管
　理会計基準』中央経済社, pp.115-145）

Anthony, R. N. 1965. *Planning and Control Systems, A Framework for Analysis,*
　Harvard University.（高橋吉之助訳. 1968.『経営管理システムの基礎』ダイヤモン
　ド社）

Anthony, R., J. Dearden, and R. F. Vancil. 1972. *Management Control Systems, Text,
　Cases and Readings,* Revised ed., Irwin.

Anthony, R., and V. Govindarajan. 2007. *Management Control Systems,* 12th ed. McGrau
　Hill.

Anthony, R. N. and G. A.Welsh. 1974. *Fundamentals of Management Accounting,* Irwin.

Barnard, C. I. 1938. *The Function of the Executive*, Boston, Harvard University Press. (田杉　競監訳. 1960.『経営者の役割』ダイヤモンド社)

Cyert, R.M., J.G. March. 1963. *A Behavioral Theory of the Firm*, Prentice Hall. (松田武彦監修，井上恒夫訳.1967.『企業の行動理論』ダイヤモンド社)

Mintzberg, H., B. Ahlstrand, and J. Lampel. 1998. *Strategy Safri: A Guided Tour Through The Wilds of Strategic Management*, The Free Press. (齋藤嘉則監訳. 1999.『戦略サファリ－戦略マネジメント・ガイドブック』東洋経済新報社)

門田安弘.1978.『多目標と階層組織の管理会計』同文舘出版.

Simon,H.A. 1945. *Administrative Behavior- A Study of Decision Making Process in Administrative Organization*, Macmillan. (松田武彦・高柳　暁・二村敏子訳. 1965. 『経営行動』ダイヤモンド社)

Simons, R. 1995. Control in an Age of Empowerment, *Harvard Business Review*, March-April pp. 80－88.

第1章の練習問題

問1．1　戦略策定，マネジメント・コントロール，課業コントロールをそれぞれ定義し，その例を1つずつ述べなさい.

問1．2　戦略策定とマネジメント・コントロールの「相互作用」を述べなさい.

問1．3　マネジメント・コントロールと課業コントロールの違いを述べなさい.

問1．4　戦略策定の段階における戦略的事業計画と，マネジメント・コントロール段階の戦略的計画における戦略的事業計画との間には，どのような違いがあるか述べなさい.

問1．5　「経営者が，直属の部下の管理者が自分の個人的目標を追求するときに，組織の目標も同時に達成できるように彼を誘導する.」ような事例を述べなさい.

問1．6　マネジメント・コントロールのプロセスは，どのようなステップから成り立っているかを述べなさい.

〔**門田安弘**（もんでん・やすひろ）〕

第2章　財務情報分析

§1　財務情報分析の意義と分析方法

1.1　財務情報分析の意義

　財務情報分析は，会計データを用いた分析を通じて，企業内外の利害関係者に有用な情報を提供することを目的として実施される．分析主体が外部利害関係者である場合を外部分析といい，内部の経営管理者である場合を内部分析という．管理会計に密接な関係をもつものは，内部分析であるため，本章ではこれに限定して述べることにする．

　内部分析は経営管理者に対し，主として計画と統制のための情報を提供する．経営管理者は，財務情報分析の結果を他社と比較することにより，自社の強みと弱みを把握し，戦略的計画の立案に役立てることができる．また，財務情報分析は長期利益計画，短期利益計画，予算編成における収益性，安全性，資金状態などの良否を判断する際に用いられるとともに，業績評価にも役立てられる．このように，内部分析は戦略的計画から予算編成，統制プロセスに役立つ重要な情報を提供する（図2－1参照）．

　なお，本章の財務情報分析では，連結財務諸表を対象とした財務諸表の分析（財務諸表分析）を行う．近年，経営活動のグローバル化・多角化による企業集団の形成は著しく，単体の個別財務諸表を分析しても企業集団の実態をつかむことは難しい．また，経営管理者も企業集団を念頭に置いた経営活動の計画，統制が求められている．そこで，本章の財務情報分析では，連結財務諸表を用いた各種の分析方法について解説する．

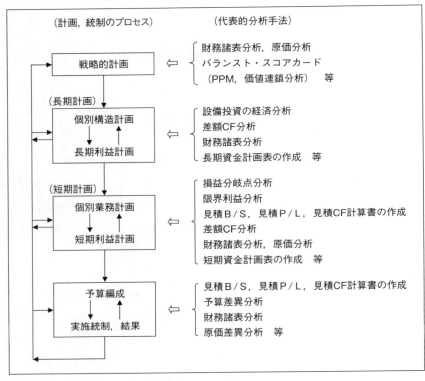

図2-1　内部分析の体系

1.2　分析方法

財務諸表分析の方法は，図2-2に示されるように，実数分析と比率分析に大別される．

① 実数分析

実数分析とは，1期間または2期間以上の財務諸表を用いて，各項目の金額を実数のまま分析する方法である．代表的なものとして，増減法がある．

増減法は，2期間の財務諸表を比較することによって，財務構造の変化や利益の増減，キャッシュ・フローの動きを明らかにし，その増減の変化をもたらす要因を分析する方法である．

第2章 財務情報分析

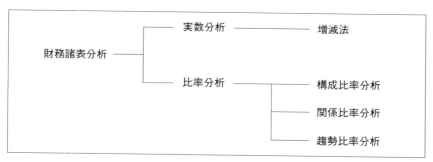

図2−2 財務諸表分析の方法

② 比率分析

比率分析とは，財務諸表の項目間の相対値を求めることによって分析を行う方法である．代表的な分析方法として，構成比率分析，関係比率分析，趨勢比率分析がある．

構成比率分析は，貸借対照表，損益計算書の構成割合を分析する手法であり，百分率で表される．たとえば，総資産に占める固定資産の割合や売上高に占める営業利益の割合などを算定し，分析を行う．

関係比率分析は，原因と結果，成果と犠牲，投入に対する産出など相互に関係のある項目間の相対的な割合を求める分析方法である．具体的には，総資産に対する利益の割合，売上高に対する売上原価の割合，労働投入に対する付加価値の割合等があげられる．

趨勢比率分析は，対前年度比，対前年同期比，伸び率等によって，項目の変化の傾向を分析する方法である．また，基準年度を100として数期間の増減変化をみる分析方法もある．

これらの比率分析は，規模の異なる企業間，業種間での比較が可能となるため，財務諸表分析の中で広く用いられている．本章でも，この比率分析に焦点を当て，収益性分析，安全性分析，成長性分析について解説する．さらに，連結キャッシュ・フロー計算書を用いたキャッシュ・フロー分析についてもみていく．なお，これらの分析に際しては，表2−1に示される東レの2015年3月期決算の連結財務諸表を用いる．

表2-1 東レの連結財務諸表（2015年3月期）

連結貸借対照表の要旨
(単位：百万円)

資 産 の 部		負 債 の 部	
流 動 資 産		流 動 負 債	
現金及び預金	116,193	流動負債合計	600,853
受取手形及び売掛金	405,330		
商品及び製品	220,763	固 定 負 債	
仕掛品	78,606	固定負債合計	676,315
原材料及び貯蔵品	92,260		
繰延税金資産	31,034	負 債 合 計	1,277,168
その他	75,384	純 資 産 の 部	
貸倒引当金	△1,702	株 主 資 本	
流動資産合計	1,017,868	資本金	147,873
		資本剰余金	136,727
固 定 資 産		利益剰余金	544,557
有形固定資産	855,593	自己株式	△21,345
無形固定資産	98,506	株主資本合計	807,812
投資その他の資産	385,958	その他の包括利益累計額	
固定資産合計	1,340,057	その他有価証券評価差額金	79,093
		繰延ヘッジ損益	△387
		為替換算調整勘定	100,097
		退職給付に係る調整累計額	△947
		その他の包括利益累計額合計	177,856
		新株予約権	1,207
		少数株主持分	93,882
		純 資 産 合 計	1,080,757
資 産 合 計	2,357,925	負 債 純 資 産 合 計	2,357,925

連結損益計算書の要旨 (単位：百万円)

売　　　上　　　高	2,010,734
売　　上　　原　　価	1,611,469
売　上　総　利　益	399,265
販売費及び一般管理費	275,784
営　　業　　利　　益	123,481
営　業　外　収　益	21,994
営　業　外　費　用	16,903
経　　常　　利　　益	128,572
特　　別　　利　　益	1,845
特　　別　　損　　失	15,948
税金等調整前当期純利益	114,469
法　人　税　等　合　計	39,737
少数株主損益調整前当期純利益	74,732
少　数　株　主　利　益	3,711
当　期　純　利　益	71,021

連結キャッシュ・フロー計算書の要旨 (単位：百万円)

営業活動によるキャッシュ・フロー	141,282
投資活動によるキャッシュ・フロー	△140,662
財務活動によるキャッシュ・フロー	△9,998
現金及び現金同等物に係る換算差額	8,730
現金及び現金同等物の増減額	△648
現金及び現金同等物の期首残高	113,137
現金及び現金同等物の期末残高	112,489

(出所) 東レのホームページより資料入手.

第 2 章　財務情報分析

1.3 「純資産の部」の創設と財務指標への影響

　財務諸表分析の各指標を解説する前に，「純資産の部」の創設とそれに伴う財務指標への影響について触れておきたい．

　2006年5月の会社法の施行，企業会計基準第5号（「貸借対照表の純資産の部の表示に関する会計基準」）の適用により，従来の貸借対照表における「資本の部」が廃止され，「純資産の部」が創設された．

　純資産は総資産から負債を差し引いた差額の部分であり，その内容は図2-3に示されるように，①株主資本，②評価・換算差額等，③新株予約権，④少数株主持分に区分される．株主資本の範囲は従来よりも限定される一方，純資

（出所）日本経済新聞2006年6月2日を一部加筆．

図2-3　「資本の部」から「純資産の部」への変更

産の範囲は新株予約権および少数株主持分が加わることによって，従来よりも広く捉えられることになった．それに伴い，一部の財務指標でその連続性が失われるおそれがあった．そこで，東京証券取引所では，純資産から新株予約権，少数株主持分を差し引いた部分を「自己資本」とし，従来の資本の部と近似する新たな概念を打ち出すことによって，財務指標の連続性が保たれることとなった．以下でみていく指標についても，この自己資本の概念を用いる．

§ 2 収益性分析

収益性分析とは，経営資源を効率的に利用して利益を獲得しているかといった企業の投資効率を分析する方法である．個々の企業は，異なる経営目的をもっていようとも，その経営目的を実現するために一定の利益を確保する必要がある．したがって，収益性分析は経営管理者にとって重要な分析方法となる．

2.1 総資産（本）経常利益率

$$総資産（本）経常利益率（\%）=\frac{経常利益}{総資産（本）}\times 100$$

$$総資産（本）= \{期首総資産（本）+期末総資産（本）\} \div 2$$

総資産（本）経常利益率（Return on Assets：ROA）は，経営活動全体に投下した資産（本）に対して，どれだけ効率的に経常利益を獲得することができたかという投資効率を表す．総資産（本）経常利益率はさらに，売上高経常利益率と総資産（本）回転率に分解することができる．

売上高経常利益率は，売上高の中にどれくらいの経常利益が含まれているか
を示す指標であり，企業の総合的な売上収益性を表す．他方，総資産（本）回
転率は，売上高をあげるためにどれだけ効率的に資産を活用したかという企業
の資産効率を表す．

上記の算式から，総資産（本）経常利益率を高めるためには，売上高に占め
る経常利益の比率を高めること，資産（本）を効率的に活用して売上高をあげ
ることが考えられる．

2.2　自己資本当期純利益率

$$自己資本当期純利益率（\%）= \frac{当期純利益}{自己資本} \times 100$$

$$自己資本＝（期首自己資本＋期末自己資本）÷2$$

自己資本当期純利益率（Return on Equity：ROE）は，株主が出資した資本に
対して，株式配当の原資となる当期純利益をどれだけ獲得することができたか
という株主の立場からみた収益性を表す．自己資本当期純利益率は，売上高当
期純利益率，総資産（本）回転率，財務レバレッジに分解することができる．

$$ROE \quad = \quad \frac{当期純利益}{売上高} \quad \times \quad \frac{売上高}{総資産（本）} \quad \times \quad \frac{総資産（本）}{自己資本}$$

$$売上高当期純利益率 \qquad 総資産（本）回転率 \qquad 財務レバレッジ$$

自己資本当期純利益率を高めるためには，売上高当期純利益率，総資産
（本）回転率，財務レバレッジのいずれかを高めればよいが，財務レバレッジ
を高めることに対しては，注意が必要である．財務レバレッジは，自己株式の
償却による自己資本の減少によって高めることができる一方，負債の比率を増
大させることによっても高めることができる．しかし，負債の比率を高めるこ
とは，利払いが増加し，財務リスクを増大させる可能性もあり，注意を要す

る.

2.3　売上高営業利益率

$$売上高営業利益率（％）=\frac{営業利益}{売上高}\times100$$

　売上高営業利益率は，売上高に対する営業利益の獲得割合を示しており，企業の営業力を表している．営業利益は販売費及び一般管理費の影響を受けるため，販売費及び一般管理費の内容や売上高に対する比率（売上高販管費率）もあわせて分析する必要がある．

2.4　その他の収益性指標
①　連　単　倍　率

$$連単倍率=\frac{連結利益}{親会社利益}$$

　連結財務諸表特有の収益性指標として，連単倍率がある．連単倍率とは，連結決算の数値が親会社（単体）の何倍に相当するかを表す指標であり，利益を中心に計算される．連単倍率が大きい場合には，企業集団のグループ力が大きいことを意味し，連単倍率が1を下回る場合には，赤字の子会社を抱えていることを意味する．

②　1株当たり当期純利益

$$1株当たり当期純利益=\frac{当期純利益}{発行済株式総数}$$

　1株当たり当期純利益は，1株当たりの収益力を表す指標である．計算に際し，分母は親会社の発行済株式総数を，分子は連結の当期純利益を用いる．連結の1株当たり当期純利益が，親会社の1株当たり当期純利益を下回る場合には，企業グループの収益力が低下していることを意味する．

第2章　財務情報分析

表2−2　収益性分析の計算例（東レ）

指　標	計　算　式	比　率
総資産（本）経常利益率	$128,572÷\{(2,119,683+2,357,925)÷2\}×100$	5.7%
売上高経常利益率	$128,572÷2,010,734×100$	6.4%
総資産（本）回転率	$2,010,734÷\{(2,119,683+2,357,925)÷2\}$	0.9回
自己資本当期純利益率	$71,021÷\{(859,001+985,668)÷2\}×100$	7.7%
売上高当期純利益率	$71,021÷2,010,734×100$	3.5%
財務レバレッジ	$\{(2,119,683+2,357,925)÷2\}÷\{(859,001+985,668)÷2\}$	2.4倍
売上高営業利益率	$123,481÷2,010,734×100$	6.1%
連単倍率（当期純利益）	$71,021÷41,705$	1.7倍
1株当たり当期純利益	$71,021$（百万円）$÷1,631,481,403$株	43.5円

期首総資産（本）　2,119,683百万円　　　　期首自己資本　859,001百万円
親会社の当期純利益　41,705百万円　　　　発行済株式総数　1,631,481,403株

§3　安全性分析

　安全性分析とは，貸借対照表から企業の債務支払能力を判断する分析方法である．安全性分析は，短期・長期の視点から分析が行われる．短期支払能力を表す指標としては流動比率，当座比率が用いられ，長期支払能力（安定性）を表す指標としては固定比率，固定長期適合率，自己資本比率が用いられる．

3.1　短期支払能力の指標

$$流動比率（\%）=\frac{流動資産}{流動負債}×100$$

　流動比率は，短期的な負債である流動負債に対して，返済にあてることのできる流動資産がどれくらい準備されているかを表す指標である．かつて20世紀初頭のアメリカの銀行では，この比率が200%以上であれば，貸付が安全であると判断されていた．しかし，現在では収益性が高ければ，100%程度であっても安全であると判断される．

25

$$当座比率（\%）=\frac{当座資産}{流動負債}\times100$$

　当座比率は，流動負債に対する当座資産（現金預金，受取手形，売掛金，市場性有価証券）の比率を表す指標であり，一般に100％以上が望ましいとされる．流動資産の中には，直ちに資金化することが難しい棚卸資産が含まれるため，支払資金を当座資産に限定して支払能力を判断する当座比率が用いられる，そのため，当座比率は流動比率よりも厳格な短期支払能力の指標となる．

3.2　長期支払能力の指標

$$固定比率（\%）=\frac{固定資産}{自己資本}\times100$$

　固定比率は，固定資産と自己資本の比率で表される指標である．固定資産投資が，返済義務のない自己資本の範囲内で行われていれば，資金繰りの面で安全であると考えられる．そのため，固定比率は一般に100％以下が望ましいとされる．

$$固定長期適合率（\%）=\frac{固定資産}{（自己資本＋少数株主持分＋固定負債）}\times100$$

　固定長期適合率は，返済義務のない自己資本，長期的な資金と考えられる少数株主持分，返済期限が長期にわたる固定負債の範囲内で固定資産投資が行われているかをみる指標である．固定長期適合率は，固定比率によって固定資産投資の良否を判断できない場合に補助的に用いられる指標であり，これも一般に100％以下が望ましいとされる．

$$自己資本比率（\%）=\frac{自己資本}{総資産（本）}\times100$$

　自己資本比率は，総資産（本）に占める自己資本の割合であり，企業の財務安全性を表す指標である．自己資本比率が高ければ，負債の比率は低くなるため，調達資金の安全性が高いと判断される．

第 2 章　財務情報分析

表 2 − 3　安全性分析の計算例（東レ）

指　　標	計　算　式	比　率
流動比率	$1,017,868 \div 600,853 \times 100$	169.4%
当座比率	$(116,193+405,330) \div 600,853 \times 100$	86.8%
固定比率	$1,340,057 \div 985,668 \times 100$	136.0%
固定長期適合率	$1,340,057 \div (985,668+93,882+676,315) \times 100$	76.3%
自己資本比率	$985,668 \div 2,357,925 \times 100$	41.8%

§ 4　成長性分析

　成長性分析とは，企業の将来の発展可能性や潜在力を判断する分析方法である．成長性分析は，特に将来にウェイトが置かれているので，各種の指標を考慮に入れた統計的な分析を行う必要があるが，伝統的な分析方法としては売上高，利益，付加価値，総資産（本）の伸び率や対前年度比等が用いられる．また，企業の将来の発展可能性を知る意味では，売上高研究費比率や売上高新製品比率などが用いられる．

4.1　売上高伸び率

$$売上高伸び率（\%）= \frac{当年度売上高 - 前年度売上高}{前年度売上高} \times 100$$

　企業の成長性は，売上高伸び率でみることができる．売上高伸び率は景気の変動に影響を受けるため，経済成長率（GNP）や同業他社，業種平均と比較することが有用である．また，売上高伸び率の分析に際しては，その増減理由を把握することも必要である．

4.2　売上高研究費比率

$$売上高研究費比率（\%）= \frac{研究開発費}{売上高} \times 100$$

研究開発投資は，将来の収益性に影響を及ぼす活動であり，企業にとって重要な戦略となる．売上高研究費比率を分析することで，企業の新製品開発の可能性を判断することができる．

４．３　売上高新製品比率

$$売上高新製品比率（％）=\frac{新製品売上高}{売上高}\times100$$

　企業が成長，発展していくためには，消費者のニーズに合った新製品を開発，提供する必要がある．売上高新製品比率は，売上高に占める新製品の売上高を表したものであり，常に変化する消費者ニーズへの適応力を示す指標である．ただし，企業外部者が新製品の売上高を把握することは困難である．

表２－４　成長性分析の計算例（東レ）

指　標	計　算　式	比　率
売上高伸び率	(2,010,734-1,837,778)÷1,837,778×100	9.4%
売上高研究費比率	59,504÷2,010,734×100	3.0%

前年度の売上高　1,837,778百万円　　　　研究開発費　59,504百万円

§５　連結キャッシュ・フローの分析

　上記では，連結貸借対照表，連結損益計算書を用いて伝統的な財務諸表分析である収益性，安全性，成長性について解説した．ここでは，もう一つの連結財務諸表である連結キャッシュ・フロー計算書を用いた分析を行う．

　連結キャッシュ・フロー計算書は，１年間の企業活動に伴う資金の出入と残高を表示したものである．この連結キャッシュ・フロー計算書を分析することにより，企業の資金繰りの状況を把握することができる．また，キャッシュ・フロー分析を行うことにより，資金面からの収益性や資金繰りに関する比率も把握することが可能となる．

5.1 連結キャッシュ・フロー計算書の分析

表2-1に示したように，連結キャッシュ・フロー計算書では，営業活動によるキャッシュ・フロー，投資活動によるキャッシュ・フロー，財務活動によるキャッシュ・フローの3つの区分から資金の出入を把握する．

営業活動によるキャッシュ・フローは，企業の本業である営業活動によって獲得した資金を表している．その内容は，①営業損益計算の対象となった取引（当期純利益と減価償却費），②営業活動によって発生した債権・債務（売上債権，棚卸資産，買入債務による資金の増減），③投資活動および財務活動以外の取引（利息の受け払い，配当金の受け取りなど）に大別される．

投資活動によるキャッシュ・フローは，将来のキャッシュ・フローをもたらす営業資源に対して，どれくらいの資金を支出し，回収したかを表している．具体的には，①有形・無形固定資産の取得，売却，②貸付金の貸付，回収，③有価証券・投資有価証券の取得，売却によるキャッシュ・フローを示す．

財務活動によるキャッシュ・フローは，営業活動および投資活動を維持するために，外部から調達または返済した資金を表している．その内容は，①短期・長期の借入，返済，②社債の発行，償還，③配当の支払い，自己株式の取得，売却などによるキャッシュ・フローを示す．

連結キャッシュ・フロー計算書の基礎的な分析としては，3つの活動別のキャッシュ・フローを相互に関連させて捉えるキャッシュ・フロー循環をみることによって，企業の資金繰りの概要を把握することができる．

表2-5 代表的なキャッシュ・フロー循環のパターン

	①	②	③
営業活動によるキャッシュ・フロー	＋	＋	＋
投資活動によるキャッシュ・フロー	－	＋	－
財務活動によるキャッシュ・フロー	－	－	＋

（筆者注）キャッシュ・フローの残高がプラスの場合は「＋」，マイナスの場合は「－」で表している．
（出所）平松・山地・百合草編〔2005〕，134頁をもとにして筆者作成．

表2-5には，代表的なキャッシュ・フロー循環のパターンを示している．たとえば，①のパターンでは，企業が営業活動によって獲得した資金を投資活動に回し，さらに借入金等の返済にあてていることを意味する．表2-1に示した東レの連結キャッシュ・フロー計算書は，①のパターンにあてはまる．

5.2　キャッシュ・フロー分析

キャッシュ・フローは，その計算過程から現金主義による利益の側面を有するとともに，支払準備の資金としての側面も有している．そのため，キャッシュ・フローを用いることによって，資金面からの収益性や資金繰りに関する比率を計算し，分析することができる．

①　収益比率

$$キャッシュ・フロー・マージン（\%）= \frac{営業活動によるキャッシュ・フロー}{売上高} \times 100$$

キャッシュ・フロー・マージンは，売上高に対する営業活動によるキャッシュ・フローの割合を示しており，売上高からどの程度の営業活動によるキャッシュ・フローが生み出されているかを表す．

$$1株当たり営業キャッシュ・フロー（円）= \frac{営業活動によるキャッシュ・フロー}{発行済株式総数}$$

1株当たり営業キャッシュ・フローは，1株当たりどれくらいの営業活動によるキャッシュ・フローを生み出しているかを表しており，1株当たり当期純利益とともに企業評価の一つの指標となる．

②　資金繰り比率

$$営業キャッシュ・フロー比率（\%）= \frac{営業活動によるキャッシュ・フロー}{流動負債} \times 100$$

営業キャッシュ・フロー比率は，流動負債に対する営業活動によるキャッシュ・フローの比率を表しており，営業活動によるキャッシュ・フローによって短期的な負債である流動負債をどの程度返済することができるかを表す指標である．

第2章　財務情報分析

$$\text{フリー・キャッシュ・フロー比率}(\%) = \frac{\text{フリー・キャッシュ・フロー}}{\text{営業活動によるキャッシュ・フロー}} \times 100$$

　フリー・キャッシュ・フロー比率は，営業活動によるキャッシュ・フローに対するフリー・キャッシュ・フローの比率を示す指標である．フリー・キャッシュ・フローとは，企業活動で自由に使用できる資金のことであり，営業活動によるキャッシュ・フローから投資活動によるキャッシュ・フローを加減することによって計算される．フリー・キャッシュ・フロー比率が大きい場合，経営者は自由に使用できる資金が多くなるため、どのような経営活動に資金を分配していくかが問われる．一方，フリー・キャッシュ・フロー比率が小さい，あるいはマイナスの場合には，財務活動によって資金を調達する必要がある．

表2-6　キャッシュ・フロー分析の計算例（東レ）

指　標	計　算　式	比　率
キャッシュ・フロー・マージン	141,282÷2,010,734×100	7.0%
1株当たり営業キャッシュ・フロー	141,282(百万円)÷1,631,481,403	86.6円
営業キャッシュ・フロー比率	141,282÷600,853×100	23.5%
フリー・キャッシュ・フロー比率	(141,282-140,662)÷141,282×100	0.4%

参考文献

青木茂男．2005．『要説　経営分析〔全訂版〕』森山書店．

平松一夫・山地範明・百合草裕康編．2005．『連結会計情報と企業分析の基礎』東京経済情報出版．

宮本寛爾・小菅正伸編．2006．『管理会計概論』中央経済社．

西村明・大下丈平編．2014．『新版　ベーシック管理会計』中央経済社．

西澤脩．2004．『ニュー管理会計シリーズ第4巻　企業集団の会計と管理―グループ経営の羅針盤』白桃書房．

大橋英五．2005．『経営分析』大月書店．

桜井久勝．2007．『財務諸表分析〔第3版〕』中央経済社．

第2章の練習問題

問2.1 次の連結財務諸表を用いて，収益性分析，安全性分析，成長性分析，キャッシュ・フロー分析の各指標を計算し，その結果を評価しなさい．なお，収益性分析の総資産(本)経常利益率，自己資本当期純利益率ならびにそれらに関連する指標の算定に際しては，簡便的に期末の総資産(本)を用いること．

連結貸借対照表 　　　　　（百万円）

科　目	金　額
資産の部	
流動資産	100,000
固定資産	300,000
資産合計	400,000
負債の部	
流動負債	62,000
固定負債	200,000
負債合計	262,000
純資産の部	
株主資本	120,000
評価・換算差額等	8,000
少数株主持分	10,000
純資産合計	138,000
負債純資産合計	400,000

連結損益計算書 　　　　　（百万円）

科　目	金　額
売上高	520,000
売上原価	364,000
売上総利益	156,000
販売費及び一般管理費	114,400
営業利益	41,600
営業外収益	2,900
営業外費用	10,500
経常利益	34,000
特別利益	1,500
特別損失	3,500
税引前当期純利益	32,000
法人税等	16,000
当期純利益	16,000

研究開発費 　　　　　43,680百万円
前年度の売上高 　　500,000百万円

連結キャッシュ・フロー計算書 　　　　　　　　　（百万円）

区　分	金　額
営業活動によるキャッシュ・フロー	37,500
投資活動によるキャッシュ・フロー	△22,200
財務活動によるキャッシュ・フロー	△12,300

〔浜田和樹（はまだ・かずき）〕

〔高野　学（たかの・まなぶ）〕

第3章　短期利益計画

§1　計画の意義

　企業経営を支える一つの大きな柱が利益計画である．継続企業の前提のもとでは，企業は利益を毎期出し続けることが必要となってくる．利益計画は，そのための施策を立案するうえでの基礎となる計画である．本章でとりあげる短期利益計画とは，企業の中長期にわたる存続と繁栄のため，現有の資源（設備，人員，市場，技術など）を前提として，翌期の目標利益を達成するための方策を探るものである．よって，短期利益計画の意義を理解し，計画策定のための基本的な概念と手法を学ぶことが大切である．利益計画がどのような目的で立案され，どのような目的でコントロールされるのかを学ぶことが，経営者ならびに経営者のスタッフにとって重要な課題となる．

1.1　なぜ計画が必要か

　利益計画のない会社を考えてみよう．一つの期が終わり，経理部長から社長に「当期の売上高は100億円，純利益は3億円でした．」という報告が行われた．社長はそれをどう評価するであろうか．計画のない会社では，それらの数字の善し悪しを判断することはできないであろう．黒字決算であればまだしも，赤字決算ならば，手の打ち所を知ることはできない．

　企業経営に限らず，人が継続的に何らかの目的に進む場合，意識的，無意識的にかかわらず，計画をもち，実施して，結果を検討し，次に向けて是正措置をとる．このマネジメントのサイクルを，計画（plan），実行（do），評価（check），改善（action）の頭文字をとって，PDCAサイクルとよぶ．

　短期利益計画を立てるということは，はっきりとした数値目標（金額）を明

示した上で，このサイクルを回していくためのスタート地点をあたえることである．経営の場合，売上高，費用，利益などの金額，また売上高利益率などの比率によって，目標が与えられる．このサイクルを回すことによって，企業の構成員各々が計画と成果の差異を認識し，対策を実施することによって，組織体としてのまとまりのある活動が可能になる．つまり，利益計画は経営者の意思であり，経営者と従業員とのコミュニケーションのツールでもある．

1.2　短期利益計画の位置づけ

企業経営の計画は，その切り口によって，個別計画（project planning）と期間計画（period planning）の2つに分類される．アメリカ会計学会（AAA（1956））は，以下のように定義づけている．

「個別計画とは経営管理者が特定の問題に直面した際に，未来の活動コースに関する意思決定を行うために，各代替コースを評価する過程である．」

「期間計画とは経営管理者が特定期間における企業全体または企業の機能別部門の未来活動に対し，承認しうる一組の経営計画を体系的に設定する過程である．」

個別計画は，一つのプロジェクト（新製品開発，新市場開拓，新工場建設，新組織採用等）についての計画である．それに対し，期間計画は，時間の進行に対応して立てられる計画である．短期利益計画は，中長期の戦略的意思決定によって設けられた目標利益率等の指標を達成するために，来期何をすべきかのロードマップであり，PDCAサイクルによって，計画と実績の差異を分析し軌道修正を行うことによって軌道修正が図られる．

1.3　管理指標の設定

企業経営において，その時々の状況を判断し意思決定を支援する指標（key performance indicator）が必要である．これは，航空機の機長が，コックピットにあるさまざまな計器が示すさまざまな数値をチェックしながら，飛行機を操縦することと同じである．

第3章　短期利益計画

　表3-1は，製造業における各機能のつながりと管理指標を例示したものである．これらは，PDCAサイクルを回して行く目安となる．

表3-1　企業の主要機能と管理指標の例

主要機能	管理指標
開発	開発リードタイム　一人あたり設計案件数
購買	購入資材コストダウン率　調達リードタイム
生産	生産計画達成率　仕掛品在庫日数　自動化率
物流	物流費率　物流リードタイム　在庫回転率
販売	売上高　マーケットシェア　従業員一人あたり売上高
（全体）	総資本利益率（ROA）　自己資本利益率（ROE）　目標利益達成率 一株あたり純利益（EPS）

　管理指標にはマーケットシェアやリードタイムのように企業外部に対するパフォーマンスに関係するものと，収益性や原価率，経費率のように利益計画と直接関係するものがある．

§2　利益計画の立て方

2.1　利益と変動費・固定費

　ここでは，決算書，原価管理，利益管理の3つの観点から利益を考えてみよう．決算書は，過年度の売上高から費用を差し引いて，過去の利益を確定するものである．それに対して，原価管理においては，来期の目標利益を設定し，それを予定売上高から差し引きして許容費用を算出し，その範囲内で費用が収まるように原価をコントロールすべきだという考え方をする．これらに対し利益計画では，企業が存続していくために必要な目標利益を設定し，それを達成するため売上高をいくらにし，費用をいくらに抑えねばならないかという考え方をする．すなわち，利益計画においては，利益は結果ではなく意図して獲得するものなのである．

35

2.2 固変分解

利益計画を立てる場合には，費用を変動費と固定費に分解すること，すなわち固変分解が必須である．変動費とは，売上高・生産量・操業時間など，企業の活動をあらわす変数，すなわち活動量（Volume，単位数に関する活動）に対して比例的に変化する原価をいい，固定費とは，企業の活動をあらわすそれらの変数に対して，変化しない原価をいう．また，光熱費に関する費目でよく見られるような，基本料金と使用量に比例する料金が，別々に計算され合算されるタイプの原価を準変動費とよぶ．

固変分解には以下の方法がある．

(1) 勘定科目法

(2) データから分解する方法（高低点法，休業原価法，スキャター・グラフ法，最小自乗法等）

勘定科目法とは，個々の勘定科目ごとに精査して，変動費か，固定費か，さらに準変動費のようにその両方の性格をそなえたものなのかを調査し，変動費と固定費に分解する方法である．たとえば，買入部品費は変動費，減価償却費は固定費と分解され，電力費のように「基本料金部分」と「使用量に比例する料金部分」をもっている，準変動費については，一つの勘定科目をさらに変動費部分と固定費部分に分解する．

この方法の問題点としては，まず，ある勘定科目を単純に「変動費」「固定費」に分類できないことが上げられる．前述のとおり，準変動費については，一つの勘定を変動費・固定費に再分解しなければならない．さらに，工場における光熱費は操業時間に対して変動費となるが，工場事務所における光熱費は固定費となることからわかるように，準変動費の変動費部分が固定費になる部分が生じる場合がある．

一方，データから分解する方法においては，グラフが用いられる．横軸に，企業の活動をあらわす変数（活動量：売上高，生産数量，生産時間など）をとり，縦軸には原価の総額をとる．図3－1において「×」であらわされた値が，ある活動量に対して計算された原価総額の実測値である．

第3章　短期利益計画

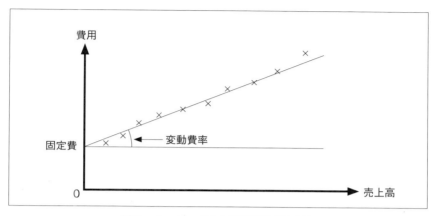

図3−1　データから固変分解する方法

　これらのデータに対して，図3−1のように一本の直線を与え，その直線と縦軸の交点によって固定費を推算する方法が複数ある．
1）　高低点法（二点法）　2つの活動量に対して，それらの活動量に対する総原価を推算し，その2点を直線で結び，その直線が費用軸と交わる点から，固定費を推算する方法である．
2）　休業原価法　活動量が0の時の総原価を推算し，その値をもって，固定費とみなす方法である．
3）　スキャター・グラフ法　図3−1のように，データが散布された図に，「直感」で直線をあてはめ，固定費を推算する方法である．
4）　最小自乗法　データ群に対して，数理統計学の手法である最小自乗法を用いて，原価直線の式を推定する方法である．
　いずれも，総原価が一次関数，すなわち直線であらわされるという仮定に基づいている．よって，変動費である材料の購入単価が，大量購入によって下落するような場合は，原価は直線ではなくなるため，これらの方法では正確な原価をあらわすことはできない．さらに，リベート（販売促進費）のように，一定個数の消費によって一定額が返金されるような場合，図はさらに複雑になる．

さて，上記の１）から４）に行くに従って，手法自体は複雑になっていくが，より正確な固変分解が可能となるといえる．しかし，これらの方法では，活動量と総費用の関係から推定を行うため，変動費・固定費の内訳が共にわからず，多くの場合，費用についての科目ごとの管理はできなくなってしまう．

固変分解に勘定科目法，データから分解する方法のいずれをとる場合においても，売上高と総原価との関係で分析を行う場合は，特定の期間において，売上高と総原価（総費用）を対応させることが必要となる．また，広告宣伝費のように売上高との対応がとりにくい原価が存在する．

利益計画を立案するさいには，これらの点に留意しつつ，現実の企業活動の中で何をどう管理するかを考えながら費用を分解することが肝要である．

2.3 損益分岐点分析

「目標利益を確保するにはいくらの売上高をあげなければならないか」，「売上高が目標を何％下回ると赤字になるのか」等，売上高と費用を計画し，統制するうえでの問を検討するための分析技法の最も基本的かつ重要なものが損益分岐点分析（Break-even Point AnalysisあるいはCVP分析）である．損益分岐点とは利益も損失も生じない，すなわち利益０となる，売上高や，販売数量を指す．損益分岐点では，売上高から変動費を控除した限界利益と固定費が一致する．

損益分岐点分析を行う場合には，次の４つの仮定が必要となる．

仮定１　企業の諸活動量（売上高，生産数量，作業時間等）のうちから一つの活動量によって企業活動が記述され，原価と収益が決定される．

仮定２　売上高，変動費は線形の関数であらわされ，固定費は常に一定である．

仮定３　期首在庫高と期末在庫高は等しい．

仮定４　企業は単一種類の製品を生産・販売している．または，多品種を販売している場合は，そのセールスミックスの割合が一定か，すべての製品の原価率が等しい．

以上の仮定を満たす場合に正確な損益分岐点を求めうる．

2.4　損益分岐点の求め方

前述の仮定4にあるように，セールスミックスの割合が一定か，すべての商品の原価率が一定の場合は損益分岐点分析を行うことができる．本数値例では，利益図表を作図することにより損益分岐点を求める方法を紹介する．

（数値例）

某社は，数百種類の商品を取り扱っているが，すべての商品の原価率（仕入値／売価）は0.5である．この某社の月間固定費が1,500,000円である．当期の売上高は5,000,000円である．損益分岐点を求めよ．

（解答）

本問の利益図表は図3－2になる．横軸は売上高，縦軸は，総費用と売上高をあらわすこととなる．

横軸の売上高の大きさを縦軸に置き換えるために，45度の傾きをもった収益直線を用いる．まず，売上高・原価・利益をあらわす縦軸に固定費1,500,000円

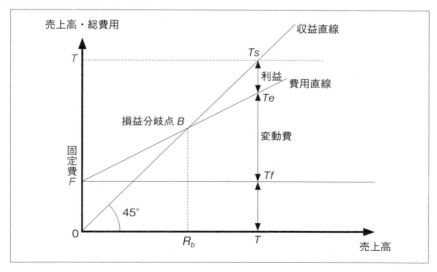

図3－2　損益分岐点分析

を示す点Fをとる．これを水平に伸ばしたものが固定費線となる．次に，売上高をあらわす横軸に今期の売上高5,000,000円をとり T とする．

　T から垂直に収益直線と交わる点Tsまで線を引く．この線上で固定費線との交差点 Tf の上に変動費2,500,000円を加算し点 Te を決め（売上変動費率（0.5）×売上高（5,000,000円）＝2,500,000円），この点と F を結ぶ直線を引くと，これが各々の売上高に対する固定費と変動費の合計を示す費用直線となる．費用直線と収益直線が交わる点が損益分岐点 B であり，損益分岐点売上高 R_b は3,000,000円である．この点3,000,000円より，少ない売上高では，損失が発生し，右方では利益が発生する．当期の売上高である5,000,000円では，1,000,000円の利益があることが，Ts と Te を結ぶ線によって示されている．

　次に，数式によって，損益分岐点を求める方法を述べる．

　損益分岐点売上高を R_b とすると，費用 C の式は次のようになる．

$$C = 変動費 + 固定費 = 0.5R_b + 1,500,000 \tag{3.1}$$

ここで，損益分岐点においては，費用と売上高が一致するので，

$$R_b = 0.5R_b + 1,500,000 \tag{3.2}$$
$$\therefore R_b = 3,000,000 \tag{3.3}$$

となり，売上高が3,000,000円を超えると，赤字が黒字に転ずることがわかる．損益分岐点売上高を一つの式であらわすと，次のようになる．

$$損益分岐点売上高 = \frac{固定費}{1 - 変動比率} = \frac{1,500,000}{1 - 0.5} = 3,000,000 \tag{3.4}$$

２．５　安全余裕率

　前項の仮設例において，設定された売上高が，最大限何％減少しても黒字を維持し続けることが可能であろうか．この比率を安全余裕率という．経営において，保守的な見通しを立てる場合，この情報は大変有用である．

$$安全余裕率 = \frac{売上高 - 損益分岐点売上高}{売上高} \times 100$$

$$= \frac{5,000,000 - 3,000,000}{5,000,000} \times 100 = 40 \ （\%） \tag{3.5}$$

本例においては，安全余裕率が40%であるということは，売上高が今期の売上高より40%減少するところまでは黒字が確保されることを示している．

２.６　目標利益を達成するための売上高

損益分岐点の手法は，短期利益計画作成にあたって重要な意味をもつ，ある目標利益を達成するために必要な売上高を推算することも可能である．

本例について，1,200,000円の利益を達成する売上高を求めることにする．目標利益は次の等式を満たす．

$$売上高 = 変動費 + 固定費 + 目標利益 \tag{3.6}$$

これを，本例にあてはめると次式になる．なお，目標利益を達成する売上高をRpとする．

$$R_p = 0.5R_p + 1,500,000 + 1,200,000 \tag{3.7}$$

この式を，R_pについて解くと，次のようになる．

$$R_p = \frac{1,500,000 + 1,200,000}{1 - 0.5} = 5,400,000 \ （円） \tag{3.8}$$

よって，5,400,000円の売上によって，1,200,000円の目標利益が達成されることがわかる．

２.７　目標利益確保の施策

数値例では簡単に「達成」できる目標利益額であるが，現実の企業においては，大変な困難を伴うことは周知の事実である．

目標利益確保のためには，以下の４つの視点がある．

1） 販売価格の引き上げ

2） 販売量の増大

3） 単位あたり変動費の引き下げ

4） 固定費の引き下げ

これらの中で，1）「販売価格の引き上げ」と2）「販売量の増大」はまさに
トレードオフの関係にある．経済学でいうところの「完全競争市場」ではな
く，ある程度価格を独自に決定できる状況にあるとき，「需要の価格弾力性」
に基づいて，「価格×数量」が最大になるように価格を設定すればよいとされ
る．価格の引き上げが利益を増加させるケースと，引き下げが同様の効果を生
む場合があり，ある価格のもとでの需要を推算することは容易ではない．ま
た，広告費の増加や，販売拠点の整備等の施策によって販売量の増大を目論む
場合には，2）と4）「固定費の引き下げ」がトレードオフの関係になる．

一方，コストに関する3）「単位あたり変動費の引き下げ」と，4）「固定費
の引き下げ」については，さまざまな施策が考えられる．

変動費の引き下げについては，まず，直接材料費の単価を減少させる手だて
が必要となる．この場合，購入部品の価格を低く抑えるために，複数の製品に
おける部品の共通化を行い，仕入先一社あたりの発注量を増加させて単価の引
き下げをはかることが考えられる．

さらに，プロダクトミックス（製品組合せ計画）において，売上総利益率（＝
売上総利益÷売上高）（メーカーでは，限界利益率＝限界利益÷売上高）のより高い製
品を優先的に組み入れることがある．

この場合，1－売上総利益率＝売上原価率（あるいは1－限界利益率＝変動費
率）であるから，会社全体としても変動費率（＝変動費÷売上高）が相対的に小
さくなり，総費用線（＝変動費率×売上高＋固定費）の勾配（つまり変動費率）が
小さくなり，損益分岐点が下がることになる．

固定費の引き下げについては，キャパシティ・コストの会計，活動基準原価
計算（ABC），原価企画，リエンジニアリング，サービス活動の改善，リスト
ラクチュアリングなど，さまざまな手法がある．

第3章　短期利益計画

　これらの手法の中で，原価企画は，製品設計の段階で，既存設備の有効利用をはかったり，部品を複数の製品間で共用したりすることによってコストの削減をはかる手法である．リエンジニアリング（Business Process Reengineering）は，多くの部門間にわたる一連の業務における無駄を除去し，業務の流れのスピードアップをはかる改善案を指す．サービス活動の改善においては，多くの時間が割かれているが重要度の低い業務を発見し，業務自体を廃止したり，所要工数を削減したりすることが行われる．リストラクチャリングは，トップダウン的な人員削減という意味が強調されるが，新規雇用を抑えることによる人員増の抑制という意味も含まれる．

　コスト削減には，現金支出の低減はいうまでもなく，製品の総原価を下げることによって，製品販売価格の競争力がつき，結果的に，収益の向上に貢献する効果もある．製造原価にとどまらず，販売費および一般管理費，研究開発費などの総原価の削減は，当然のことながら，損益計算書の費用を削減する．

　日産自動車が1999年に提案した「リバイバルプラン」を例にとると，各費目について，次のような施策が提案され，実行されている．

　直接材料費については，部品資材の購入先（サプライヤー）を約1,100社から，600社に減少することによって，残したサプライヤーへの発注量を増やすことによって，単価を引き下げる．

　加工費（＝直接労務費＋直接経費＋製造間接費）については，工場を閉鎖することにより，残った工場の稼働率をあげる．また，多品種少量生産の製品を一工場に集約する．

　販売費については，営業の目標を台数重視かつシェア重視の体質から，利益重視に変更した．具体的方策は，販売拠点を減少させ，リベート（販売促進費）を減らし，直営の販売子会社を地場資本化した．さらに一般管理費については，約15万人の従業員中，その一割も減少させ，一般管理業務における労務費の削減をおこなった．

　これら，ほぼすべての項目でコスト削減を行う中，研究開発費については，削減の目標を設定せず，結果，総額ではほぼ横ばい，開発部門での新製品・新

43

技術開発に要する人員は15%増加している．これは，コスト削減の中でも，売上増大につながる研究開発部門については聖域化して「稼ぐ力」をつける方策もあることを示している．

§3　直接原価計算と短期利益計画

3.1　直接原価計算の概要

　アメリカ会計人協会（NAA）の定義によると直接原価計算とは「操業度（生産量ないし売上高）に比例して増減し，かつ製造活動に結びつくコストのみがプロダクトにチャージされ，製品の生産量より時間の関数であるコストをプロダクトから除外する原価計算法」である．つまり，直接原価計算とは，変動製造原価のみを製品の原価とする原価計算方法で，原価の固変分解を行うことが必須となるため，損益分岐点分析を行う際の原価データとしても有用である．

3.2　直接原価計算，全部原価計算と損益分岐点分析

　財務会計においては，固定費が配賦されることが前提の全部原価計算が前提となるため，売上高もしくは生産量と製品製造原価は比例しない．次の一つの数値データによって，全部原価計算，直接原価計算ならびに損益分岐点分析の関係について示す．

　（設例）某社では，製品Aのみを製造販売している．月初及び月末の棚卸資産はないものとする．なお，変動費の活動量としてはAの生産量（＝販売量）をとっている．某年某月について，表3－2は実際原価，表3－3は販売費および一般管理費，表3－4は販売実績についてのデータをあらわしている．表3－2において，①は変動直接材料費，②固定直接材料費，以下同様に，⑫は間接固定経費の金額をあらわしている．

第3章　短期利益計画

表3－2　製品Aの製品製造原価（単位：万円）

| | 直　接　費 | | 間　接　費 | |
	変　動　費	固　定　費	変　動　費	固　定　費
材　料　費	① 200	② 0	③ 5	④ 20
労　務　費	⑤ 125	⑥ 100	⑦ 20	⑧ 250
経　　　費	⑨ 10	⑩ 0	⑪ 10	⑫ 500

表3－3　某社の販売費および一般管理費（単位：万円）

販売費及び一般管理費	変　動　費	⑬	30
	固　定　費	⑭	390

表3－4　製品Aの販売実績

販売実績	価格　5（万円/個）	販売数量500（個）	売上高2,500（万円）

　この場合，全部原価計算による当月製品製造原価は，表3－2に含まれる①から⑫までのすべての原価を合算したものとなり，1,240万円となる．

　一方，直接原価計算における変動製品製造原価は，①から⑪までの奇数番号の項目に示された原価の和，370万円となる．同様に②から⑫までの偶数番号についての項目の原価の和が固定費となり870万円となる．直接原価計算の場合，この固定費が製品に配賦されることなく，当月の期間費用となる．

表3－5　全部原価計算による　　　　　表3－6　直接原価計算による
　　　　　損益計算書　　　　　　　　　　　　　　損益計算書

	（単位：万円）
売上高	2,500
売上原価	1,240
売上総利益	1,260
販売費および	
一般管理費	420
営業利益	840

		（単位：万円）
売上高		2,500
変動製造原価	370	
変動販管費	30	400
限界利益		2,100
固定費		1,260
営業利益		840

　さらに，本例の損益分岐点を求めるために某社の変動費，固定費を求めると，変動費は，前述の変動製品製造原価に販売費および販売管理費の変動費部分⑬を加えて，400万円となり，固定費は，前述の870万円に販売費および販売

45

管理費の固定費部分⑭390万円を加えて，1,260万円となる．

損益分岐点売上高は次式のようになる．

$$損益分岐点売上高 = \frac{固定費}{1 - \dfrac{変動費}{売上高}} = \frac{1,260}{1 - \dfrac{400}{2,500}} = 1,500（万円） \tag{3.9}$$

3．3　直接原価計算と利益計画

　直接原価計算では，売上高から変動費を差し引いた，限界利益という概念がとても重要である．損益分岐点は，前述のとおり，(3.9) 式のようにあらわされるが，(1－変動費率) の部分を，限界利益率（$= \dfrac{限界利益}{売上高}$）と置くと次式のようになる．

$$損益分岐点売上高 = \frac{固定費}{1 - 変動費率} = \frac{固定費}{限界利益率}$$

∴　限界利益率×損益分岐点売上高＝固定費

∴　損益分岐点における限界利益＝固定費 $\tag{3.10}$

　つまり，限界利益と固定費が一致する点，すなわち，限界利益によって固定費が回収される点が，損益分岐点である．そこで，縦軸に（限界利益－固定費つまり営業利益），横軸に売上高をとり，利益図表を作成すると，限界利益が0となる点が損益分岐点となる（図3－3）．

　さらに，この図を応用し限界利益率が異なる複数製品を扱っている場合を仮定する（図3－4）．なお，括弧内のパーセンテージは限界利益率をあらわしている．この場合，損益分岐点も求めることができる．限界利益率が高い順に製品が販売されたと仮定した場合の損益分岐点は，点Aで示され，すべての製品が総売上高に比例し同じミックス比率で販売されたと仮定した場合の損益分岐点は点Bである．このように，直接原価計算は，利益計画を分析し統制するうえでもきわめて有用な原価計算方法であるといえよう．

第3章 短期利益計画

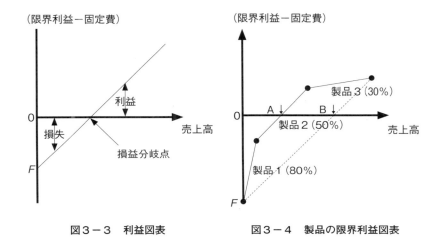

図3-3 利益図表　　　図3-4 製品の限界利益図表

参考文献

AAA (American Accounting Association). 1956. Committee on Cost Concepts and Standards, 1955, Tentative Statemennt of Concepts Underlying Reporst for Management Purposes, *The Accounting Review*, April p.184.

石上芳男．2000．『利益計画の立て方・つくり方』日本能率協会マネジメントセンター．

板垣英憲．2003．『カルロス・ゴーンの世界制覇戦略』秀和システム．

伊藤善朗．1992．『管理会計技法』同文舘出版．

片岡洋一．1984．『製品原価の測定理論』白桃書房．

門田安弘．2001．『管理会計 ―戦略的ファイナンスと分権的組織管理―』税務経理協会．

田中靖浩．1999．『経営がみえる会計』日本経済新聞社．

第3章の練習問題

問3．1 某100円ショップは，数千種類の商品を取り扱っているが，すべての商品の原価（仕入値）は80円である．この店の月間固定費は500,000円である．損益分岐点売上高を求めよ．なお，消費税は考慮しないこととする．

問3．2 上記100円ショップにおいて，来月の目標利益を100,000円とした．しかし，売

上高の予測において2,000,000円が上限であるとした場合，月間固定費をいくらにまで削減する必要があるか．

〔今林正明（いまばやし・まさあき）〕

〔松下芳生（まつした・よしお）〕

第4章　予算管理

§1　予算管理の概要

　会計には企業の経済活動を測定・記録し，関係者に注意を喚起し，問題を解決するといった統制機能がある．予算管理は，会計のこうした機能を活用するものであり，組織成員とコミュニケートしながら経営組織全体の収支を予定し，その執行においては経営資源を予算にもとづき組織の各単位に配分し，かつ予算の目標値を達成できるように執行プロセスを統制する．営利企業に限らず，非営利企業，国家や地方自治体，社団や財団等，多様な組織で予算管理が実施されている．本節では営利企業の予算である企業予算（business budgets）に焦点を当て論を進める．

1.1　予算，予算管理および予算制度

　「予算（budgets）」は，業績ないし利益の作り込みのツールであり，1年とか1か月といった予算期間を設定し，部門別（あるいは活動別）ならびに費目別に当該期間に予定されるヒト，モノ，カネなどの経営資源の出入りを会計数値でもって記したステートメントである．

　また，「予算管理（budgeting）」は，予算をツールに用いた目標管理のことであり，「予算の編成」，「予算の執行」および「予算による統制（budgetary control）」という3つのフェーズからなる．「予算の編成」というフェーズは，経営戦略を取り込んだ全社目標を達成するための実現可能なシナリオの執行を意図して，組織下位単位に資源の配分を予定するプロセスである．すなわち，各部門の活動の業績評価基準になる数値目標を策定し，当該目標達成に必要とされる資源の配分を決めるフェーズである．

49

予算が編成されたからといって，予算目標が達成されるとは限らないため，予算目標を確実に達成するために「予算による統制」が実施される．なお，予算統制のフェーズでは月次決算制度が導入されている場合，月間の実績値を責任単位ならびに費目ごとに月次予算と比較し，差異を計算し，許容範囲を超えた差異については原因分析を行い是正措置をとることになる．

全社的に組織化され恒常的に運営される予算システムを予算制度という．制度としての予算管理は，予算管理組織，ならびに簿記・会計組織の存在を前提に運営される．

1.2　予算の種類と体系

(1)　中・長期予算と短期予算

これは予算期間を基準にした分類である．1年超を予算期間とする予算が中・長期予算，1年以内の期間を対象にする予算が短期予算である．中・長期予算は，3年とか5年を予算期間にしており，計画指向の予算である．一方，年次予算，6か月予算，月次予算などの短期予算は実行予算として計画期間の行動を統制する．なお，多くの企業では中・長期利益計画をもって中・長期予算に代えている．

(2)　期間予算と継続予算

年次予算のように計画期間につき編成される予算を期間予算という．期間予算は環境の変化などを取り込むために改訂されることがある．ローリング予算（rolling budgets）とも言われる継続予算（continuous budgets）では，予算を期間の経過に合わせて更新し，更新時に消化した期間に代わる将来期間の予算を加えて，常時，将来の一定期間をカバーする．

(3)　経常予算と資本予算

経常予算は，経常的・反復的に遂行される活動を対象にする予算である．一方，資本予算は設備投資，研究開発投資，関係会社投資などの予算であり，数年間を予算期間とする．

第4章　予算管理

⑷　損益予算と資金予算

　損益予算（ないし業務予算）は期間の目標利益に至る収益と費用を費目別に詳細に記述する．収益・費用の見積りは発生主義によって行うので，現金主義にもとづく収入・支出の見積額と必ずしも一致しない．資金の過不足を事前に予測し計画的な資金繰りを行うために，予定した業務がもたらす資金収支および財政状態を示すのが資金予算である．

⑸　費目別予算，部門予算および総合予算

　予算は費目別，部門ごとに編成され統制に用いられる．費目別に編成された予算が費目別予算，そして購買，製造，販売，総務といった職能部門別に編成された予算が部門予算（departmental budgets）である．部門予算案を会社全体の立場から調整し集計したものが総合予算であり，それは基本的に見積損益計算書，見積貸借対照表，見積キャッシュ・フロー計算書からなる．部門予算は，部門活動の管理，ならびに部門や管理者の業績評価に用いられる．事業部制組織では，事業部内の部門予算案が総合されて事業部総合予算案が編成され，それらに本社各部門の予算案を加え総合予算（master budgets）が編成される．

⑹　基本予算と実行予算

　単一の予算に計画と統制という2つの機能を果たさせることは必ずしも容易でない．年次予算の統制機能が十分に期待できない場合，月次予算や四半期予算に統制機能を担わせる．この場合，年次予算を基本予算とよび，後者を実行予算とよんでいる．

　企業予算の典型は総合予算である．総合予算は損益予算，資金予算，資本予算といった部分予算で構成され，全社レベルの見積損益計算書，見積貸借対照表，見積キャッシュ・フロー計算書からなる見積財務諸表（pro forma financial statements）に集約される．もちろん，企業予算の体系は，⑴製造業なのか，それともサービス業なのかといった業種，⑵多角化の程度，⑶装置型生産あるいは組立型生産といった生産形態，⑷少品種大量生産，多品種少量生産といった個別製品の生産量，等に影響され多様である．図4－1は製造業における総合予算の標準的な体系を示すものである．

51

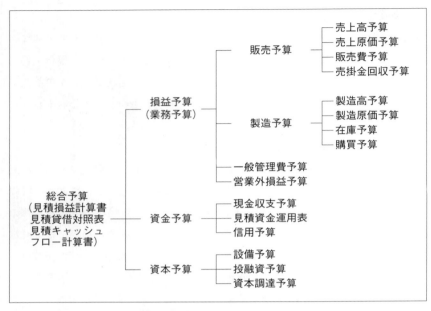

図4-1 総合予算の体系（出所：上埜（2007），p.246）

1.3 予算管理の基本機能

予算に依拠した管理はどのような機能を果たしているのだろうか．一般に計画機能，統制機能および調整機能は予算管理の基本機能であるとされてきた．予算管理の計画機能（planning function）は，全社の利益目標を細分化したいくつもの予算目標を末端の各部署にまで張り付けるという予算編成プロセスにみることができる．そこでは全社，事業部，部門などの各組織単位の予算期間における実行目標の策定，策定された目標の達成に必要な人的・物的資源の組織単位への割当，総合予算案と部門予算案の整合性の確保等が行われる．

統制とは計画目標の達成を確実ならしめる行為であり，予算管理の統制機能（control function）は，①各責任範囲（部門ないし管理者）別に何をどのような条件で達成するかを前もって検討・徹底する，いわゆる執行前の事前統制，②部門活動の執行中に活動を予算目標の達成に向け誘導する期中統制，および③執

第4章　予算管理

行後に責任単位別に実績に対する管理責任を明らかにする事後統制，に分けられる．事前統制は，フィードフォワード・コントロール・プロセスである予算編成に積極的に参加させることで成員を目標の実現に向け動機付け，統制効果を促すものである．期中統制には，動機付けに加え，自己チェックや中間報告書による差異分析が含まれる．予算による事後統制は，実行結果の測定と記録，予算と実績との比較，予算差異分析，分析結果のフィードバック，および改善行為からなる．

予算目標が業績評価基準に用いられる場合，管理者は，予算編成や予算による統制のプロセスで，経営資源を必要以上に独占したり，他部門への情報の提供を欠いたりする．個別部門の最適化が果たされても全社的には部分最適化（suboptimal）をもたらすにすぎないことが少なくない．予算プロセスでは，機能障害（dysfunction）を事前に排除することを目的に，役員，部長，課長といった組織階層を縦断する管理者間での垂直的な調整，あるいは同一階層の管理者間での水平的な調整が意識的に行われる．これが予算管理の調整機能（coordinating function）である．これら3機能は不可分であり，調整がよくなければ効果的な計画が策定されず，計画が不適切であるなら効果的な統制や調整は不可能である．

§2　総合予算の編成

総合予算編成のパターンは，(1)実行部門に予算がトップ・マネジメントや予算担当部門から一方的に示達される天下り型（top-down approach），(2)各部門が作成した原案を集計して予算担当部門が総合予算案を作成し，トップ・マネジメントの決裁を得た総合予算をブレークダウンして，再度，各実行部門に示達する積上げ型（bottom-up approach），(3)全社的な予算編成方針があらかじめ各部門に指示され，各部門がこのフレームワークの中で予算案を編成し，予算担当部門がそれらを集計し作成した総合予算案にトップの決裁を仰ぎ，確定した予算を各部門に示達する折衷型，に分類できよう．なお，(1)は権威型予

53

算管理（authoritative budgeting），また，(2)と(3)は参加型予算管理（participative budgeting）の範疇に区分できよう．

2.1　年次総合予算の編成手順

　年次総合予算の編成はトップ・マネジメントによる年次利益目標の設定に始まる．利益目標の設定は，過去の実績，ベンチマークとなるライバル企業の実績，算出した必要利益額の分析等を踏まえて行う．トップは，戦略事業計画の各年度への影響額を反映させた中・長期（多くは3年ないし5年を対象にする）の利益計画と整合性を保つように，年次利益目標を決定する．

　年次利益目標が設定されると，その達成に向け目標売上高と目標原価，および主要施策の概要を盛り込んだ大綱的利益計画を樹立する．続いて，大綱的利益計画をより具体化した予算編成方針（budget guidelines）と，予算編成基準の原案を予算担当部門（米国ではコントローラー部門におかれた予算課，日本では経理部・企画部・管理部などにおかれた予算課）が作成する．予算編成方針は全社予算および部門予算の編成に関するトップの意向を示すものであり，編成される全ての予算案に大枠と指針を与え，事前に予算の全社的調整ないし統合をはかるといった役割を担う．予算編成基準とは物価上昇率，為替レート，賃上率など予算編成の前提になる諸基準のことである．予算編成方針や予算編成基準の原案は，予算委員会の審議を経た後，常務会や取締役会などに承認を求める．

　トップの決定を得た予算編成方針と予算編成基準は予算担当部門から各実行部門に示達される．実行部門の予算管理組織として部門予算課や部門予算委員会があり，部門予算課は，トップから示達された予算編成方針を予算編成基準と共に部門内の各部署に示達する．それぞれの部署では利益計画，受注計画，製造計画，設備計画といった活動計画と，それにかかわる予算案を立案して部門予算課に提出する．各部署から提出された予算案は部門予算委員会で調整がはかられる．部門予算案が編成されると，部門責任者は予算担当部門にそれを提出する．

　提出された部門予算案は予算担当部門で総合予算案に取りまとめられ，審

第4章　予算管理

議・調整のために予算委員会に提出される．なお，トップが示達した部門目標の難易度の相違，予算に対する部門管理者の認知の相違，あるいは資源配分をめぐる部門間の競争等により，提出のあった部門予算案の間に不均衡がみられることも珍しくない．また，部門予算案を集計した結果，利益数字が全社目標利益に到達しなかったり，財務流動性に問題を残していたりすることがある．したがって，予算担当部門は，部門予算案を単純に集計するのではなく，問題点についてはヒアリングを行って関係部門と調整の可能性を探り，意見を付して予算委員会に予算案を提出すべきである．予算委員会は，全社的利益目標と部門目標との調整（垂直的調整）や部門間調整（水平的調整）を行うが，時には予算編成方針そのものに修正を加えることもある．予算委員会で審議を終えた総合予算案は常務会や取締役会の承認を得て総合予算になる．その後，総合予算をブレークダウンして編成した部門予算が予算担当部門によって各部門に実行予算として示達される．

　関係者の参加を積極的に求める折衷型の予算編成の直接的効果に，双方向コミュニケーションの促進がある．目標利益の同一階層内での水平的な調整ならびに階層を縦断した垂直的調整のプロセスは，予算目標が合理的な達成目標かつ業績評価指標であることを編成参加者に認識させる．このプロセスで組織成員の納得を得て予算目標に対するコミットメントを引き出せれば，それは事前統制の成功を意味する．

2.2　予算編成日程

　年次予算は中期経営計画や中期利益計画を受けて編成される．したがって，4月から会計年度がスタートする多くの大企業では，前年度の後半から関係各部署で中期計画が見直し協議され，年次経営方針や予算編成の基本方針が練られる．図4−2は4月に会計年度がスタートする某電力会社の予算編成日程である．同社では折衷型で予算が編成されており，1月に各部門に予算の編成を依頼し，3月には総合予算を決定し，各部門に示達している．なお，同社は予算委員会を特に設けておらず経営会議や常務会がその機能を代行している．

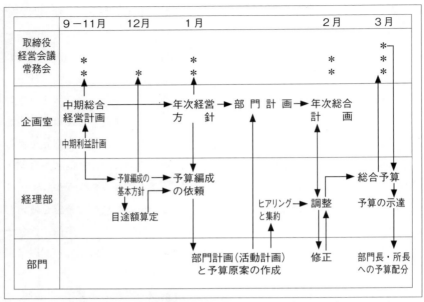

図4－2　予算編成日程（出所：上埜（2007），p.252）

§3　予算統制のプロセス

　予算は各部門に示達され，全社的に執行される．予算編成が発揮する事前統制についてはすでに説明したので，本節では執行プロセスでの期中統制ならびに統制プロセスでの事後統制を論じる．また，予算実績の評価や実績と報酬の関係についても検討する．

3.1　予算執行と期中統制

　トップ・マネジメントの決裁を得た年次総合予算は，期間ならびに部門に関してブレークダウンされて部門予算として各実行部門に示達され，部門内でさらにブレークダウンされて，実行予算として各部署に示達される．支出項目に

第4章　予算管理

ついては各管理者に予算で承認された金額を上限に執行権限が付与される.

　執行プロセスでは情報システムを通して実績値が, 費目別かつ責任単位別に集計される.

　予算期間中に環境変化があったために実行予算が有名無実化することがある. そうした状況にあることが判明した場合, 予算数値を期中修正することがある. ただし, 予算は達成すべき目標値であり, かつ業績評価基準であることからして, 期中修正の是非, 修正の範囲, 修正のタイミング, 修正の幅等に関する判断は諸々の要素を考慮し慎重に行うべきである.

３.２　予算報告書, 原因ならびに是正措置

　予算執行部門は予算担当部門に, また, 予算担当部門は各執行部門管理者ならびに管理部門管理者に対し, 予算の執行状況と執行結果に関する報告を定期的（多くの企業では月ごとに）に行う. 予算にもとづき業績責任を割当てる責任会計思考のもとでは, すべての責任単位に関して予算と実績を比較し, 予算差異と予算達成率を確認する.

　ライン・コントロールを採用している場合, 実行部門の下位単位責任者が予算と実績の乖離を有利差異・不利差異に分け予算実績差異理由書を作成し, 部門長に報告する. また, 本部予算担当部門は総合予算の差異分析を行い, 発生場所別, 原因別, 責任区分別に分析した予算実績差異報告書を全社レベル予算委員会やトップ・マネジメントに提出する.

　予算報告書は, どこに問題があるのかを明示し, かつ簡潔で理解しやすい様式が望ましい. 例えば, 月次決算の結果を受けた月次予算報告書は図４－３のような様式をとり, 当月分と当年度累計のそれぞれにおいて実績と予算を対比し, 差異を金額と％で示す.

57

項目	8　月			累　　計			備考
	予算	実績	差　異	予算	実績	差　異	
			%			%	

図4－3　予算報告書の様式

　差異の原因を業務の実情にまで立ち入ってつきとめるには，実行部門による主体的な分析が不可欠である．なお，一般に有利差異は管理者の管理活動が適切に行われたと，他方，不利差異は不十分にしか行われなかったと解釈しがちである．しかし，そうでないケースもあり，有利差異も原因次第で是正措置の対象になる．

3.3　予算実績と業績評価・報酬

　実績に責任を問われる管理者は予算実績の評価方法に強い関心を持つ．管理者のコミットメントを得るためには，時間範囲，管理者や部門の責任範囲，予算差異の解釈指針等に関わる事前合意に基づき実績評価を行う必要がある．

　予算差異に着目すると，管理者の責任を問うことのできる差異と，環境や状況の変化に帰すべき差異がある．ただし，両者の区別は，外部要因の予測の困難性や原因分析での主観的判断の混入などもあり難しい．このため，被評価者から納得が得られるよう，業績評価システムを適切に定式化する必要がある．

　組織成員のコミットメントを得るには，適切な評価システムの確立に加え，インセンティブ・システム（incentive system）として機能する報酬システム（remuneration system）の展開・維持が不可欠である．目標管理の変形である予算管理と連動する報酬システムでは，給料，賞与といった短期的な金銭的報酬（pecuniary remuneration）および昇進等の中・長期的な非金銭的報酬（non-pecuniary remuneration）を被評価者が属するチーム業績ならびに被評価者の個

第4章　予算管理

人業績と適切に絡ませることが効果的である．

§4　予算編成の数値例

　ここでは，部門予算から総合予算編成の仕組みを数値例で説明する．A社は
1種類の製品を製造，販売する会社である．20×2年度の総合予算を編成する
にあたり，まず20×1年度末の実績の貸借対照表を表4－1のように予定して
おく．

表4－1　20×1年度末の貸借対照表（単位：千円）

流 動 資 産		**123,200**	**負**	**債**	**28,120**
現 金 ・ 預 金		100,000	買 　 掛 　 金		3,120
売 　 掛 　 金		19,200	未 払 法 人 税 等		25,000
製 　 　 　 品		4,000			
固 定 資 産		**570,000**	**純 　 資 　 産**		**665,080**
土 　 　 　 地		500,000	資 　 本 　 金		300,000
建物, 機械装置	100,000		資 本 剰 余 金		
減価償却累計額	30,000	70,000	及 び 利 益 剰 余 金		365,080
資 　 産 　 合 　 計		**693,200**	**負債・純資産合計**		**693,200**

　A社は来期の予算編成を第4四半期の中ごろに行い，表4－1の20×1年度
末の貸借対照表は，第3四半期までの実績値と第4四半期の予測値を合算して
作成した．

　予算編成の前に経営者は，次の事項について決定した．

　20×2年度の販売量は表4－2にある売上高予算に示すとおり，第1四半期
に1,800個，第2四半期に2,400個，第3四半期に1,800個，第4四半期に3,600個
と見積もった．なお，前年度の第3四半期は1,200個，第4四半期は2,400個で
あった．また，直接材料と仕掛品の在庫はゼロ，希望期末製品在庫は各四半期
の半月分である．

　さらに，次のような決定を行った．販売単価は20千円，直接材料は製品単位
あたり2kgを必要とする．直接作業時間は製品単位あたり2時間を要し，賃率
は時間あたり1.5千円である．なお，材料単価は1kgあたり2千円である．

59

またコストに関する計画では，期首と期末の単位あたり製品原価は10千円である．製造間接費については，変動費部分に関しては，直接作業時間を基準に予定することとしており，間接材料費については，直接作業時間１時間あたり400円，間接労務費については直接作業１時間あたり600円で計算している．

これらのデータをもとに，以下では売上高予算，直接材料費予算，直接労務費予算，製造間接費予算，売上原価予算を作成することができる．

表４−２　売上高予算（単位：千円）（販売部予算その１）

売 上 高 予 算	前年度4	1	2	3	4	合計
販　　　売　　　量	2,400	1,800	2,400	1,800	3,600	9,600
売上高（単価20千円）	48,000	36,000	48,000	36,000	72,000	192,000

表４−３　製造高予算（単位：千円）（製造部予算その１）

製 造 高 予 算	前年度4	1	2	3	4	合計
販　　　売　　　量	2,400	1,800	2,400	1,800	3,600	9,600
希 望 期 末 在 庫 量	400	300	400	300	600	600
必 要 総 製 品 数 量	2,800	2,100	2,800	2,100	4,200	10,200
完 成 品 期 首 在 庫 量	200	400	300	400	300	400
必 要 製 造 量	2,600	1,700	2,500	1,700	3,900	9,800

表４−４　直接材料費予算（単位：千円）（購買部予算）

直 接 材 料 費 予 算	前年度4	1	2	3	4	合計
材料消費量(2kg /個)	5,200	3,400	5,000	3,400	7,800	19,600
材料購入高(2千円/個)	10,400	6,800	10,000	6,800	15,600	39,200

表４−５　直接労務費予算（単位：千円）（製造部予算その２）

直 接 労 務 費 予 算	1	2	3	4	合計
直 接 作 業 時 間（２時間/個）	3,400	5,000	3,400	7,800	19,600
直 接 労 務 費（1.5 千 円/時）	5,100	7,500	5,100	11,700	29,400

第4章　予算管理

表4－6　製造間接費予算（単位：千円）（製造部予算その3）

製造間接費予算	時間あたり配賦率	1	2	3	4	合計
間接材料費	0.4	1,360	2,000	1,360	3,120	7,840
間接労務費	0.6	2,040	3,000	2,040	4,680	11,760
光熱費	－	1,000	1,000	1,000	1,000	4,000
減価償却費	－	1,200	1,200	1,200	1,200	4,800
合計		5,600	7,200	5,600	10,000	28,400

表4－7　売上原価予算（単位：千円）（経理部予算その1）

直接材料費	39,200
直接労務費	29,400
製造間接費	28,400
総製造費用	97,000
期首製品棚卸高	4,000
	101,000
期末製品棚卸高	6,000
売上原価	95,000

　次に販売費および一般管理費予算（販管費予算）を編成する．販管費予算では販売量に比例して発生する販売促進費（歩合給）と，その他の毎期固定で発生する費用（表4－8参照）がある．販売促進費は100単位につき100円で計算する．なお，製造間接費と販管費は非現金支出費用の減価償却費以外は，発生した四半期に全額支出したものとする．

　次に見積損益計算書を作成する（表4－9参照）．売上高は売上高予算から，売上原価は売上原価予算から，販売費および一般管理費は販管費予算より導出することができる．なお，法人税率は40％である．

表4－8　販管費予算（単位：千円）（販売部・管理部予算）

販　管　費　予　算	1	2	3	4	合計
販　売　促　進　費	1,800	2,400	1,800	3,600	9,600
給　　　　　　料	5,000	5,000	5,000	5,000	20,000
旅　費　交　通　費	3,000	3,000	3,000	3,000	12,000
減　価　償　却　費	1,500	1,500	1,500	1,500	6,000
そ　　の　　他	500	500	500	500	2,000
	11,800	12,400	11,800	13,600	49,600

表4－9　見積損益計算書（単位：千円）（経理部予算その2）

売　　上　　高	192,000
売　上　原　価	95,000
売　上　総　利　益	97,000
販　売　費　お　よ　び	
一　般　管　理　費	49,600
税　引　前　当　期　利　益	47,400
（　営　業　利　益　）	
法　人　税　等	18,960
純　　利　　益	28,440

　次に現金収支表を作成する（表4－10参照）．この表は売上代金の回収と仕入代金の支払についての計画を表している．A社では売上代金を当四半期に60％，次四半期に前期の残りの40％を回収し，仕入代金の支払は当期に70％，次四半期に前期の残りの30％を支払っている．

　さらに資金繰りについての計画である資金予算を編成する（表4－11参照）．資金予算はこれまで作成した各種予算を参照する形で作成する．ただし，製造間接費，販管費については非現金支出費用の減価償却費の金額を控除する．A社では，法人税の支払は第1四半期に前年度の未納分を，第3四半期に中間申告として見積税額の半額を支払う予定である．

表4－10　現金収支表（単位：千円）（経理部の作成）

現　金　収　支　表	1	2	3	4	合計
現金収入合計（売上代金の回収）	40,800	43,200	40,800	57,600	182,400
現金支出合計（仕入代金の支払）	7,880	9,040	7,760	12,960	37,640

第4章　予算管理

表4－11　資金予算（単位：千円）（経理部予算その3）

	現金予算				
四半期	1	2	3	4	合計
期首現金・預金有高	100,000	88,120	97,880	101,640	100,000
現　金　収　入					
売 上 代 金 回 収	40,800	43,200	40,800	57,600	182,400
利 用 可 能 現 金	140,800	131,320	138,680	159,240	282,400
現　金　支　出					
直接材料代金支払	7,880	9,040	7,760	12,960	37,640
直 接 労 務 費	5,100	7,500	5,100	11,700	29,400
製 造 間 接 費	4,400	6,000	4,400	8,800	23,600
販 売 管 理 費	10,300	10,900	10,300	12,100	43,600
法 人 税 等	25,000		9,480		34,480
現 金 支 出 合 計	52,680	33,440	37,040	45,560	168,720
期末現金・預金有高	88,120	97,880	101,640	113,680	113,680

　次に，表4－12の見積貸借対照表は，表4－1の20×1年度末の貸借対照表のデータとこれまでの各種予算の数値を利用することで算定可能である．

　最後に，営業活動，投資活動，財務活動による現金の増減および期首と期末の現金残高を示す見積キャッシュ・フロー計算書を作成する（表4－13参照）．キャッシュ・フロー計算書は税引前当期純利益に非現金支出費用を加算し（現金収入を伴わない収益の場合は減算），現金支出費用を減算（現金収入を伴う収益は加算）するなどの調整を加えることで算定できる．同計算書は資金予算や見積貸借対照表などの数値をもとに作成することができる．表4－9・11・12・13は，社長と予算委員会の管轄でもある．なお，総合予算はエクセルなどの表計算ソフトで作成した場合，各変数の変更が全体にどのように影響を及ぼすか容易に確認できるため有用である．

表４－12　20×2年度見積貸借対照表（単位：千円）（経理部予算その４）

流　動　資　産		148,480	負　　　　　債	14,160
現 金 ・ 預 金		113,680	買　掛　金	4,680
売　　掛　　金		28,800	未 払 法 人 税 等	9,480
製　　　　　品		6,000		
固　定　資　産		559,200	純　資　産	693,520
土　　　　　地		500,000	資　本　金	300,000
建物, 機械装置	100,000		資 本 剰 余 金	
減価償却累計額	40,800	59,200	及 び 利 益 剰 余 金	393,520
資　産　合　計		707,680	負債・純資産合計	707,680

表４－13　見積キャッシュ・フロー計算書（単位：千円）（経理部予算その５）

Ⅰ	営業活動によるキャッシュ・フロー		
	税引前当期純利益		47,400
	減価償却費	10,800	
	売上債権の増加額	(9,600)	
	たな卸資産の増加額	(2,000)	
	仕入債務の増加額	1,560	
	小　　　　計		760
	法人税等の支払額	(34,480)	(34,480)
	営業活動によるキャッシュ・フロー		13,680
Ⅱ	投資活動によるキャッシュ・フロー		0
Ⅲ	財務活動によるキャッシュ・フロー		0
Ⅳ	現金及び現金同等物の増加額		13,680
Ⅴ	現金及び現金同等物の期首残高		100,000
Ⅵ	現金及び現金同等物の期末残高		113,680

参考文献

上埜進. 1997.『日米企業の予算管理―比較文化論的アプローチ―（増補版)』森山書店.

上埜進. 1994.「管理会計実践の国家間比較研究の方法に関する一考察」会計 145-3: 48-59.

Ueno, S. and U. Sekaran. 1992. The Influence of Culture on Budget Control Practices in the U.S.A. and Japan: An Empirical Study. *Journal of International Business Studies*. 23(4):659-674.

第4章　予 算 管 理

上埜進. 2007.『管理会計―価値創出をめざして―第3版』税務経理協会.

上埜進他訳. 1992.『行動会計学の基礎理論：人間的要因と会計』同文舘.

Welsh, G. A., R. W. Hilton, and P. N. Gordon. 1998. *Budgeting: profit planning and control*. 5th edition. Englewood Clifs, NJ: Prentice Hall.

第4章の練習問題

問4．1　予算の種類と体系について説明しなさい.

問4．2　以下のデータをもとに売上原価予算を編成しなさい.

　　　　販売量（各四半期）は，第1四半期が900個，第2四半期が1,200個，第3四半期が1,200個，第4四半期が1,800個である. 前年度の第3, 4四半期は1,200個である. 販売単価は30千円. 在庫量に関しては製品在庫は，各四半期の2ヶ月分，仕掛品と直接材料はゼロ. 直接材料消費は3kg/個，材料購入単価は1千円. 直接作業時間は1時間/個，時間賃率は3千円/時である. また製造間接費は，間接材料費が直接作業1時間あたり600円，間接労務費が直接作業時間1時間あたり1千円，光熱費，減価償却費は各四半期固定でそれぞれ1,200千円，1,000千円である. 期首と期末の製品単位あたり製造原価は10千円と仮定する.

〔上埜　進（うえの・すすむ）§1，§2，§3〕

〔坂手啓介（さかて・けいすけ）§4，練習問題〕

第5章　資金管理とキャッシュ・フロー管理

　財務管理の目的・課題は，利益管理の問題である資本収益性（価値の増殖）と財務流動性（支払義務の遂行）の2つに集約される．支払手段の枯渇は倒産の直接の原因となるため，財務流動性の管理は企業の根本的課題となる．財務流動性には短期財務流動性の問題と長期財務流動性の問題が含まれるが，企業の資本の有高と流れを計画し統制する資金管理は基本的には前者のテーマであり，手元に保有すべき資金の適正保有量の管理は運転資金管理の一部（資金繰り）として考察される．

　期間の資金の調達および運用を金額的・時期的に調整・適合させる管理活動である資金管理の構成要素は資金計画と資金統制であり，支払能力の維持と収益性の向上を目的に一定期間における資金収支および有高の計画である資金計画を策定し，資金予算を編成し，予算に基づき執行・統制するというプロセスをとる．現金資金管理ならびに運転資金管理を主題とする短期資金管理における資金計画では，資金繰表や資金運用表の作成が中心となる．資金統制は，予算管理の一環として，資金計画を具体的な実行計画にした資金予算の予算実績差異分析による是正措置によって管理される．予算差異分析は予算管理の内容として前の章で取り上げているので，本章では資金計画に重点を置いて説明する．

§1　資金管理の意義

　資金収支に関しては，支出が収入を一定期間にわたって超過すると支払不能に陥って企業活動が停止してしまうので，支払能力を維持するためには資金の予想流入額と予想流出額を金額的・時期的に適合させる必要がある．この資金

の期間収支を金額的・時間的に調整・適合させる一連の財務活動ないしは職能が資金管理であり，それは，短期的には支払能力を維持しつつ収益性の向上に貢献し，長期的には企業の全体的な事業戦略に資するように資金の使い方の効率化を図ることを使命とする．

　ところで「資金」という用語は，それが使用される脈絡によって多様な解釈が行われていて，画一的な定義は存在しない．そこで，本章では現存する資金の概念のうち，特に重要度が高いと思われる(a)現金資金，(b)運転資金，(c)キャッシュ・フロー，の３つを取り扱うことにする．

§ 2　現金資金の管理

2.1　現金資金管理の意義

　現金資金とは，企業が所有する即時の支払手段である現金（通貨・小切手等の通貨代用証券）と自由に引き出せる要求払預金の合計額をいう．現金資金の期間収支を金額的・時期的に調整・適合させる一連の財務活動を現金資金管理といい，現金の支出が収入を一定期間にわたって超過し続ければ，支払不能に陥って企業活動が停止することになりかねないため，現金資金の流入額と流出額の調整が非常に重要な職能となる．

　特定の期間の現金収入と現金支出を対応させ，その期間中の現金資金残高の増減を示す収支計算書が資金繰表であり，将来の見積収支を示す見積資金繰表が，期間の現金資金収支の適合を図って企業の営業活動を円滑ならしめ，不足が予測される場合には資金調達を，また過剰が予測される場合には資金運用を，予め計画するべく作成される．

2.2　現金資金計画のための計算書 － 資金繰表

　現金資金を中心とする資金管理によく用いられる計算書である資金繰表は，現金資金の過不足が判断できるように期間の収支と期末有高を示す．資金繰りとは，日・週・旬刊・月・四半期といった一定期間における資金の収入と支出

第5章　資金管理とキャッシュ・フロー管理

の金額的・時間的な整合性を保つことを目的に資金の過不足を調整する行為を指す．資金繰表を作成するのは，予め将来の収入・支出に関する見通しを立てて支払手段である現金の枯渇が生じないように計画化することが目的なので，現金残高は将来のどの時点でも正でなければならないが，必要以上の現預金の保有は利子損失などにより収益性を低下させるため，流動性の維持との適切なバランスが求められることになる．

　資金繰表の様式は業種・業態・経営規模等によってさまざまで，営業活動と財務活動の２つに区分するものもあれば，営業活動・投資活動・財務活動の３つに分けるもの，無区分で表示するものもあり，前月繰越・収入・支出・翌月繰越の４項目に分類する４区分の資金繰表，前月繰越・収入・支出・差引過不足・財務収支・翌月繰越の６項目に分類する６区分の資金繰表，前月繰越・収入・支出・差引過不足・決算設備等収支・財務収支・当月収支・翌月繰越の８項目に分類する８区分の資金繰表などがある．表５－１は，６区分の資金繰表の形式例である．

　わが国では売掛・買掛等の代金の受払や賃金給料の支払いが月単位で行われるのが社会的慣習となっており，資金繰表は通常月次で策定されているため，少なくとも１か月単位で企業の短期の資金調達や資金運用を明らかにすることができる．そして，将来数か月間の資金過不足を事前に調整するという目的から見積資金繰表（資金繰予算表ともよばれる）が作成され，短期的な借入余力の維持，円滑な支払い・信用取引の展開・余剰資金の運用などを企図して，計画的に対象期間の収入と支出を均衡させて一覧表示する．

表5－1　資金繰表

項　　目	月	月	月
前　月　繰　越（A）			
経常収入　売掛金現金回収			
受取手形期日入金			
受取手形割引高			
収　入　計（B）			
経常支出　買掛金現金支払			
支払手形決済			
人　　件　　費			
諸　　経　　費			
支　払　利　息			
支　出　計（C）			
差　引　過　不　足（A＋B－C）			
財務収支　短　期　借　入			
長期借入金返済			
社　債　発　行			
社　債　償　還			
翌　月　繰　越			

2.3　現金資金管理の方法

　まず，現金には厳格な管理組織が必要である．そして，入金はすべて銀行に預け入れ，支払いはすべて小切手で行うようにしたうえで，少なくとも月に一度は自社の当座預金帳簿残高と取引先銀行の当座預金通知書残高とを照合する

第5章　資金管理とキャッシュ・フロー管理

ようにすれば誤謬の発生は最小限に留めることができる．小切手による支払い
が認められていない取引には，小口現金制度を採用して，小払係に一定の小口
現金を前渡して支払額だけを補給する定額前渡制（インプレスト・システム）を
導入するとよい．さらに，予め銀行と当座借越契約を締結しておけば，現金が
不足した場合は銀行が自動的に不足額を貸し出して小切手の支払いを代行して
くれるが，後で借り越した金額と日数に見合う利息を支払う必要がある．

　現金資金の管理で特に重要なのは，現金の流入を促進することであるから，
請求書の送付を早めたり，できる限り速やかな支払いを促したりすべきである
し，送金も文書扱いよりは電信送金にさせる方がよい．現金残高を増加させる
ためには，支払いを遅らせるという手もあるが，仕入先の信用条件に抵触する
支払いの遅延は延滞利息を発生させるうえに，自社の信用を損ねる可能性もあ
るので自ずと限界がある．振出人が引受人（名宛人）に受取人への支払いを委
託する為替手形も現金の流出を遅らせる有力な手段であるし，銀行から融資を
受ける際に無利子の歩積預金の水準を低めに設定するように交渉して実質的な
借入コストを抑え，絶対額ベースではなく平残ベースとすれば，予想外の資金
需要や入金の遅れに対応するための非常用の資金プールの確保が容易になる．

　もっとも必要以上に現金を保有すれば，運用による収益すなわち機会原価を
無視することになって資金効率の低下を招くことになるので，どの程度の現金
を維持するのかは費用対効果を十分に検討したうえで決めるべきである．この
場合の「効果」は平均残高の減少分に自社の資本コストもしくは投資利回りを
乗じたものであり，「費用」は現金が枯渇した場合に失うであろう仕入先への
信用や割引，職員を対応にあたらせることで発生する追加的な費用などを指
す．

　その他，一定の条件を満たす場合には，現金適正保有高の決定に在庫管理の
手法である経済的発注量（EOQ）モデル（§3「運転資金の管理」3．3－(ii)で詳
述）を現金管理に応用した，ボーモル・モデルを使用することもできる．

$$C^* = \sqrt{\frac{2FT}{K}}$$

71

（注）C^*・・・最適な換金額（現金適正取得額）

F・・・1取引当たりの短期有価証券の売却費用

T・・・期間中の現金支払額（現金必要額）の総額

K・・・金利（現金保有の機会原価）

このモデルの前提は，通常企業にはある程度の現金のプールがあり，現金のプールがさまざまな支払いのために徐々に引き出されて枯渇すると市場性のある短期有価証券を売却して現金を補充するというもので，市場性のある短期有価証券の売却費用と売却によって受け取れなくなる金利の合計額を最小化するような現金調達額（＝適正な現金残高）の算出を目的としている．

たとえば，市場性のある短期有価証券の売却費用（F）が1取引当たり2,000円で，売却によって反故にされる短期有価証券の利回り（K）が0.1％／月，当年度の月間の現金支払額（T）の概算が10,000,000円である場合の，現金が枯渇した際に売却される手持ちの短期有価証券の金額，つまり現金保有のための費用を最小にする現金適正取得額もしくは適正な現金残高の水準（C^*）は，下記の計算によって6,324,555円であるということがわかる．

$$C^* = \sqrt{\frac{2\,(2{,}000)\,(10{,}000{,}000)}{0.001}} = 6{,}324{,}555 \text{ 円}$$

他に，不確実性を前提にして定式化したミラー＝オア・モデルなどもあるが，利子率と1回当たりの取引費用が一定であるといった非現実的な前提を置いている点では共通しているため，実務への応用には限界がある．なお，現金適正保有額の決定には，線形計画法やシミュレーションもよく用いられる．

§3　運転資金の管理

3.1　運転資金管理の意義

運転資金は，設備等に投下されずに，原材料を仕入れてから加工・販売して現金収入を得るまでのタイムラグを補うために，操業度とともに変動しながら日常運転している資金であり，流動負債の形で調達され，流動資産の形で運用

第5章　資金管理とキャッシュ・フロー管理

される．流動資産と流動負債の差額として把握される正味運転資金を金額的・時期的に調整・適合させることを一般に運転資金管理と呼んでいる．減価償却を通して回収される設備資金は現金に還流するまでの循環期間が長期におよぶが，短期間に現金化する流動資産と短期間に支払期限が到来する流動負債で構成される運転資金の循環期間は短く，反復継続的に循環するため，資金効率を高めるには，売上高の減少や追加的な費用を発生させない範囲で，(i) 営業債権の早期の回収，(ii) 過剰な棚卸資産の削減，(iii) 営業債務の返済の延期，といった方策をタイムリーに実施する必要がある．

　資金の運用先たる資産と資本の相互関係を特定時点で把握し，期間中の動きを検討するべく，2期間の貸借対照表の各勘定科目の差額を基礎に損益計算書および利益処分項目関係の資料を使い，資産項目での有高の減少と資本・負債項目での有高の増加は資金の源泉（調達），資産項目での有高の増加と資本・負債項目での有高の減少は資金の使途（運用）ととらえ，一定期間の正味運転資金の増減（すなわち期間の資金の流れの方向と量）を明らかにしようとする計算書が資金運用表（資金の源泉・運用表ともいう）である．そして，将来の計画のための資金過不足の事前調整を役割とする見積資金運用表（予定資金運用表または資金計画表ともいう）は，短期的な借入余力・支払能力の維持と遊休・過剰資本の運用を均衡させて，将来の一定期間の資金の収入と支出を一覧表示する目的で作成される．

3.2　運転資金計画のための計算書 － 資金運用表

　企業の資金繰りの視点からは，企業の営業循環期間中に現金に転換する運転資本とそうでない固定資本を区別することは非常に重要である．貸借対照表を運転資本（I）と固定資本（II）に2分した場合，正味運転資本に関して次の2つの関係式が得られる．

　　I　　正味運転資本＝流動資産－流動負債

　　II　　正味運転資本＝固定負債＋自己資本－固定資産

　I式が表しているのは正味運転資本の増加（減少）の要因は流動資産の増加

73

（減少）と流動負債の減少（増加）だということであり，Ⅱ式が示しているのは正味運転資本の増加（減少）は固定負債・自己資本の増加（減少）および固定資産の減少（増加）によるということである．そこで，一般的には，Ⅱ式から正味運転資金の増減額を求めたうえでⅠ式によってその増減の原因を示すという原理に基づき，資金の調達と運用の状況を一表に要約するということが行われる．表5－2は資金運用表の標準的な形式の一つであるが，必ずしも統一的な様式はなく，その他に，①2期間からなる比較貸借対照表の科目別増減を長期資金と短期資金の2区分に分類した2分法資金運用表や，②固定資金・運転資金・財務資金の3区分に分類した3分法資金運用表などがある．

表5－2　資金運用表　　　　（単位：万円）

1　資金の源泉			
当期利益		600	
非現金支出項目			
減価償却費	900		
貸倒償却	180	1,080	
長期借入金の増加		1,800	
資本金の増加		1,500	
資金調達合計			4,980
2　資金の使途			
固定資産の増加		1,800	
配当金の支払		600	
役員賞与金の支払		150	
資金運用合計			2,550
差引：正味運転資本の増加			2,430
3　正味運転資本の増加の原因			
現金・預金の増加		1,800	
買掛金の減少		2,100	3,900
売掛金の減少		420	
商品の減少		900	
有価証券の減少		60	
未払金の増加		90	1,470
差引：正味運転資本の増加			2,430

第5章　資金管理とキャッシュ・フロー管理

　一般的には，正味運転資本が増加した場合は支払能力が高まり財務流動性が
向上したとされるが，資金運用表は，資金収支状況や支払能力の判断に役立つ
とはいってもあくまでも2期間の有高の比較により作成されたものであって，
期中における財務的均衡の維持については明示しない．「流動資産－流動負
債」の計算式から正味運転資本が求められても，金額の大小だけで企業の支払
能力・財務流動性の良否を判断するのではなく，例えば，売掛金・買掛金につ
いては決済方法，受取手形・支払手形については手形サイトを吟味するという
ように，流動資産と流動負債の内容を十分に検討することこそが重要なのであ
る．

3.3　運転資金管理の方法

　運転資金の資金効率を高めるには，(i)営業債権を早期に回収する，(ii)過剰な
棚卸資産を削減する，(iii)営業債務の支払期間を延長する，等の方策があるが，
流動資産と流動負債の水準および関係に着目する運転資本管理の意思決定に
は，収益性の向上と支払能力の低下というトレード・オフ関係が常につきまと
う．

(i)　営業債権の管理

　売上債権の一般的な分析手法は，販売時点からの時間の経過を分類する年齢
調べ（年齢調査）である．売上債権の平均回収期間は，1年の日数を売上債権
回転率で割るか，平均売上債権を1日当たりの純掛売上高で割れば求めること
ができるが，これを自社が付与している信用条件と比較すれば，顧客全体とし
て期限内に支払っているかどうかを判定することができる．

　売上代金の回収期間の延長は，買手の資金負担の一部を売手が肩代わりする
形での売上増大を意味し，販売代金の回収の延期による現金流入の一時的停滞
が利子損失・管理費用・貸倒れリスク等の増大を招くので，売上債権の管理に
おいては，収益性への正の効果と流動性への負の影響の両面を十分に考慮す
る必要がある．具体的には，適正な水準の売上債権の残高の維持（売上債権回
転率の最大化）と適正な貸倒れ水準の維持（平均回収期間の最小化）を目指すこと

75

になるが，売上債権の有高は売上高と回収期間に依存するため，商品の売上利益率が高い場合や販売競争が激しい場合，買手の資金繰りが苦しい場合などには，売掛期間・回収期間は長くなる．売上の増進という信用販売のメリットと掛売りに伴う回収コスト・金利支払い・貸倒れコストをバランスさせるためには，競合他社の取引条件に見劣りしないように腐心しながらも，信用販売の予想限界利益がゼロになるまでの範囲に限って与信を行うべきである．

(ii) 棚卸資産の管理

　在庫管理の主要な目的は，発注ごとにかかる費用である発注費と，在庫品の保持に伴う倉庫費・保険料・安全管理費・減価償却費・賃料・金利費用・棚卸資産の減損・在庫投資の機会費用といった保管費，そして在庫切れコストからなる在庫費用を最小化することであり，その代表的な手法は，発注費と保管費のみからなる在庫費用の最小化を図る経済的発注量（EOQ）モデルである．

　EOQモデルでは，商品の需要は既知であることに加えて1年を通して不変であると想定されているほか，発注費は取引ごとに定額であり，単位当たりの保管費も一定であるとされている．なお，需要が確定できるために，在庫切れコストは発生しない．同モデルの計算式は，下記のとおりである．

$$L^* = \sqrt{\frac{2QP}{S}}$$

　L^*：経済的発注量

　Q：年間の在庫品消費量

　P：1回当たり発注費

　S：年間の在庫品1単位当たりの保管費

　たとえば，ある商品の1年間の需要が500個で一定であって，発注ごとの費用が3ドル，単位当たりの在庫の年間保管費が1.5ドルである場合の，在庫費用を最小化する経済的発注量は，EOQモデルに代入することにより44.72個だということがわかる．

$$\text{EOQ} = \sqrt{\frac{2(500)(\$3)}{\$1.5}} = \sqrt{2,000} = 44.72個$$

第5章　資金管理とキャッシュ・フロー管理

　なお，EOQモデル等の伝統的な在庫管理の考え方の趣旨は在庫費用の最小化であるが，実際には，在庫の積増しは物価上昇局面ではインフレ・ヘッジの働きをするし，陳腐化の度合いが低く動きが激しい商品群においては在庫切れ防止にも役立つため，常に問題だというわけではない．また，企業間の力関係次第では在庫の保管費を仕入先もしくは納入先に転嫁することも可能なので，サプライチェーン・マネジメント（SCM）の見地からは，保管費を最小化するための頻繁な搬送にかかる費用や在庫切れコストの発生が保管費削減のメリットを上回らないように配慮することが望まれる．

(iii)　**営業債務の管理**

　営業債務に関しては，第一に営業債権の回収に対応した営業債務の支払いを行うことが肝要である．また，売上債権による信用賦与は買手への一種の金融行為であり，買手から見ると買入債務による資金の調達には表面金利はないが，実際には購入商品・材料等の購入代価に支払利子分が含まれていることがある．

　たとえば，購入後10日以内に代金を現金払いすれば1％の現金割引が認められる，代金の返済期限が購入後30日で，指し値通り（10万円）の全額返済が要求されている仕入条件においては，財貨の購入者に財貨と信用が同時に供与されていて，財貨の原価は指し値から現金割引額を差し引いた値段，買入信用のコストは買入債務の返済期限まで支払いを延期した場合に追加的に支払う対価ということになる．この例では，10日以内に支払った場合には10万円の指し値の財貨が9万9千円に割り引かれるわけなので，割引価格の9万9千円が仕入れた財貨の原価であって，購入締切日から代金返済日までの信用期間の利用に対して追加的に支払う1千円が資金コストである．ここで，現金割引期間内に支払わないことによって発生するコストは次式で概算できる．現金割引期間経過後の20日間に1千円の資金コストを支払う当取引では，追加コストは1／99ではなく，1年間には20日間は18回ある（360日ベース）わけなので，実に18.2％〔≒（360÷20）×（1÷99）〕もの高さの年利率になる．

77

$$\frac{360}{(信用期間-現金割引期間)} \times \frac{割引率（\%）}{(100\%-割引率（\%）)}$$

このように，現金割引期間中は資金コストを伴わずに買入信用を利用できる取引においては，①現金割引期間内に支払わない場合にかかるコストが自社の資本コストを上回るようであれば期間内に支払う方が有利であり，②現金割引を利用しない場合には債務の返済を急がずに支払いを信用期限まで延ばせば資金コストを低下させることができるほか，③購入した財貨の在庫期間よりも長い信用期間を仕入条件として獲得すれば買入債務によって棚卸資産の資金調達以外の資金運用の一部も調達することができる．

§4 キャッシュ・フロー管理

4.1 キャッシュ・フロー管理の意義

キャッシュ・フローは制度会計における資金概念であって，その範囲は手許現金・要求払預金・現金同等物（容易に換金可能で価値の変動について僅少なリスクしか負わない期間が3か月以内の短期投資）とされている．この資金の流れを，「営業活動によるキャッシュ・フロー」・「投資活動によるキャッシュ・フロー」・「財務活動によるキャッシュ・フロー」に区分して，各々の期間収支を金額的・時間的に調整・適合させることをキャッシュ・フロー管理という．

1会計期間におけるキャッシュ・フローの状況をこれら3つの区分別に表示する連結財務諸表制度上の基本財務諸表であるキャッシュ・フロー計算書は，①発生主義会計によって測定された利益にどれだけの資金的な裏づけがあるかを示して利益の質・硬度を明らかにする，②将来の資金余剰を生み出す能力を示すことで企業経営の安全性評価に役立つ，といった役割を担っている．

予算期間中のキャッシュ・フローを活動別に区分して計画することによって，資金予算をより明確化してキャッシュ・フローの健全性を維持するべく，実際の活動の前に作成されるのが見積キャッシュ・フロー計算書であり，企業価値を増大させるために，将来に十分な営業キャッシュ・フローを生み出すと

第5章　資金管理とキャッシュ・フロー管理

ともに投資キャッシュ・フローとの差額であるフリー・キャッシュ・フローを有効に活用する計画を策定して，設備投資・新規事業・M＆Aなどの戦略的な投資や借入金の返済による財務体質の改善等に振り向けるための根拠を与える．

4.2　制度会計上の資金計算書 －キャッシュ・フロー計算書

　キャッシュ・フロー計算書の主たる目的は会計期間内における現金の受取りと支払いに関する情報の提供であり，2次的な目的は投資・財務活動に関する情報の提供である．キャッシュ・フロー計算書の作成法には，主要な取引ごとに収入総額と支出総額を表示する直接法と，純利益に調整項目を加減して表示する間接法の2通りがある．表5－3は，多くの企業が採用している間接法によるキャッシュ・フロー計算書の例である．

　営業活動には，営業収入・営業費用・人件費支出・法人税支払額といった，投資活動もしくは財務活動に区分されないすべての取引および事項が含まれ，当期利益の計算に算入される取引および事項のキャッシュ・フローへの影響は，原則として営業活動に区分される．営業活動によるキャッシュ・フローは企業が経常的な事業活動から期間中に稼ぎ出した資金量（つまりその会社の資金源）を示すので，企業の存続可能性の尺度とされる．

　投資活動とは，債券や株式の取得・売却，貸付の実行・回収，有形固定資産の取得・売却などを指すが，転売目的に取得されたローン債権・債券・株式の売却や現金同等物の売買は含まない．現金同等物は，金利変動による価値変動のリスクが非常に低く換金性が高い短期の有価証券であるため，その現金との交換はキャッシュ・フロー計算には影響を及ぼさないためである．投資活動によるキャッシュ・フローは，将来の利益獲得と資金運用のための資金支出量と投資活動からの資金回収量を示すものであるが，その中心は将来の営業キャッシュ・フローを増加させるための投資であるので，通常はマイナスになる．

　営業活動によるキャッシュ・フローと投資活動によるキャッシュ・フローの合計額がプラスであることはフリー・キャッシュ・フローの創出を示してお

り，借入金の返済を早めたり，自社株を取得して消却したりすることが可能になるが，マイナスであれば追加的な資金調達が必要になる．

　財務活動には，借入金の調達・返済や株式の発行，社債の発行・償還等が含まれる．財務活動によるキャッシュ・フローは財務活動の資金収支（すなわち資金の調達・返済によるキャッシュ・フロー）を示すので，この段階で資金の出入りの最終調整が把握できる．なお，利息と配当金の区分表示には，①受取利息，受取配当金，支払利息を営業活動の区分で認識し支払配当金を財務活動の区分で認識する第一法と，②受取利息・受取配当金を投資活動の区分で認識し支払利息・支払配当金を財務活動の区分で認識する第二法の２つがある．

表5－3　キャッシュ・フロー計算書　（単位：百万円）

Ⅰ　営業活動によるキャッシュ・フロー	
税金等調整前当期利益	100
減価償却費	25
支払利息	25
売上債権の増加額	-50
棚卸資産の増加額	-50
仕入債務の増加額	75
小　　　計	125
利息の支払額	-25
法人税等の支払額	-50
営業活動によるキャッシュ・フロー	50
Ⅱ　投資活動によるキャッシュ・フロー	
有形固定資産の取得による支出	-225
投資活動によるキャッシュ・フロー	-225
Ⅲ　財務活動によるキャッシュ・フロー	
短期借入金純増加額	50
配当金の支払額	-10
財務活動によるキャッシュ・フロー	40
Ⅳ　現金及び現金同等物の減少額	-135
Ⅴ　現金及び現金同等物の期首残高	160
Ⅵ　現金及び現金同等物の期末残高	25

第5章 資金管理とキャッシュ・フロー管理

4.3 キャッシュ・フロー管理の方法－キャッシュ・フロー分析

　キャッシュ・フロー計算書に貸借対照表および損益計算書を加えた複合的な分析・検討を行うことにより，投資家・債権者・資金提供者等が，企業の将来にわたって営業キャッシュ・フローを生み出す能力や，負債を返済する能力，配当金を支払う能力，資金調達を行う必要性，等を評価することが可能になる．そして，将来のキャッシュ・フローを見積もることによって具体的な長期資金計画が立案され，投資キャッシュ・フローの収入をもってしても不足が生じる場合には財務キャッシュ・フローの収入（外部資金の調達）が検討される．

　キャッシュ・フローの分析では，収益性・安全性・成長性・投資活動・株主価値との関係といった幅広い検討が行われるが，ここでは資金の適正保有量の管理（資金管理）による支払義務の遂行（財務流動性）という本章のテーマに沿って，安全性（支払能力）の分析のための手法を重点的に取り上げる．

(i) 流動性の分析

　安全性の指標には流動性の指標と安定性の指標がある．流動性の指標とは，短期的な支払能力を測る指標であり，事業の短期の変動性（現在の債務を支払いながら営業を継続できる能力）に関わる情報を提供する．

① 営業キャッシュ・フロー対流動負債比率

　支払期日が比較的短い流動負債の返済能力を示す指標．この比率が高いほど財務の安定性は高まり，資金繰りは楽になるといえるが，低いほど流動負債の支払いの確実性は低下する．

$$\text{営業キャッシュ・フロー対流動負債比率} = \frac{\text{営業キャッシュ・フロー}}{\text{期中平均流動負債}} \times 100$$

② 営業キャッシュ・フロー対短期債務比率（営業キャッシュ・フロー比率）

　営業キャッシュ・フローを，1年以内に支払期限が到来する長期債務や短期借入金などの短期債務の期中平均合計額で除した流動性比率．

$$\text{営業キャッシュ・フロー対短期債務比率} = \frac{\text{営業キャッシュ・フロー}}{\substack{\text{1年以内に支払期限が到来する長期} \\ \text{債務と短期債務の合計の期中平均額}}} \times 100$$

81

(ii) **安定性の分析**

　安定性の指標とは，もう一方の安全性の尺度である長期的な支払能力を示す指標であり，企業が資産および営業をファイナンスするために負債を活用する度合い（レバレッジの度合い）を測定する．

① 　営業キャッシュ・フロー対利息比率

（キャッシュ・フロー・インタレスト・カバレッジ・レシオ）

　営業キャッシュ・フローが利息支払額に占める割合を表すので，この倍率が高いほど有利子負債を抱えている企業の金利支払能力は高く，金利返済に余裕がある．固定的な金利支払いの安全余裕率を示すため，常に高い水準に保たれていることが望ましい．

$$\text{営業キャッシュ・フロー対利息比率} = \frac{\text{営業キャッシュ・フロー} + \text{利息支払額} + \text{法人税等支払額}}{\text{利息支払額}} \times 100$$

② 　営業キャッシュ・フロー対総負債比率

　企業の負債を返済する能力を示すとともに，破産を予測するのに有用な指標．当然ながら高いほど望ましい．

$$\text{営業キャッシュ・フロー対総負債比率} = \frac{\text{営業キャッシュ・フロー}}{\text{期中平均総負債}} \times 100$$

なお，この比率の分母と分子を入れ替え，分子に総負債ではなく有利子負債を用いたものを債務償還年数といい，決算短信の添付資料に記載されている．債務の償還年数であるから，当然ながら短いほど望ましい．

③ 　営業キャッシュ・フロー対長期有利子負債比率（キャッシュ・フロー比率）

　企業の長期的な債務返済能力を示す指標．長期有利子負債残高が営業キャッシュ・フローによって賄われている割合を表すため，この比率が高いほど長期債務の支払能力は高いといえる．

$$\text{営業キャッシュ・フロー対長期有利子負債比率} = \frac{\text{営業キャッシュ・フロー}}{\text{期中平均長期有利子負債}} \times 100$$

第5章　資金管理とキャッシュ・フロー管理

参考文献

阿部錠輔・高屋和彦.2001.『財務・会計』評言社.

Brealey, Richard A., Stewart C. Myers, and Franklin Allen. 2006. *Principles of Corporate Finance*. 8th ed. New York: McGraw-Hill.

藤井則彦. 2006.『財務管理と会計－基礎と応用－（第3版）』中央経済社.

Higgins, Robert. C.. 2003. *Analysis for Financial Management*.7th ed. New York: McGraw-Hill.

牧浦健二. 2003.『財務管理概論』税務経理協会.

日本管理会計学会. 2001.『管理会計学大辞典』中央経済社.

西澤脩. 2006.『新訂　財務管理〔改訂版〕』泉文堂.

岡本清・廣本敏郎.2007.『新検定　簿記講義〔1級／原価計算〕』中央経済社.

徳崎進. 2002.『ファイナンシャル・マネジメント・ハンドブック』東洋経済新報社.

上埜進. 2007.『管理会計－価値創出をめざして（第3版）』税務経理協会.

第5章の練習問題

問5.1　下記は関西㈱の当年度資金予算に関する資料である．同社の適正な現金残高の水準を計算しなさい．なお，利子率と1回当たりの取引費用は不変と考えて差し支えない．

　　　　月間の現金支払額：120,000,000円，短期有価証券の利回り：年率1.2%

　　　　1取引当たりの短期有価証券の売却費用：1,000円

問5.2　下記は材料Mに関する資料である．この材料Mの1回当たり発注費・材料1個当たり年間保管費・経済的発注量を計算しなさい．なお，安全在庫・在庫切れの機会損失は無視してよい．

　　　　年間予定総消費量：500,000個，1個当たりの購入原価：200円

　　　　発注1回当たりの電話料：250円，発注1回当たりの事務用消耗品費：500円

　　　　1個当たり年間火災保険料：10円，資本コスト：10%

〔徳崎進（とくさき・すすむ）〕

第6章 事業部制における業績管理

§1 事業部制組織と管理会計上の視点

1.1 事業部制組織

　組織は目標を達成するための一つのシステムとみることができる．その構造は，階層の数とマネジャーのスパンオブコントロールの範囲，業務のまとめかたや組織内で有効なコミュニケーション，調整，統合などの情報の流れを配慮して決まる．代表的な組織構造としては，職能別組織，事業部制組織およびその組み合わせであるマトリクス組織である．

　そのうち，事業部制組織の典型的な形態を図示したのが図6－1である．その特徴は，製品別（製品群別），あるいはサービス別，地域別にトップマネジメント以下の組織がくくられることにある．各事業部の中は，職能別組織のように，たとえば，製品群別の組織の場合には，研究開発，生産，マーケティング

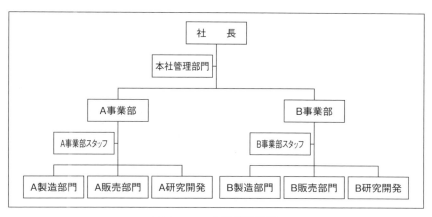

図6－1　事業部別組織

のほか，事業部スタッフとして，会計などの総務部門が置かれている場合もある．

　事業部制組織では，事業部業務に関する意思決定権限が事業部の組織の長である事業部長に任される．職能別組織ではトップマネジメントが日常的な意思決定と部門間調整を行うため，すべての権限がトップマネジメントに集中するのに対して，事業部制での事業部長には事業部に関する多くの権限と責任が分散される．その意味で，事業部制組織は分権化組織といわれる．

　事業部制組織のメリットは事業部が直面する経営問題にスピーディに対応でき，またそれに対する結果責任が明確になる点にある．一方デメリットとしては，人事，総務，会計など各事業部ごとに重複する職能が存在しがちであること，事業部間の情報のやり取りが難しいことなどがあげられる．

　現実の企業組織をみると，単一の製品群を扱っている企業はごく少数で，多くの企業が多角化戦略をとっている．多角化された製品群間に関連性が少ないほど事業部制組織をとることで各事業部が製品群ごとに環境変化や技術変化にスピーディに対応することが可能になり，事業部制のメリットが活かされる．

1.2　事業部制組織のマネジメント

　事業部制組織では，多くの権限を事業部長が担っており，事業部は原則，自己完結的で，経営行動の結果を示す採算性についても独立採算性をとる．しかし事業部の独立性が高いといっても，事業部が一つの組織の部分組織である以上，その目的は全体組織の目標を達成することにある．したがって，独立性が高い事業部であっても，自己の目標を達成するだけでなく，組織全体の目標を達成することにも貢献しなければならない．そのためのマネジメント上の工夫が必要になる．特に重要なことは，組織全体最適と，組織の一部である各事業部の部分最適の一致である．そのために，事業部が自己目標を達成するための行動が，結果的に組織全体の目標達成につながるようにマネジメントシステムをつくることが必要になる．事業部制組織のマネジメントは，事業部への権限責任の範囲の決定，それに伴う資源の配分，事業部の目標設定と計画策定，計

画実行後の評価とそれに対するインセンティブを中心とした仕組みであるマネジメント・コントロール・システム（MCS）が重要になる（伏見，1988）．なかでも業績評価は，事業部の目標と事業部長のインセンティブとの両方に関わるものであるから，MCSの中でも重要な機能を果たしている．

1.3　事業部における業績評価の2つの意味

　事業部における業績評価は，2つの意味を持つ．一つは，事業部が目標を達成したかどうかの評価である．この目標は，組織全体の目標をも達成することにつながるものでなければならない．したがって，事業部目標は全体目標との関係付けが明確になされているべきである．各事業部の業績結果は，トップマネジメントが全社的な経営について考察するための意思決定情報ともなる．もう一つの指標の意味は，事業部長の意思決定に対する評価というものである．事業部長は，委託されている権限とそれに対する責任を果たすべく，目標を達成するための意思決定を行い，その結果に対する評価がなされるとともにインセンティブが与えられる．

(1)　事業部の業績評価

　事業部制組織の場合，事業部に関わる日常的な意思決定は事業部長に任せ，トップマネジメントは戦略を集中して考えることができることが利点である．トップマネジメントは，自社の事業と各事業への資源配分について，将来を見据えて意思決定を行っている．この資源配分の意思決定を行う一つの情報として，事業部別の業績評価が利用される．事業部の業績評価には，過去の事業部の業績を判断することと，将来の投資をするための判断情報という2つの意味がある．資源配分に利用するための各事業部の業績評価は，事業部同士の比較が可能であることが重要なファクターになってくる．たとえば，各事業に投資した資本に見合う利益を各事業部があげているかどうかという視点での事業部別のROIも事業部間の比較のための一つの指標となりうるであろう．ROI（投資利益率）の具体的な意味合いについては，後述するが，本社から事業部への投資が回収できているかの判断指標になる．

87

(2) 事業部長の業績評価

　第2の事業部業績評価の意味は，事業部長の意思決定とその実行に対する評価である．事業部長は本社から受託した資本を利用するための権限をもち，それから利益を生む責任を持っている．その責任を果たせているのか，目標は達成されているかを判断するために業績評価が行われる．この業績評価結果にインセンティブ（金銭的，非金銭的報酬）を与えることで，事業部長は目標を達成する行動へと動機づけられることになる．つまり事業部長の行動を左右する重要な基準が業績評価基準である．

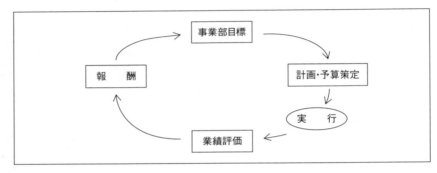

図6-2　事業部マネジメント・システムの考え方
（マネジメント・コントロール・プロセス）

　もちろん，この業績評価結果がどのように事業部長の報酬とつながり，その報酬がどの程度事業部長を動機づけるものであるかという点も重要である（図6-2）．そのつながりかたによっては，事業部長が業績評価を高めることに動機づけられないことも十分考えられるからである．また，目標と業績評価との関係も重要で，この関係付けがうまくなされない場合には，事業部長は自分の行動基準についての判断に苦しみ，組織目標に合致しない経営行動へと事業部組織を導く可能性もある．

第6章　事業部制における業績管理

1.4　レスポンシビリティ・センターの考え方

　事業部マネジメントの仕組みを設計する時には，事業部長にいかなる権限と責任を与えるかを決めることになる．それが事業部長の目標，業績評価指標，そして報酬に関係づけられる．責任者に与えられる権限は責任者が管理可能なことは何かを決定することを意味する．ある管理者の業績評価が，その管理者にコントロール可能ではない環境要因，他の部門の活動によって左右される項目でなされることは好ましくないという考え方がある．経営者が，責任者の権限とその責任をどのように定義するかによって，選ばれるべき指標が決まるのである．

　ある目標を達成するために責任と権限を与えられた組織の部分単位をレスポンシビリティ・センター（管理責任単位あるいは責任センター）とよぶ．レスポンシビリティ・センターの業績は，その組織へのインプットとアウトプットを何らかの数量的尺度で測定することによって評価され，その基準としては通常は財務的情報を利用して行われる．ここでいうインプットとは「費用」あるいは「投資」であり，アウトプットとは「収益」である．

　レスポンシビリティ・センターには，コスト・センター，レベニュー・センター，プロフィット・センター，インベストメント・センターという区分がある．このうち，コスト・センター，レベニュー・センターは，それぞれインプットとアウトプットのどちらかを管理することしかできない．

　コスト・センターは生産部門，技術部門，管理部門，サービス部門などに適用される．たとえば，工場では，何をどれだけ生産するかについて決定することはできず，営業部門あるいは本社生産管理部門から要請された量と質を，いかに低コストで作るかだけ自由裁量ができる．インプットであるコスト（製造原価）をいかに効率よく使ったかということに責任を持つ．この時，コスト・センターの長は改善活動など，生産性の向上を追求することになる．この場合は科学的標準を設定しやすい．一方，人事，総務，経理などの管理部門ではアウトプットの測定が定性的で難しい場合が多い．たとえば，教育・研修，採用においては，その効果はいつどのような形で出るのかが明確にできず，生産性

89

を測定することが極めて難しい．つまり，アウトプットの測定が困難である．
このような部門の場合，目標による管理やゼロベース予算など，責任者は与え
られた予算の中で期待された成果（定性的ではあるが）をあげることが必要であ
る．

　一方，レベニュー・センターは，一定の人件費と販売費を使って最大の売上
をあげることを求められている．したがってこれをレベニュー・センターとし
て区別するが，これをコスト・センターの一部として捉える考え方もある．営
業部門はレベニュー・センターとして位置づけやすい部門である．

　さて，事業部のように，傘下に事業部関連の開発，生産，販売部門をもち，
自立的な事業部活動を前提としている場合，この組織はインプットとアウト
プットの両方に責任をもつ，つまり利益に責任をもつ組織として位置付けられ
る．これをプロフィット・センターという．プロフィット・センターのマネ
ジャーは，売上収益と費用との最適な組み合わせを決める権限が与えられてい
る場合に適用される．事業部だけでなく，製造部門であっても，社内的に営業
部門に製品を販売するという自主的な権限が与えられている場合には，製造部
門でもプロフィット・センターとして位置付けられることもある．あるいは，
営業部門が社内製造部門のみならず，自主的に仕入先を見付け，販売価格を決
定できる場合には，営業部門であってもプロフィット・センターとして位置付
けられることもある．

　プロフィット・センターが現時点での経営資源を前提とした利益達成を期待
されているのに対して，インベストメント・センターは，設備や在庫などにど
れだけの投資をするかという権限も委譲されており，投下資本の効率的な活用
への責任も持つことがある．これをインベストメント・センターという．イン
ベストメント・センターは，プロフィット・センターの一種であるという考え
方もある．

　プロフィット・センターおよびインベストメント・センターは，事業部マネ
ジメントの重要な考え方であるので，次の節でより詳しく説明することにしよ
う．

90

第6章 事業部制における業績管理

1.5 事業部の業績評価とバランスト・スコアカード

レスポンシビリティ・センターの業績評価は，費用，売上収益，利益，投資など財務的な指標が中心とされてきた．しかし，現実には，財務指標のみならず，非財務的な指標も目標となる．たとえば，マーケットシェア，生産性，特許数，人材育成など，多面的な評価がありうるのである．財務的指標は短期的なものになりがちであるが，長期的視点も考え合わせるためには，非財務指標も重要である．

全社戦略を下部組織の実践に生かすためのアプローチとして，バランスト・スコアカード（Balanced Scorecard，以下「BSC」と略）が提唱された（Kaplan & Norton, 1996；2000；2004）．これについては他章に譲り詳細は割愛するが，バランスト・スコアカードでは，複雑化した企業経営において，事業の責任者であるマネジャーが同時に複数の指標を選択するという現実を反映している．BSCでは財務指標のほか，顧客満足度，組織改善・改革の評価，オペレーションの評価も含まれている．バランスト・スコアカードは事業部制組織だけを対象としたものではないが，分権化組織において，企業の経営者が各事業部に全体目標を理解させ，組織メンバーの行動目標として落としこむためにはバランスト・スコアカードを利用することも一つの方法である．

それでは次にプロフィット・センターにおける具体的な業績評価について考えてみよう．

§ 2 プロフィット・センターとしての事業部制組織の業績評価

プロフィット・センター（以下「PC」と略）は利益管理責任といわれるとおり，利益を最大化することが目標となる．そのプロフィット・センター長は，PCへのインプットとアウトプットの両方に関する決定権を持つ．アウトプットの量，価格を考慮し，利益を最大化することが求められるのである．責任者は可能性の範囲によって，業績評価指標は異なる．

PC長の意思決定の範囲に応じ，業績評価の基準として4つの利益指標があげ

91

られる（図6－3参照）．①変動貢献利益，②管理可能貢献利益，③事業部貢献
利益，④税引前事業部利益である．

売上収益	1,000	百万円
変動費	500	
変動貢献利益	500	…… ①
管理可能固定費	200	
管理可能貢献利益	300	…… ②
管理不可能固定費	100	
事業部貢献利益	200	…… ③
本社配賦費	50	
税引前事業部利益	150	…… ④

図6－3　プロフィット・センターの業績評価

① 　変動貢献利益は，事業部の総収益から総変動原価を差し引いた金額であ
る．

② 　管理可能貢献利益は①の変動貢献利益から事業部長の管理可能な固定原
価を差し引いた金額である．

③ 　事業部貢献利益は，②の管理可能貢献利益から事業部長には管理ができ
ないが，事業部で発生する固定原価を差し引いた金額である．

④ 　税引前事業部利益は，③の事業部貢献利益から，本部で発生した費用の
配賦額を差し引いた金額である．

たとえば，事業部長が戦術的，日常的意思決定だけに責任をもっている場合
や，セールス・ミックスの決定，価格政策だけに責任をもっている場合は，①
の指標がこれらの意思決定によってどれくらい利益が出ているのかを評価する
ためには適切である．②はかつて1960年，シリングローが事業部長の評価基準
として適切であるとした指標である（Shillinglaw, 1960）．これは短期的利益を
示す指標としては適しているといえよう．③は事業部長は管理ができないけれ
ども事業部に帰属する固定費用についてもその責任の中に含めるという考え方
の指標である．最後に④の税引前事業部利益は，本社で発生する費用，ならび
に事業部間に共通している広告宣伝費，情報システム費なども差し引く．これ
らは事業部の活動と直接は関係していないが，事業部が独立した一つの組織

と仮に考えるならば，必ず発生するであろう費用であるということができる（谷，1976）．

　本社費の配賦については賛否両論がありうる．配賦の意図（恣意性）やコントロールができない費用を配賦すべきでないとする考え方もあるが，事業部組織が自己完結的な組織である以上，事業部をサポートする機能をもつ本社で発生する費用は事業部によって負担されるべきものであるとする考え方もある．本社費の配賦は，事業部の自己完結性と独立採算性をその企業がどこまで追求するかによって，配賦するかどうかが決まるであろう．

　以上みてきたように，PCは，インプットとアウトプットに責任をもつので，その差である利益を業績評価指標とする．PCは，現在もっている経営資源を前提とし，比較的短期的な志向をもっている．しかし，事業部制が自己完結型でしかも独立採算型の形に近づけば近づくほど，事業部長は大きな権限と責任を持つことになる．大きな権限とは，金銭的指標で言えば大きな金額の投資を意味しており，長期的に投資効果がある設備や資産への投資である．また人事権，組織変更権なども含まれるだろう．このような権限を責任者が持つ組織単位が「インベストメント・センター」である．そこで次に，インベストメント・センターとしての事業部制組織の業績評価について述べていこう．

§3　インベストメント・センターとしての事業部制組織の業績評価

3.1　インベストメント・センターの特徴

　インベストメント・センター（以下「IC」と略す）は大企業の事業部や事業グループにみられるように，設備や在庫などにどれだけの投資をするかという権限も委譲されている組織単位である．ソニーが1995年に導入して以来，他の企業でも利用された「カンパニー」はこれを志向したものといえよう．

　ICの特徴は自己完結型で独立採算性をとることであるが，より詳しく言えば次の5点にまとめられる（横田，2000）．

　(1)　インベストメント・センター（IC）は，製品別，地位別などに分割され

93

た事業部ごとの総合管理の権限を事業部長に包括的に委譲するやり方である．インベストメント・センター長は短期利益のみならず，長期の利益について左右する権限を委譲され，その責任を担っている．

(2) 包括的にインベストメント・センター長に権限を委譲するためには，各インベストメント・センターは自立的な資本計算制度を持つ独立採算単位とされる必要がある．インベストメント・センター長は売上高，費用に加え，重要な投資に対するコントロールも行う．

(3) 製造業における製品別のインベストメント・センターの場合には，各インベストメント・センター長は担当製品の開発・生産・販売という職能部門を持った自己完結型の組織体の管理者として地位を与えられる．

(4) インベストメント・センターはラインの長であり，トップマネジメントの直接的な管理対象となる．現業職能部門はインベストメント・センター長の管理下にあり，トップマネジメントと現業職能部門長との関係は間接的になる．

(5) インベストメント・センター長は委譲された意思決定権限に見合った会計責任をトップマネジメントに対して請け負う．

インベストメント・センターとしての事業部を傘下に有するトップマネジメントは，大幅な権限を事業部長に委譲し，自主的な計画管理をゆだねながらも，経営トップの期待する目標が効果的に達成されることを狙うことになる．したがって，業績評価は，過去と現在の資本投下の効果について測定することが求められる．適切な指標としてよく知られているのは，ROI（投資利益率），残余利益（RI）がある．次にこの２つの指標の特徴について検討する（Anthony & Govindarajan, 2007およびKaplan, 1982を参照）．

3.2　ROI（Return on Investment）

ROI（投資利益率）は，意思決定単位内で達成された利益を投下資本の額で除したものである．古くはDupont社での事業部の目標と業績評価尺度として使われたことでも名高い指標である（Johnson & Kaplan, 1987）．分母は，事業

部に投下されている資本である．Anthony and Govindarajan（2007）ではこれを，「投資ベース」とよんでいる．

ROIは，財務データに基づいて算出できる客観的な尺度であるといえよう．比率値であるから，異なった規模の事業部および異なった業種の事業部間の比較を容易にする．また，資本市場の外部的な比較も可能である．外部のアナリストもROIを利用することが多いので，そのような尺度で事業部利益を見るということは会社全体の目標と事業部目標との間の整合性も促進される．事業部長は使用している資産からより多くの利益を出すように努力することが期待される．

ROIの利点は

(1) 包括的尺度であること

(2) 計算が容易であること

(3) 収益性に責任を持ついかなる組織にも利用できること

があげられる．

一方，ROIには欠点もある．ROIは比率値であるので，その部門の組織全体にとっての重要性や規模の違い，事業の性格の違いについてトップマネジメントからは見えにくくなる．また，インベストメント・センター長はこの比率値を良くしようとするために，分子である利益を上げようとするのではなく，分母である資産を減らそうと意思決定する可能性がある．つまり，縮小経営である．そのために，組織全体としては積極的に拡大したい時にも，この指標の値を良くしたいがために，資産の縮小化を試み，事業部の成長を抑えてしまう場合もありうるのである．このような欠点を除去するための業績指標として，残余利益がある．

3.3 残余利益

残余利益（Residual Income,以下「RI」とも略）は，かつてGeneral Electric社によって一般化された指標である．資本コスト率を投資資本に乗じることで，事業部が使用している資産（本社が事業部に投資している資本）に対する資本コス

トを算出し，その額を事業部の税引前利益から減ずる．これが残余利益である．つまり資本コスト差引後事業部利益である．事業部がRIを最大化しようとすれば，それは組織全体の残余利益を大きくすることにつながる．また，RIは異なった投資資本に対して異なった資本コスト率も乗じることができるので，より現実的である．

RIがROIに優る点は

(1) 比較可能な投資資産に対して同じ利益目標を持つこと

(2) 資本コストを超える利益を生む投資はRIを増加させ，それは組織全体の利益につながる意思決定となること

(3) 異なるタイプの資産に異なる資本コスト率が適応できることである．

しかし，残余利益は規模の大小によって額が異なるために，直接事業部の効率性は比較できない．たとえば，小さな事業部よりも大きな事業部のほうが絶対額としての残余利益は獲得しやすい．したがって，さまざまな規模の事業部を傘下に持つトップマネジメントは，各事業部別の目標水準を設定し，それと実際値を比較することによって評価をすることになる．

かつて，1970年代のアメリカReece＆Coolの調査でも，すでにその時代からROI指標への批判はあったにもかかわらず，ほとんどの企業がROIを利用していたという結果がある．その理由としては，ROIが外部アナリストにも広く利用されていたこと，企業として資本コストを特定化するのを嫌がることなどが上げられる．また，ROIは比率値なので，わかりやすかったという理由づけもなされている（Kaplan, 1982）．

3.4　EVA™

残余利益の類似の概念として，EVA™（Economic Value Added：経済付加価値）がある．EVA™は，税引後営業利益から資本コストを差し引いたもので，スターン・スチュワート社が登録商標化した概念である．Stewart（1991）によれば，EVA™は，すべての（利害関係者の）トレードオフの組み合わせを正しく説明する唯一の尺度であるとしている．

第6章　事業部制における業績管理

EVA™の定義は，税引後営業利益マイナス資本コストである．EVA™の特徴の一つが，この資本コストにある．経済付加価値の算出における資本コストは，加重平均資本コストである．加重平均資本コストとは，企業の負債コストと株主資本コストを加重平均したものである（Stewort, 1991）．資本コストは，残余利益によっても考慮されているが，EVA™の資本コストでは，負債のみならず，株主資本のコストをも認識している点に特徴がある．

資本の源泉別に資本コストを加重平均して認識することは，どこからの資金に対して事業部がどう利用しているか，ということを認識させることに役立つであろう．事業部制別貸借対照表で，社内借入金のほかに，社内資本金を設定し，それぞれ実態にあった資本コストをかけている（たとえば，社内金利，配当金見合いなど）場合もあるが，これも同様の趣旨であると捉えることができる．

3.5　指標のベースとなる数値の問題

(1)　投下資本（投資ベース）

ROI，RIどちらも，「投下資本」という概念を使っている．これは事業部が経営活動を行うために使用している資本のことで，Anthony & Govindarajan（2007）では「投資ベース」といっている．投下資本として具体的に何を対象とするかはさまざまな考え方がある．この数値はROIの場合には，分母となり，RIの場合には資本コストを算出する際の基礎数値となるため，なにを投下資本としてみなすかによって，数値は大きく動くことになる．

門田（2001）によれば，投下資本は，(1)総資産，(2)使用総資産（(1)から遊休資産を除いた総資産），(3)純運転資本＋固定資産，(4)総資産－無利子負債が考えられる．このうち，Anthonyらのいう投資ベースは，(4)をさしている．

投資ベースに含まれる資産は，基本的に事業部の経営活動のために使用される資産が入ることになるわけであるが，それらは企業としての方針を定めた上で評価することが重要である．たとえば，固定資産を取得原価でみるか，正味簿価でみるのか，あるいは時価でみるのかといった問題が起きてくるのである．指標を外部との比較で使いたい場合には，基本的には財務会計の基準に合

97

わせるべきであるという考え方もある．一方，社内比較のためには継続性を重視し，以前から簿価で算出しているのであれば簿価で続ける，あるいは，事業部長の管理，責任のおよぶ資産かでの判断もあろう．重要なことは，傘下の事業部の算定方法を本社として共通化し，明示することにある．

(2)　社内金利および社内資本金

インベストメント・センターを社内の擬似企業としてとらえ，インベストメント・センターに社内資本金として会社全体の資本金を割り当てた形にする仕組みがある．これが社内資本金である．事業部制別貸借対照表に借入金の他，社内資本金が掲載されることになる．

また，本社から各インベストメント・センターへの投資金額に対する金利を課している企業もある．これが社内金利制度である．双方ともに詳しくは別章に譲る．

(3)　振替価格と忌避宣言権

インプットとアウトプットに責任をもつ事業部長にとって，もし事業部間で取引がなされる（社内取引）場合には，その価格の決定は重要である．これを振替価格あるいは社内振替価格という．事業部を社内の擬似企業ととらえようとすればするほど，社内取引であっても市場原理を導入することを考えることになろう．

社内振替価格は社内取引が多くなるほど，その設定が事業部長の評価をも決定することになるので重要な課題となる．本社が決定するというやり方や，市場と同様に自由交渉をさせるべきという考え方もある．市場原理に準じる決定ルールの場合に重要なのが，「忌避宣言権」である．忌避宣言権は，自事業部の利益最大化のためには，時に社内取引を断わり外部市場から仕入れたり外部市場に販売することを事業部間で決定できる権利である．事業部の利益最大化をめざすための意思決定としてこの権利を認めるということは，事業部にとっての選択の自由を認めるのみならず，企業内の競争力を高める努力を促がすことにもつながる．忌避宣言権を認めることは，事業部制マネジメントの自己完結と独立採算性を現実化するものであるといえよう（占部，1969）．

第6章　事業部制における業績管理

§4　日本の事業部制マネジメントと業績評価

　日本企業においても事業部制マネジメントの歴史は長い．特に，松下電器産業（現パナソニック株式会社）が1933年に導入した事業部制マネジメントは，長い間他の日本企業のベンチマークとなってきた（横田，1999）．

　日本の事業部制は「職能別事業部制」といわれることがあった．それは，事業部制でありながら，事業部は「製造事業部」であり，事業部とは別に営業本部が設定されているという特徴を持つという，自己完結型の形でない事業部だったためである．事業部はレスポンシビリティ・センターとしてはプロフィット・センターとして機能していた．しかし，本来トップマネジメントが関わらないはずの現場の意思決定までも立ち入りがちになった．

　しかし，1994年，ソニーが「カンパニー制」という名称によって，事業部の権限を強くし，インベストメント・センターに近いマネジメントを行い始めてから，他の日本企業でもカンパニー制（あるいは社内分社）への組織変更が試みられた．ソニーは後年，本業の業績悪化を機にカンパニー制を廃止したものの，従来よりも，より自己完結型で独立採算性の性格の強い事業部制を日本企業が模索しつつある動きととることができよう．

　これに伴い，カンパニー制の業績評価も，権限責任の拡大とともに，かつての事業部の時より，成果が明確に客観的に示されるものへと変わりつつある．

　独立性の高い事業部への変更は，その事業部の業績をどのように測定するのかという問題と強くかかわっている．たとえば先に述べたEVAのような指標を企業全体としての目標とするだけでなく，事業部別にも導入することは，各事業部における評価が企業価値へと結果的につながっていくことを意識させるための一つの選択であろう．あるいは全社的なEVAを分解し，それを事業部別のEVAあるいはKPI（Key Performance Index）へと分解することで，EVAを向上させる鍵となる指標を事業部内でも見つけることが可能となる．これがバリュー・ドライバーである．また，バリュー・ドライバーを見つける手

法が「キー・プロセス・マッピング」である．この手法により，職能別のバリューチェーンに従って，個々のプロセスごとのバリュードライバーが明らかになる．そこから，EVAを向上させるために影響力の高いドライバーを選択する．これがキー・バリュー・ドライバーである．その後，これを階層別部門別の KPI（Key Performance Index）をKPM（Key Performance Measure）に分解していくが，これが従来の方針管理の体系と基本的に一致することになる（詳細は門田（2001）をご参照いただきたい）．

　日本企業の事業部制マネジメントは，従来から方針管理などによって，目標を現場にうまく落とし込んできた．このような方法が事業部の独立性の高まりとともに，全体目標とのつながりに主眼を置いた手法とつながることにより，全体最適と部分最適の一致も可能になるであろう．

参考文献

Anthony, R. N., V. Govindarajan. 2007. *Management Contorol Systems*, 12th ed. McGraw-Hill Irwin.

伏見多美雄編．1988.『経営管理会計　改訂版』日本規格協会．

Johnson, T. H. & R. S. Kaplan. 1987. *Relevant Lost.* Harvard Business School Press.

Kaplan, R.S. 1982. *Advanced Management Accounting*. Prentice-Hall.（西村明，昆誠一訳．1989.『上級管理会計』中央経済社）

Kaplan, R.S. and Norton, D. P. 1996. *Balanced Scored Card*. Harvard Business School Press.（吉川武男訳．1997.『バランス・スコアカード』生産性出版）

Kaplan, R.S. and Norton, D.P. 2000. *The Strategy-Focused Organization: How Balanced Scorecard Companies Thrive in the New Business Environment*. Harvard Business School Press.（櫻井 通晴訳．2001.『キャプランとノートンの戦略バランスト・スコアカード』東洋経済新報社）

Kaplan, R. S. and Norton, D.P. 2004, *Strategy Maps: Converting Intangible Assets into Tangible Outcomes*, Harvard Business School Press.（櫻井通晴他訳．2005.『戦略マップ』ランダムハウス）

Shillinglaw, G. 1960. "Divisional Profit Standards", *Industrial Management Review* 2 (1), 11 – 19.

Stewart, G. B. Ⅲ. 1991. The Quest for Value—The EVA™ Management Guide—, Harper Collins Publishers. （日興リサーチセンター／河田剛・長掛良介・須藤亜里訳. 1998. 『EVA創造の経営』東洋経済新報社）

門田安弘. 2001. 『管理会計』税務経理協会.

占部都美. 1969. 『事業部制と利益管理』白桃書房.

谷武幸. 1976. 『事業部業績管理会計』千倉書房.

横田絵理. 1999. 「カンパニー制の導入によるマネジメント・システムの変化～日本企業のインベストメント・センターへの模索～」武蔵大学論集46-3/4, 27-49.

横田絵理. 2000. 「カンパニー制再考：カンパニー制は日本企業のインベストメント・センターへの変化を意味するのか」武蔵大学論集48-2, 15-44.

第6章の練習問題

問6.1　A企業では，事業部制をとっている。現在各事業部をプロフィット・センターとして位置づけており，事業部別損益計算書を作成したうえで，業績評価を行うことになっている.

平成ＸＸ年度末のＢ事業部の損益計算書は以下の通りであった.

Ｂ事業部損益計算書		単位：百万円
売上収益	3,000	
変動費	1,000	
変動貢献利益	2,000	・・・①
管理可能固定費	800	
管理可能貢献利益	1,200	・・・②
管理不可能固定費	500	
事業部貢献利益	700	・・・③
本社配賦費	200	
税引前事業部利益	500	・・・④

設問

1. あなたがA社の社長であるとして，プロフィット・センターである事業部の業績を戦略策定のために把握したいとすれば，①〜④のどの指標をどのような理由で活用したいと考えるか．

2. あなたがB事業部長であるとすれば，業績評価指標が①であるときと④であるときの事業部長としての行動に違いがあると考えるか．理由とともに検討せよ．

問6.2 売上高年額1億5千万円で営業利益3,000万円の事業部があった．現在の投下資本は1億2,500万円である．この事業部に新たな投資案が浮上した．投資案は投下資本が新たに7,500万円かかるが，それによって売上高は1億3,000万円，営業利益1,200万円の年当たりの増額が予測できるという．

設問

1. あなたがこの事業部の事業部長であったとすると，この投資案を実行するだろうか？あなたの事業部がROIで評価されている場合とRIで評価されている場合の2つのケースで考えてみること．ただし，資本コスト率は投下資本の10%とする．

2. 上記の結果から，事業部責任者への評価尺度としてのROIとRIの利用について考察せよ．

〔横田絵理（よこた・えり）〕

第7章　グループ経営

§1　グループ経営の課題と意義

1.1　グループ経営の背景

　企業グループにおいて多角化が進むと，それを構成する個別企業ごとの最適化というより，むしろ全体としての最適化を目指したマネジメントが経営者の課題となる．これまでも日本企業は，企業内において製品や地域のまとまりごとに事業に関する権限と責任を委譲する事業部制を採用することで，複数事業からなるグループマネジメントを行ってきた．この事業部制は，日本ではパナソニックが1933年に採用したのがはじまりといわれる．さらに，事業部制よりも各事業部門の自律性が高く，それらをあたかも独立した会社のように扱うカンパニー制が1990年代に登場した．これらは社内分社制と呼ばれ，部門長は一般に事業に関する投資利益責任を有するものの，法人格を有する子会社と比較すると不完全な分社である．

　1997年6月の独占禁止法改正で純粋持株会社が認められた．また，いわゆる会計ビッグバンの1つとして2000年3月決算から，連結財務諸表が正式な財務報告書として制度化された．連結等の範囲についても，それまでの形式的持株基準から実質的支配力・影響力基準となり，直接の資本関係や人事・財務の関係を超えて拡大された．さらに，連結会社間における会計方針の統一，連結上の偶発債務の開示も強制された．さらに，税制面では，企業グループの親会社とその100%子会社，孫会社等を課税上も一体の組織とみなして取り扱う連結納税制度が2003年3月決算から導入された．これら一連の制度改革が，経営者の意識をグループ経営へと向かわせた要因となったともいえよう．

　1990年ごろからのいわゆるバブル崩壊に伴う経済環境下で，メインバンク

制の解消，株式持ち合いの解消などが進み，それに伴い企業ガバナンスの焦点が資本市場主導型に移行している．そこでは，製品のシェア競争による規模の拡大だけでなく，資本市場において有利なコストで資金を獲得し，グループ全体の投資効率をいかに上げるかという競争に突入している．

　この環境変化に対応した日本企業グループの経営課題を解決するマネジメント手法の1つとして，純粋持株会社制組織の採用がある．この章では，この純粋持株会社とその管理会計システムについて学習していくことにする．

1.2　グループ経営とは

　グループ経営とはどのようなものだろうか．電機業界を例にとると，東芝グループ，パナソニックグループ，ソニーグループといった企業集団がある．これらに共通しているのは，法人格をもつ複数の企業が，中核事業会社を中心とした資本的なつながりを有する企業グループを構成し，一体とした経営が行われている点である．例えば，パナソニックグループの中核には，パナソニック株式会社がある．この会社は，自ら事業を行うと同時に，約486社（2015年9月30日現在）の連結対象会社（子会社等）を有する親会社，すなわち持株会社である．この場合，自らも事業を行っているので事業持株会社という．

　一方，親会社自らは事業を行わずに主として子会社の統括に専念する組織形態を純粋持株会社という．たとえば，通信業界では，日本電信電話（NTT），ソフトバンクグループなどが純粋持株会社組織を採用している．NTTでは，日本電信電話公社の民営化にあたって，携帯電話事業を担当するNTTドコモ，県内通話事業を担当する東・西日本電信電話会社，システム事業を担当するNTTデータなどの子会社に分割し，これらを持株会社である日本電信電話が統括する形態にした．ソフトバンクグループは，パッケージソフトの流通業から新規の事業に進出する過程で，インターネットサービス事業のヤフー，ブロードバンド事業を担当するソフトバンクBB（2015年4月にソフトバンクモバイルに吸収合併），携帯電話事業を担当するソフトバンクモバイルなどの子会社を設立もしくは買収した．これらを親会社であるソフトバンクグループが統括してい

る．垂直統合型の市場支配力の引き上げを目的として純粋持株会社を設立した例として，鉄鋼業の JEF ホールディングスがある．これは，川崎製鉄と日本鋼管が統合して新たに持株会社を設立し事業を統合したものである．

　純粋持株会社，事業持株会社の他に，金融持株会社という区分もある．これは，純粋持株会社の傘下に銀行，証券等金融事業を行う子会社を置くものである．この例としては，みずほフィナンシャルグループ，三菱 UFJ フィナンシャル・グループ，りそなホールディングスなどがある．

　金融事業の成果の尺度が，売上高あるいは資金（預金）規模から自己資本の収益性，すなわち株主価値に移っていることから，金融会社とその融資先である企業との関係も変化しつつある．都市銀行を中心とするいわゆるメインバンク制によるガバナンスはその存在意義が低下し，銀行と一般企業との取引関係は市場取引ベースとなっている．メインバンク制のもとでは，株式保有割合が連結，持分法の対象とならないほど低くても，銀行がガバナンス機能を担い，資本関係に依存しない企業グループを形成してきた．しかし，現在では，企業グループは，銀行を中心とするグループを指すことはない．連結財務諸表で会計報告するグループを指し，一体的戦略を実施する単位と見なされる．このことから，グループの最高責任者，例えば，純粋持株会社の社長および取締役会メンバーは，グループ経営の最適化のために戦略を立案することが必要になる．

　このように，グループマネジメントは，時代とともにその対象範囲と役割を変化させてきた．

1.3　純粋持株会社制の意義

　純粋持株会社制の意義の1つ目は，グループ戦略立案と個別事業経営との分離である．事業持株会社制において，親会社が担う事業の課題とグループ全体の経営上の課題とを分離してマネジメントすることは，事実上不可能である．グループ全体の重要な議題も，親会社が営む事業上の重要な議題も，親会社の取締役会等で扱う必要があるからである．純粋持株会社制を採用すると，事業に関する議題は子会社の取締役会で，グループ全体の議題は親会社の取締役会

で別個に扱われることになる．よって，純粋持株会社の経営者は，個別事業の判断業務から解放されて，グループ全体の戦略の策定とその執行管理に集中することができる．

2つ目は，経営者の意識改革である．純粋持株会社は，製造設備のような事業上の物的資産を一般に保有しない．貸借対照表上，保有する資産は，関係会社株式，関係会社長期貸付金といった子会社・関係会社への投資勘定が過半を占める．すなわち，純粋持株会社制では，法的な株主・被株主契約とそれを実質化するビジョン・理念の共有でグループを統合している．子会社は，法人格を有するため，子会社単体としての財務諸表作成義務を負う．その結果として，各事業の責任者である子会社の社長もまた，期間利益責任だけでなく，投下資本あたりの利益率，もしくは資本コスト控除後の純キャッシュ・フローについても，十分に目配りした経営を行うことが必要になる．これは，グループにおける将来のトップを育てるためのシステムを兼ねている．

3つ目は，個別事業環境にあわせた人事労務政策の採用が可能になることである．グループ内に，たとえば家電事業と半導体事業のように，リスクとリターンが異なる事業を有することがある．事業部制では，リスクとリターンの異なる事業に従事していても，それらの構成員は同一法人に属していることに変わりなく，同じ処遇，同じ昇進パターンを提供されることが一般的である．それがグループ全体の公平な人事とみなされてきた．グループ全体が成長をしている時には，この方法でも人事上の矛盾は抑えられる．とはいえ，各事業のリスクとリターンが大きく異なる場合，その現実に即した政策とはいえない．成長のスピードや成熟度が異なる市場環境では，そのリスクとリターンを反映した人事労務政策をそれぞれの事業組織で採用することが望ましい．純粋持株会社傘下の子会社は，それぞれ独立した法人であり，就業規則も個別に持つ．その作成権限は，一義的には子会社の経営者にあるので，自らがおかれた環境に即した人事労務政策を反映して設定することができる．

4つ目は，事業リスクを事業会社別に明確に区分できることである．すなわち，純粋持株会社制では，リスクを事業子会社に対する投資の範囲に限定する

ことができる．もちろん，債務保証などで，子会社の事業に関するさまざまなリスクが純粋持株会社に波及する可能性もある．しかし，リスクをその子会社への投資範囲に制限することが，理論上は可能である．

5つ目は，意思決定上，事業別の経営規模が最適化できることである．事業持株会社傘下の子会社は，必ずしも1つの事業部とのみ取引するわけではなく，複数の事業部と取引することもある．また，その子会社の運営について，事業部間で調整が必要になることもある．この場合，その子会社の業績にどの事業部が責任をもつのか曖昧となる．そこで，事業と事業の狭間で起きる調整問題の多くがグループの本社の決定に委ねられ，それが事業単位の意思決定のスピードを大きく遅らせる原因になる可能性がある．純粋持株会社制の下で，各事業領域を子会社化する際，中間持株会社を有する組織形態を採用すれば，その中間持株会社レベルで上記の調整が可能となり，意思決定を迅速化できる．

§2 制度連結と擬似連結の同質性・異質性

以下では，前節で述べた5つの意義のうち，事業別最適経営規模とコスト問題について，管理会計上の意義を考察する．

事業経営者にとっては，事業ごとの連結財務諸表が重要な情報を提供することになる．そこで，グループ全体の連結財務諸表を作成する前に，持株会社の傘下にある主要な事業会社（図7-1では，A事業部会社，B事業部会社，C事業部会社）を親会社として，それらの子会社群を連結した財務諸表を作成する．この主要事業分野ごとの連結財務諸表は，グループ全体の連結と区別して，サブ連結と呼ばれることもある．これは，管理会計を目的とした非制度連結である．

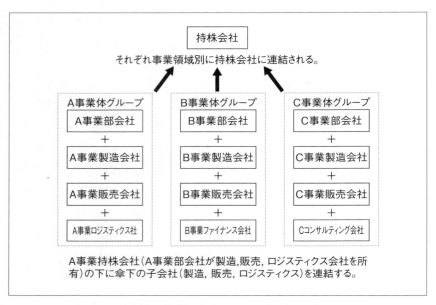

図7-1　純粋持株会社での事業単位連結

　社内分社の一種であるカンパニー制（図7-2）は，個々のカンパニーに法人格が与えられていない擬似的な会社である．法的には，子会社を親会社に連結すれば足りるものの，経営管理のために，擬似的な会社であるカンパニーを親会社として，その傘下の子会社を連結する．そのためには，各子会社をカンパニーに関連づけ，また同一法人における単一の財務諸表をカンパニーごとに分割する．部門ごとに集計されることが多く比較的分割しやすいとされる損益計算書や，事業に対応した資産だけでなく，貸借対照表の貸方である負債，資本（純資産）も分割する必要がある．その際には，社内資本金制度等の管理会計上の仕組みを応用する．

　このような単一法人の財務諸表の分割は，内部的には複雑な会計処理を必要とする．しかし，一々，法的手続きをとり子会社を設立する必要がないとう利点がある．事業を行う上での免許や許認可等を新たに取得する手間も必要ない．さらに，連結納税制度が利用できない環境では，同一法人内であれば赤字と黒

字のカンパニーの損益を合算することで租税コストを節約できる.

　カンパニー制の場合，カンパニーごとに作成する連結財務諸表は，純粋に管理会計目的を満たせばよい．ところが，持株会社制度を採用した場合，子会社が法人格を有するので，制度会計に基づく財務諸表の作成が義務づけられる．そのため，管理会計目的で財務諸表を作成する場合，制度会計と数字が大きく異ならないよう，作成基準をある程度一致させようとする傾向がある．理論上は乖離しても問題にはならないとはいえ，必ずしも会計の専門家でない部門長の混乱を避けるというのが1つの理由である.

　持株会社制を採用する場合，子会社の設立形式には基本的に2つのパターンがある．①同一法人から事業部門を分離して子会社として設立する分社方式，②2つ以上の会社を統合する際，それらの持株会社を設立する統合方式の2つである．このほか，事業持株会社の事業部門を分離して子会社にし，既存の子会社と同列に持株会社の傘下に置く方式もある.

　①の会社を分割し子会社を設立する方式には，新設分割と吸収分割の2つの方法がある．企業が事業を切り離し引き継がせる会社が，新しく設立する子会社の場合を新設分割といい，既存の会社の場合を吸収分割という（会社法2条30号，29号）．②の統合の場合は，株式移転あるいは株式交換による．株式移転とは，新会社を設立し，その株式と既存の会社の株式とを交換することで新たに親会社を設立する制度のことである（会社法第772条〜774条）．また，株式交換とは，自社の株式と統合しようとする会社の株式を交換することで，子会社とする制度である（会社法第767条〜771条）.

　カンパニー制を採用した企業が純粋持株制に移行する場合は，会社分割を行うことになる．その際，従前のカンパニーをそのまま分社するだけでなく，経営方針ならびに経営戦略を効果的に実現するという観点から，子会社の分割・統合による再編が必要となる．これは，子会社の機能を整理し事業ポートフォリオでの位置づけを明確にするための過程である．たとえば，図7-2では，3つのカンパニーの傘下にあったABC製造会社を，中核子会社の傘下となるように別々の法人として分離する．このように，親会社だけでなく，子会社レ

ベルでも，会社分割が必要になる場合がある．

　純粋持株会社制の採用は，子会社を含めたグループ全体の組織再編を伴う．そのため，純粋持株会社傘下の各事業会社の経営者は，研究開発から，購買，生産，販売，アフターサービスまで首尾一貫した権限と責任を有することになる．これは，財務会計上も各事業会社の業績が明確化されるという点で，事業部制，カンパニー制といった社内分社制と比べて分権化が強化される．また，戦略経営の立案および評価という点でも同様である．

　一方で，組織改変コストも発生する．2001年の商法ならびに会社法の改正で，会社分割が従前より容易になったとはいえ，間接部門等で2重，3重の投資が発生する．たとえば，従来の事業会社の下にある製造子会社，販売子会社を分割すると，人事，総務，経理等のスタッフは増加する．そこで，この間接費の増加を回避するために，持株会社形態を採用する場合，シェアード・サービス会社を作ることが一般的である．これは，グループ内における共通のサービス活動（人事，総務，経理等）を本社から分離して提供するものである．同時に，子会社の整理，統合も積極的に進めることも必要となる．

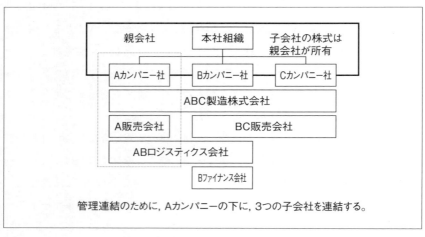

図7-2　カンパニー制における会社群

第7章　グループ経営

§3　分社の課題とグループ化の意義

　純粋持株会社の傘下の中核事業会社は，それ自体も持株会社となることが一般的である．たとえば，JXホールディングスでは，純粋持株会社傘下の中核事業会社は，エネルギー事業を担当するJX日鉱日石エネルギー株式会社，石油・天然ガス開発事業を担当するJX日鉱日石開発株式会社，金属事業を担当するJX日鉱日石金属株式会社の3社だけである．エネルギー事業では，JX日鉱日石エネルギーを親会社として，石油精製・化学の鹿島石油株式会社，石油精製販売・流通の株式会社ENEOSフロンティア，石油備蓄のJX日鉱日石石油基地株式会社，石油輸送のJXオーシャン株式会社等を子会社として有する．また，一部のリソーシズ＆パワー，潤滑油，新エネルギー，機能化学品事業ではカンパニー制を採用している．石油・天然ガス開発事業を担当するJX日鉱日石開発株式会社は，ベトナム，マレーシアなどにある炭鉱ごとに子会社を有している．金属事業を担当するJX日鉱日石金属株式会社では，事業本部制を採用し，金属事業本部，環境リサイクル事業本部，電材事業加工事業本部を有する．さらにそれぞれの事業本部が凝似親会社となって傘下に子会社を有する．このように，中核事業会社ごとに異なる分離化組織が採用されている．事業別に階層的な組織が採用されるのは，専門化のメリットを最大限発揮するためである．

　一方，純粋持株会社の設立に伴い，以前は本社で行われていた事業戦略遂行の権限と責任が，中核事業会社に委譲される．計画に関する純粋持株会社の機能は，各中核事業会社を横断する戦略的資源開発，中核事業会社単独で遂行できない戦略的新規事業投資案件の評価と獲得が中心となる．評価に関する純粋持株会社の機能としては，資源配分の事業別のレビュー，ならびに法令への遵守や環境・品質などの自主規制への対応を満たしているかどうかという規範に関する監査がある．

　各中核事業会社は，純粋持株会社から配分された資源の範囲で，現在および将来の事業戦略を開発・遂行していくことになる．そのため，中核事業会社は，

111

さまざまな専門分野を組み合わせて，自らのリスクでこれらを手がけることになる．図7－3は，短期，中期，長期における純粋持株会社，中核事業会社，機能別子会社がそれぞれ担当する仕事の割合を示したものである．

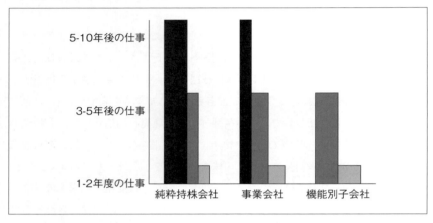

図7－3 短期（右），中期（中央）・長期（左）の仕事の区分と組織

社内分社制，とりわけ事業部制では，事業部間で事業ドメインに重なりがあることも多い．その場合，それぞれの事業部で競合製品が開発され，それらの競争結果として適者生存が行われることになる．そこでは，資源配分の基準も明確でなく，事業部長の交渉力に資源配分も左右されることもある．事業部の財務成果も，損益計算書の数字が主であり，貸借対照表やキャッシュ・フロー計算書の数字はあまり重視しない会社も多い．その意味で，事業部制は事業の権限と責任が限定されたグループマネジメントの形態であるといえよう．

一方，純粋持株会社の傘下にある各中核事業会社は，事業会社として，機能別子会社のトータルな経営責任を持つことになる．短期的なキャッシュ・フローの管理も自ら行う必要が出てくる．2003年4月から証券取引所等の自主ルールという形で，2008年4月1日以後開始する事業年度からは，金融商品取引法で四半期報告書の提出が義務づけられた（金融商品取引法24の4の7①）．そこで，上場している純粋持株会社のみならず，その傘下の中核事業会社四半期報告制度に対応したコントロールシステムを整備する必要がある．

第7章　グループ経営

　グループ経営では，各事業会社に権限と責任を委譲し，自主性，独立性を重んじることで発揮する力を遠心力ということがある．逆に，グループ全体として働くシナジーや一体感によりもたらされる力のことを求心力と呼ぶ．純粋持株会社経営者の役割の1つは，遠心力と求心力のバランスをとり，企業価値を最大化することである．多くの大企業においては，創業者の理念，社是，社訓などでは，もはや求心力を維持できなくなっている．前述した純粋持株会社の合理的な意義付けだけでは，組織構成員を束ねることは難しい．そこで，グループ全体の大きな価値観やその存在意義を評価することができる企業哲学，すなわち，企業理念，ビジョンと呼ばれるものが必要になる．

　日本の企業グループにおける理念・ビジョンは，これまでは抽象的なものが多かった．純粋持株会社制の採用を契機として，具体性をもった行動指針となる理念を設定する例もある．この企業理念，ビジョンのもとで，グループの遠心力と求心力のバランスをとり企業価値を最大化するマネジメント・システムとしての管理会計システムが具現化される．

§4　グループ経営のための短期業績管理会計

　本節で考察するグループ経営のための業績管理会計は，純粋持株会社からみた場合の業績管理会計である．これは，短期的な経営成果管理目的と長期的な意思決定目的とに分けられる．まずは，短期的な経営成果管理目的の管理会計から考察する．純粋持株会社は，事業ポートフォリオ管理上，事業責任者の評価と選抜を行う役割を持つ．また，事業会社が立案する戦略的投資案件の承認を行う戦略的意思決定者としての立場もある．ここでいう戦略的投資案件とは，企業の合併，買収，提携あるいは新規開発事業など，既存事業との間でシナジーを有する投資が該当する．

　事業ポートフォリオ管理者としては，中核事業会社の連結財務諸表を精査することになる．その際，中核事業会社全体としての成果だけでなく，事業そのものからの成果と非営業資産からの成果とを明確に区分した評価を行う．

113

中核事業会社A社の自己資本が増加すると，純粋持株会社が保有するA社に対する投資資産価値も増加する．この増加額が，中核事業会社A社の成果である．この増加額は，図7－4の純営業資産ならびに非営業資産の増加部分の合計から非営業負債の増加部分を除いて計算される．これはまた，純営業資産が生み出す税引後営業利益，ならびに非営業資産が生み出す金利，配当金等の合計額から，それらに投資された金融費用と自己資本コストを差し引いても計算できる．このように，中核事業会社A社の短期業績評価を行う上では，営業からの純成果を分離して把握することが重要となる．

　中核事業会社A社の連結キャッシュ・フロー計算書で，営業キャッシュ・フロー，投資キャッシュ・フロー，財務キャッシュ・フローが示される．このうち，営業キャッシュ・フローは，事業そのものからの現金流入額を示し，投資キャッシュ・フローは主として事業用設備投資に対する現金支出を示す．営業キャッシュ・フローの範囲に投資による支出が収まっていれば，A社は自由に使えるキャッシュが手元に残ることになる．これがフリー・キャッシュ・フローである．なお，連結キャッシュ・フロー計算書では，投資キャッシュ・フローは現金支出でありマイナスで表示されるので，これに営業キャッシュ・フローを加えてフリー・キャッシュ・フローが計算される．

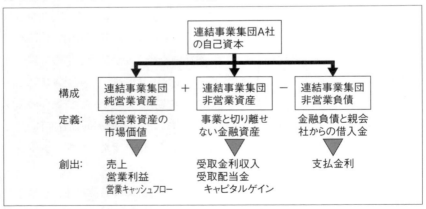

　　図7－4　連結事業集団（図7－2の中核事業会社A社）の株主価値の定義
　　　　　　（村藤　功，『連結財務戦略』，p. 171）

第7章　グループ経営

　すでに述べたとおり，純粋持株会社の役割は，グループ内での資源配分であった．すなわち，各中核事業会社が生み出すフリー・キャッシュ・フローをグループ内の戦略的投資に振り向けることである．これを判断する上でも，キャッシュ・フロー情報の分析は重要である．もっとも，フリー・キャッシュ・フローを事業会社にどの程度残すかは，その自律性にも影響する．よって，事業会社の自主独立性を重んじるグループでは，本社が外部株主に行う配当性向と同じ割合を事業会社から配当で回収する傾向にある．一方，100％近くを配当で回収するグループもある．さらに，100％子会社の配当金は，本社が自由に決定できる．そのため，外部株主への配当原資を確保するなど特別な事情がある場合，子会社の当期利益を超えて，それまで子会社に内部保留していた利益を配当として本社に柔軟に還流させることもある．

　また，経済的付加価値（EVA）を採用している企業グループでは，本社は事業子会社に対して，株主の立場で期待収益率をハードルレートとして要求することもある．そのような場合，本社は，原則として，将来，経済的付加価値が増加する見込みの事業に優先的に投資することになる．

§5　グループ経営のための意思決定管理会計

　前節で見たように，企業価値向上にとって，自己資本価値を大きくすることが，経営者に課せられた大きな使命である．それは，適切な企業戦略があってこそ実現される．社内の価値創造機会を整理し，事業再編を進めることもその1つである．その際，事業の売却，事業の合併・買収（M&A），提携といった社内の資源配分にとどまらない事業再編も選択肢になる．特に，持株会社制では，事業の合併・買収，提携が積極的に利用される傾向にある．

　例えば，前述した通り JFE ホールディングスは，川崎製鉄と NKK が統合して設立されたものである．LIXIL グループは，トステムと INAX が共同で持株会社を設立し，統合したものである．三菱ケミカルホールディングスは，化学事業では三菱化学がその子会社であった三菱樹脂を 2008 年 4 月に統合・

115

再編し，製薬事業では三菱ウェルファーマが田辺製薬と 2007 年 10 月に合併し田辺三菱製薬が発足した．さらに，2014 年 11 月には産業ガス事業の太陽日酸を株式公開買付で傘下に収めた．これらは，グループ内外の企業と組織再編を行っている事例である．

さて，事業の売却，事業の合併・買収（M&A），提携のためには，事業価値を客観的に評価することが前提となる．その上で，事業のポートフォリオを具体的に評価する枠組みが必要となる．そのためには，戦略評価手法である SWOT 分析，プロダクトポートフォリオ分析（PPM）等が利用できる．

持株会社は，現在および将来の事業ポートフォリオを検討することで，既存の事業の位置づけ，ならびに事業会社を強化する上で必要な M&A や事業開発案件を評価する．既存事業がリスクに見合った利益を上げておらず，かつ，他事業とのシナジーがないと判断された場合，事業の売却が検討される．

たとえば，JFE ホールディングスは，その設立の過程で，川崎製鉄が有していた樹脂事業に関するカワサキ・ケミカル・ホールディング・カンパニーおよびその子会社を，GE プラスチックスに譲渡するなどしている．

事業子会社への投資分析評価が，持株会社の意思決定会計およびそれに関連した機能として実施される．これは，次の手順で行われる．

1　内部・外部環境分析：内部事業収益性評価（事業別のポートフォリオの強み・弱みの明確化，市場と技術を見た場合の今後の拡大可能性と縮小の検討）

2　ポートフォリオに応じた内部投資案件のキャッシュ・フロー予測の評価

3　外部からの投資案件のキャッシュ・フロー予測の評価

4　内外の投資案件の順位付けとシナジーの検討

5　ポートフォリオ別の投資案件の順位づけ

6　投資案件に必要な内部・外部資金とのバランスの検討

7　外部環境分析：外部競争者および経済環境からみた最終的な決定

この評価過程では，環境戦略，技術戦略，競争戦略，顧客戦略と計画との適合性も考慮される．また，投資評価尺度としては，時間価値を考慮した正味現在価値法（NPV 法）や内部利益率法（IRR 法）が利用されることが多い．

116

参考文献

淺田孝幸. 2005a.「持株会社の戦略と管理」門田安弘編著『企業価値向上の組織設計と管理会計』税務経理協会.

淺田孝幸. 2005b.「日本企業における持株会社制の特徴」門田安弘編著『企業価値向上の組織設計と管理会計』税務経理協会.

淺田孝幸. 2007.「純粋持株会社の管理会計課題」企業会計, Vol.59, No.8.

北島治. 2001.「連結重視時代のグループ経営」関西大学経済・政治研究所研究双書『情報管理の体系的研究』, 126, 78-116.

櫻井通晴. 2004.「企業再編と分権化の管理会計上の意義」企業会計, Vol.56, No.5.

杉山善浩. 2002.「投資効率を高める資本予算」中央経済社.

園田智昭. 2006.「純粋持株会社の業績管理」『イノベーションと事業再構築』慶應義塾大学出版会.

社団法人企業研究会編. 2000.「連結経営時代に向けたグループ経営体制の構築とマネジメント改革」企業研究会.

ダイヤモンド・ハーバード・ビジネス編集部. 1996.『持株会社の原理と経営戦略』ダイヤモンド社.

田中隆雄. 1999.『持株会社の管理と会計』企業会計, Vol.51, No.9.

玉村博巳. 2006.『持株会社と現代企業』晃洋書房.

西沢脩. 1997.『分社経営と現代企業』中央経済社.

Palepu, K. G., V.L. Barnard, and P. M. Healy. 1996, *Introduction to Business & Valuation.* South-Western. 斎藤静樹監訳 筒井知彦, 川本淳, 村瀬安紀子訳 1999.『企業分析入門』東京大学出版会.

服部暢達. 2006.『M&A最強の選択』日経BP社.

浜田和樹. 2006.「連結グループ経営のための業績管理会計情報」会計, 第170巻第4号.

挽文子. 2000.「グループ経営と管理会計：欧米企業の事例を中心として」日本管理会計学会誌, 8-1.2, 69-85.

村藤功. 2000.『連結財務戦略』東洋経済新報社.

武藤泰明. 2003.「持株会社組織の実際」日本経済新聞社.

第7章の練習問題

問7.1 当ホールディングスでは，5つの中核事業会社がそれぞれA〜Eの事業を行っている．

資料

事業名	市場規模（億円）	市場成長性	事業売上高（億円）	自社シェア	自社を除く1位企業のシェア	相対的シェア
A	600	6%	150		35%	
B	500	8%	180		18%	
C	300	2%	120		25%	
D	80	12%	24		24%	
E	220	1%	30		28%	

市場の成長性の基準：5％　　相対的シェアの基準：1.0

設問

1　プロダクトポートフォリオ（PPM）に基づき，各事業を図にプロットせよ．

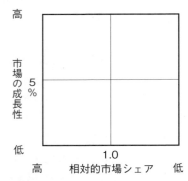

2　A〜E事業のプロダクトポートフォリオ（PPM）の類型をそれぞれ選択肢から記号で選択せよ．

語群：（0）金のなる木　（1）花形　（2）問題児　（3）負け犬

解答：A：＿＿＿，B：＿＿＿，C：＿＿＿，D：＿＿＿，E：＿＿＿

3　撤退もしくは売却の対象となる可能性がある事業は，A〜Eのうちどれか．記号で答えよ．　　　　　　　　　　　解答：＿＿＿＿＿＿

〔淺田孝幸（あさだ・たかゆき）〕

〔塘　誠（とも・まこと）〕

第8章　差額原価・差額収益分析

§ 1　意思決定と関連情報

1.1　意思決定のプロセス

　企業経営に限らず日常生活においても，私たちは常に意思決定をしている．起床時間，家を出る時間，交通手段の選択などである．こうした意思決定は多くの場合，①問題の識別→②代替案の探索→③代替案の評価→④実施案の決定というプロセスで行われる．

　①問題の識別とは，意思決定すべき課題を明確にすることである．この最初のステップは，非常に重要である．問題が明確でないと，無駄な情報収集・処理が行われ意思決定の負荷が大きくなってしまう．

　②代替案の探索とは，問題に対処するための方法をできるだけ多く見つけ出すことである．たとえば，古くなった機械を買い換えようとするならば，できるだけ多くの買い換え候補があった方がよい．この場合，買い換えをせず，既存機械を継続利用することも1つの案になり得る．

　③代替案の評価とは，見つけ出された各案について，その良し悪しを判断することである．各案にはそれぞれ一長一短があるから，あらかじめ，評価の視点を決めておかねばならない．たとえば，交通手段の決定であれば，移動距離，交通費，移動時間，時間の正確さ，乗り換え回数，身体的負担などのうち，何を重視して判断するのかを明確にしておくのである．差額原価・差額収益分析は，このステップにおいて，主に経済的（金銭的）な視点から代替案を評価するための考え方を提示している．

　また，代替案の評価には，評価のための情報が必要である．意思決定の時間と労力を軽減するには，不要な情報を排除して，必要な情報のみを収集・検討

119

することが望ましい．この意思決定に必要な情報を関連情報という．本章では，関連情報のうち，経済的意思決定に用いられる差額原価・差額収益について説明する．

　最後の④実施案の決定とは，評価の結果を踏まえ，どの案を採択するかを最終的に決断することである．評価のステップでは経済的な評価をはじめ，定量的評価が重視される傾向がある．しかし，このステップでは，定性的な内容，たとえば，会社の評判，顧客の満足度，技術の蓄積などの定性的な評価も加味した多面的な評価を心がけねばならない．

1．2　個別構造計画と個別業務計画

　経営における意思決定は，構造的意思決定（個別構造計画）と業務的意思決定（個別業務計画）に分けられる．構造的意思決定とは，事業の多角化，工場立地，生産設備への投資，組織構造の改変など，長期にわたる戦略的な意思決定である．これに対して，業務的意思決定とは，受注の可否，自製か外注か，製造の継続・中止，顧客の選択，材料の発注量など，一定の経営構造のもとで経営の各分野で行われる日常的な意思決定である．

　構造的意思決定は，長期にわたる（1年を超える）案件であることが多い．そのため，貨幣の時間価値を考慮して代替案の評価が行われる．他方，業務的意思決定の多くは，短期（1年以内）に収まる案件であるため，貨幣の時間価値は考慮されないことが多い．

　貨幣の時間価値，および，それを考慮した長期的な意思決定については，第9章で説明される．そこで，本章では，貨幣の時間価値を考慮しない業務的意思決定の範囲で差額原価・差額収益分析について説明する．

1．3　情報の収集

　上述の通り，代替案の評価には，評価の基礎となる情報が必要である．経済性評価は，基本的には財務会計システムの情報に依存することになるが，財務会計システムは，外部報告を目的として設計されているから，その情報が必ず

しも意思決定に適しているとは限らない．それどころか，場合によっては，誤った意思決定を導くおそれもある．したがって，財務会計システムの情報を基礎としながらも，意思決定すべき内容との適合性を吟味しながら，注意深くこれを用いなければならない．

　また，通常，意思決定は，将来の予測を踏まえて行うものであるから，歴史的原価を中心とする財務会計システムからは必要な情報が得られないこともある．そのような場合には，別途，必要な情報を得るための調査（特殊原価調査）を行うことがある．

§2　関連情報と原価の概念

　経済性評価では，代替案ごとに，その代替案を採用した場合に要する原価（費用）と代替案から得られる収益を評価する．しかし，代替案に要する「全ての」原価を知る必要はない．このことを＜設例１＞を用いて説明しよう．

＜設例１＞

　愛知産業は，現在，労働集約的な生産方式を採用しているが，この一部を機械化することを検討している．機械化すると，労務費が減少する一方，機械のリース費用や動力費（いずれも経費）が追加的に発生する．労働集約的な生産方式と，機械化された生産方式を採用した場合のそれぞれ収益と費用は，表8－1の通りである．

表8－1　総額法

	労働集約的生産方式	機械化された生産方式
売上高	4,250	4,250
費用		
材料費	1,250	1,250
労務費	640	480
経費	750	840
費用合計	2,640	2,570
売上総利益	1,610	1,680

差額70円

表8－2　差額法

	労働集約的生産方式	機械化された生産方式	差額原価
売上高			
費用			
材料費			
労務費	640	480	160
経費	750	840	-90
関連原価合計	1,390	1,320	70

121

表8－1は，機械化された生産方式が有利であることを示している．しかし，ここでは計算結果ではなく，計算過程に注目してもらいたい．表8－1は，2つの代替案における，すべての費用と収益を書き出しているが，売上高と材料費については，どちらの場合も同じであり，意思決定には関連しない．2つの案で異なるのは，労務費と経費だけであるから，この2項目について比較すれば十分である．そこで，意思決定に関連する数値だけを書き出したものが，表8－2である．表8－1の計算方法を総額法，表8－2のように差額だけを計算する方法を差額法という．

このように，ある案と別の案の間で原価の発生額が異なる場合，その原価を関連原価という．同様に，収益額に変化がある場合には，その収益を関連収益という．また，どの案を採用した場合にも同じ額だけ発生する原価を無関連原価あるいは埋没原価という．そして，関連原価を比較した場合の差額を差額原価，関連収益を比較した場合の差額を差額収益，差額収益から差額原価を控除したものを差額利益という．

§3　差額分析の計算例(1)：受注の可否の決定

差額分析の具体例として，まず，注文が発生した場合に，その注文を受けるか否かに関する意思決定を取り上げる．ただし，追加的な設備投資が必要となるほどの大規模な注文の発生は，個別構造計画の問題となるので除外する．ここでは，生産能力に余裕があり，一時的な注文があった場合に，これを受けるか否かについて考える．

＜設例2－1＞

愛媛産業は，機械化された工場で製品Xを製造している．機械の生産能力は，4,000個／月であり，当期の予定生産量は3,000個，製品Xの販売価格は¥200／個である．3,000個を製造・販売した場合の，その他の情報は表8－3の通りである．今，香川産業から¥110／個で500個を臨時に納品して欲しいとの注文があった．なお，この臨時注文に関して販売費は生じないものとす

第8章　差額原価・差額収益分析

る．愛媛産業はこの注文を受けるべきであろうか．

表8－3　愛媛産業の当期予算

販 売 量		3,000 個	
売 上 高	（@¥200×3,000個）	¥ 600,000	
売上原価	変動製造原価（@¥75×3,000個）	225,000	
	固定製造原価	135,000	
	合計	¥ 360,000	（@¥120）

　表8－3にもとづいて，全部原価計算方式による製品1個当たりの売上原価を計算すると，¥120／個（¥360,000÷3,000個）となる．ここから，¥110／個で販売すると損失が発生するので，直感的には受注すべきではないという結論を導きそうになるが，これは誤りである．

　受注によって追加的に発生する原価は，変動製造原価¥37,500（¥75／個×500個）のみである．生産能力には1,000個／月（4,000個／月－3,000個）の余裕があるため，追加注文の500個を製造しても固定費額は変化しない．すなわち，固定費は無関連原価である．また，受注によって追加的に発生する収益は，¥55,000（¥110／個×500個）である．したがって，注文を受けることで追加的に¥17,500（¥55,000－¥37,500）の営業利益が得られる．これより，受注すべきであるとの結論が導かれる．

　このように，全部原価計算方式による単位当たり製造原価を意思決定に用いると，無関連原価を識別できず，追加受注によって固定費が増加するかのように考えてしまう可能性があるので注意しなければならない．

＜設例2－2＞

　表8－4に示すように，受注によって変動販売費にも変化がある場合，この注文を受けるべきであろうか．なお，固定販売費は受注によって変化しないものとする．

表8－4　愛媛産業の当期予算（販売費を含む）

販売量		3,000 個
売上高	（@¥200×3,000個）	¥ 600,000
売上原価	変動製造原価(@¥75×3,000個)	225,000
	固定製造原価	135,000
	合計	¥ 360,000
販売費	変動販売費(@¥40×3,000個)	¥ 120,000
	固定販売費	60,000
	合計	¥ 180,000

　受注によって，変動製造原価¥75／個の他に，変動販売費¥40／個が発生するため，注文を受けた場合の関連原価は¥57,500（（¥75＋¥40）×500個），関連収益は¥55,000となり，受注によって¥2,500の損失が発生する．したがって，受注すべきではない．

　設例2－1，設例2－2で示されるように，生産量の決定に関しては，製造原価であるか非製造原価であるかに関わらず，生産量の増加によって変化する原価と収益を比較しなくてはならない．このような場合には，財務会計で用いられる全部原価計算のデータよりも直接原価計算のデータの方が有用である．

§4　差額分析の計算例(2)：自製か外注かの決定

　企業は，必ずしも製品の全てを自社で生産しているわけではない．他社製の部品を自社製品に用いることもある．特に，家電・エレクトロニクス製品や自動車など，個々の部品に高度な技術が要求される製品で，その傾向が強い．しかし，技術的には自社生産が可能な場合でも，経済的合理性の視点から製造を外部に委託することもある．以下では，経済的合理性の立場から，自製するか，外注するかを判断する場合の計算方法を示す．

第8章　差額原価・差額収益分析

4.1　単純な自製・外注の決定

＜設例3－1＞

　徳島産業は，ビデオ付テレビを製造している．表8－5は，ビデオ1,000個を自社で製造する場合の予算原価である．今，高知産業から，ビデオを¥140／個で提供するとの申し出があった．高知産業からビデオを購入する場合，自社でビデオを製造する場合に要する変動材料費，変動労務費，変動経費は生じない．また，製造を外注しても，設備は維持するため，工場の賃料・保険料など固定費は同じ額だけ発生するものとする．徳島産業は，ビデオ製造を外注すべきであろうか．

表8－5　ビデオ製造の予算原価

変動材料費	¥ 90,000
変動労務費	24,000
変動経費	16,000
固定費	30,000
合計	¥ 160,000

　表8－6は，自製の場合と外注の場合の関連原価を比較したものである．この表から，自製した方が，原価が小さく有利であることが分かる．

表8－6　ビデオの自製と外注の原価比較

	自製	外注
外部買入部品費		¥ 140,000
変動材料費	¥ 90,000	
変動労務費	24,000	
変動経費	16,000	
	¥ 130,000	¥ 140,000

4.2　機会費用を考慮した場合の意思決定

　設例3－1では，ビデオ製造を外注した場合にも設備は利用されないまま所有され続けている．しかし，外注によって利用されなくなった設備は，他の用途に利用することも可能である．これを考慮に入れると，意思決定はより複

125

雑になる.

＜設例3－2＞

　徳島産業は，ビデオを外注した場合に利用しなくなる設備で，ＤＶＤを製造することができる．ＤＶＤを製造した場合の収益と費用は表8－7のように見積もられている．この場合，考えられる代替案としては，(1)ビデオを自製し，ＤＶＤを製造しない，(2)ビデオを外注し，ＤＶＤを製造しない，(3)ビデオを外注し，ＤＶＤを製造するという3つが考えられる．どれを選択すべきか．

表8－7　DVD製造の関連原価・収益

関連収益		￥80,000
関連原価		
変動材料費	￥34,000	
変動労務費	10,000	
変 動 経 費	6,000	50,000
営業利益の増加		￥30,000

　表8－8は，3つのそれぞれの案について関連する原価と収益を示している．これより，ビデオを外注してDVDを製造することが経済的に最も有利であることが分かる．

表8－8　3つの代替案の比較

	1案 ビデオを自製, DVDを製造しない	2案 ビデオを外注, DVDを製造しない	3案 ビデオを外注, DVDを製造
ビデオ購入原価		￥140,000	￥140,000
ビデオ製造原価	￥130,000		
DVDによる利益			30,000
	￥130,000	￥140,000	￥110,000

　表8－8では，差額収益を用いて表示しているが，表8－9のように，機会費用を用いる方法もある．機会費用とは，ある案を採用したならば，他の案から得られる利益をあきらめなければならない場合に，得る機会を逸した利益のことである．この場合，3案を採用していれば，ＤＶＤの製造・販売によって

第8章　差額原価・差額収益分析

¥30,000の利益が得られるのであるが，1案，2案を採用した場合には，この利益を得ることができないので，1案，2案においては，¥30,000が機会費用として計上される．

表8-9　機会費用を用いた代替案の比較

	1案 ビデオを自製， DVDを製造しない	2案 ビデオを外注， DVDを製造しない	3案 ビデオを外注， DVDを製造
ビデオ購入原価		¥ 140,000	¥ 140,000
ビデオ製造原価	¥ 130,000		
機会費用	30,000	30,000	
	¥ 160,000	¥ 170,000	¥ 140,000

　機会費用という新しい原価概念が出てきたところで，原価概念について整理しておこう．各案の利益額は，案が採用・実行された場合に，財務会計システムでその発生が認識・記録される数値である．この値は，他の案からは独立して求められる，いわば絶対的な利益額である．これに対して，差額利益は，ある案の利益額を他の案の利益額と比較したときの差額であるから，相対的な利益額である．つまり，比較対象となる代替案が異なれば，差額利益は異なる．機会費用は，ある案の差額利益を，その案を採用しなかった場合には得る機会を逸する利益として，反対側から見たものである．つまり，機会費用もまた相対的な費用であり，これは財務会計システムでは記録されない．

　差額収益と機会費用は，比較する代替案が変われば変化すること，意思決定には重要であるが財務会計システムからは得られない数値であることを理解してもらいたい．

§5　差額分析の計算例(3)：追加加工をすべきか否かに関する決定

　最終消費財ではなく，中間財を生産している場合には，どこまでの加工を行うかを判断しなければならない．外注の場合と同じく，技術的な可能性だけではなく，経済的合理性の視点から加工の範囲を決めることもある．以下では，

経済的合理性の視点から，そのまま販売するか，あるいは追加加工してから販売するかを判断する場合の計算方法を示す．

＜設例4＞

　福岡工業では，化学薬品Ａを製造・販売している．薬品Ａの販売価格は¥8,000／kg，当月の予定生産量は100kgである．このときの予算は表8－10の通りである．今，このうち40kgについて，さらに加工を加えて薬品ＡＸとして販売することが提案されている．ＡをＡＸに追加加工するには，1kg当たり¥2,250の追加加工費が必要であるが，ＡＸは10,000円／kgで販売することができる．追加加工を行うべきであろうか．なお，追加加工のための固定費は発生しないものとする．

表8－10　福岡工業の当月の予算

売上高		
製品A：	（@¥8,000×100kg）	¥ 800,000
売上原価		
製品A：		400,000
売上総利益		¥ 400,000

　薬品Ａまでの加工費はすでに発生してしまっており，追加加工するか否かには無関連である．追加加工によって変化するのは，追加加工された40kgに対する収益と費用だけである．計算は，表8－11に示している．薬品Ａの40kgを薬品ＡＸへと追加加工することで収益は¥80,000増加するが，加工費が¥90,000増加するために利益が減少してしまう．よって，追加加工しない方が有利である．

表8－11　追加加工した場合の差額原価・収益

差額収益			
製品AX（40kg）の売上高	（@¥10,000/kg×40kg）	¥ 400,000	
差引：製品A（40kg）の売上高	（@¥8,000/kg×40kg）	320,000	¥ 80,000
差額原価			
追加加工費	（@¥2,250×40kg）		90,000
差額利益			¥(10,000)

128

第8章　差額原価・差額収益分析

§6　差額分析の計算例(4)：セグメントの追加・廃止の決定

　製品セグメントを追加・廃止する決定にも差額分析が用いられる．特定の顧客・地域をターゲットとするか否かの決定も同様の方法で考えることができる．以下では，経済的合理性の視点から，特定のセグメントの追加・廃止を判断するための計算方法を示す．なお，セグメントの追加・廃止は多角化戦略とも関係して，構造的意思決定の問題となることもあるが，ここでは，大規模な投資を必要としない短期的な意思決定の問題として考える．

＜設例５＞

　宮城産業は，３種類の製品（製品A，製品B，製品C）の製造・販売を行っている．各製品の当期の業績は表8－12の通りである．今，赤字となっている製品Cを廃止することが提案されている．製品Cを廃止した場合，製品Cに関する収益および変動費と個別固定費は発生しなくなるが，共通固定費額は本社機能の維持に関わる費用であるから，変化しないものとする．製品Cを廃止すべきであろうか．

表8－12　製品A, B, Cの当期業績

	製品A	製品B	製品C	合計
売　上　高	¥5,000,000	¥3,000,000	¥2,000,000	¥10,000,000
変　動　費	2,000,000	1,000,000	1,200,000	4,200,000
貢　献　利　益	3,000,000	2,000,000	800,000	5,800,000
固　定　費				
個別固定費	1,350,000	920,000	600,000	2,870,000
共通固定費配賦額	1,010,000	600,000	520,000	2,130,000
固定費合計	2,360,000	1,520,000	1,120,000	5,000,000
営　業　利　益	¥　640,000	¥　480,000	¥　(320,000)	¥　800,000

　製品Cを廃止した場合，売上高が¥2,000,000減少し，費用は1,800,000（¥1,200,000＋¥600,000）減少する．費用の減少より売上高の減少の方が大きいので，製品Cを廃止することは不利であると判断できる．計算は，表8－13に

129

示した通りである.

この設例では, 共通固定費が無関連原価となっている. セグメントの収益性を評価するために, 共通固定費を各セグメントに配賦することがあるが, セグメントを廃止しても共通固定費自体は減少しない. 廃止されたセグメントへの配賦額は, 他のセグメントに追加配賦されるだけである.

また, この設例では, 製品Cを廃止すると個別固定費が発生しなくなることを仮定しているが, 実際には, 一度契約を結んだり, 備品を購入したりしてしまうと, 途中で固定費の発生を回避できず, 個別固定費も無関連原価となることがある. さらに, すでに述べたように, 製品の廃止によって生じた余力を別の収益機会に利用できる場合には, 機会費用についても考慮しなくてはならない.

表8−13　製品C廃止に伴う差額原価・収益

差額収益	
売上高	¥(2,000,000)
差額原価	
変動費	(1,200,000)
個別固定費	(600,000)
差額利益	¥　(200,000)

§7　差額分析の計算例(5)：プロダクトミックスの決定

複数種類の製品を製造している場合の, 何をどれだけ製造するべきかという意思決定にも, 差額原価・差額収益の考え方を応用することができる.

＜設例6＞

高山木工は, 2種類のイス（製品A, 製品B）を製造している. それぞれの販売価格と原価に関する情報は, 表8−14の通りである. どちらも同じ機械で加工しているため, どちらを製造しても固定費に変化はない. また, 機械の生産能力は, 600機械時間／日であり, Aを製造するには2.5時間／個, Bを製造す

130

第8章　差額原価・差額収益分析

るには1時間／個かかる．予想販売数量は，A，Bともに200個である．どちらをどれだけ製造したら営業利益が最大となるか．

表8−14　2種類の製品の販売単価と原価

	製品A	製品B
販売単価	¥ 8,000	¥ 5,000
単位当たり変動費	6,000	4,000
単位当たり貢献利益	¥ 2,000	¥ 1,000
貢献利益率	25%	20%

固定費は無関連原価であるから，表8−14では省略されている．この表では，製品Aの貢献利益額の方が製品Bより大きい．そこで，製品Aを優先的に製造したとすると，表8−15のようになる．製品Aを200個製造することで，機械の生産能力（600時間／日）のうち，500時間（2.5時間／個×200個）を使用し，残りの100時間でBを100個（100時間÷1時間／個）生産することになる．

表8−15　Aを優先的に製造した場合

	A	B	合計
販売数量	200個	100個	
売上高	¥ 1,600,000	¥ 500,000	¥ 2,100,000
変動費	1,200,000	400,000	1,600,000
貢献利益	¥ 400,000	¥ 100,000	¥ 500,000

ところで，製品Bを優先的に製造した場合には，表8−16のようになる．製品単位当たり貢献利益は製品Bの方が小さいにも関わらず，製品Bを優先的に製造した場合の方が貢献利益の合計額が大きくなる．これは，製品Aと製品Bが消費する機械時間の違いに起因する．このように，機械の生産能力が生産量を制限する要因である場合には，単位生産能力（機械時間）当たり貢献利益を比較し，それが大きいものから生産することで生産能力が有効活用され，利益が最大化される．この場合，機械時間当たりの貢献利益は，製品Aが¥800／機械時間（¥2,000÷2.5機械時間），製品Bが¥1,000／機械時間（¥1,000÷1機械時間）である．したがって，製品Bを優先的に200個製造し，残りの生産能力

131

で製品Aを製造するのが良い．このことについては，上級編においてTOC（制約条件理論）としても説明されている．

表8－16　Bを優先的に製造した場合

	A	B	合計
販売数量	100個	200個	
売 上 高	¥ 1,280,000	¥ 1,000,000	¥ 2,280,000
変 動 費	960,000	800,000	1,760,000
貢献利益	¥ 320,000	¥ 200,000	¥ 520,000

§8　差額分析の計算例(6)：設備更新の決定

　差額分析の考え方は，古くなった設備を新しい設備に取り替えるか否かの判断にも用いることができる．通常，設備投資の問題は，長期にわたる意思決定であるから，貨幣の時間価値を考慮しなければならないが，ここでは差額分析の考え方に焦点を当てるため，貨幣の時間価値は考慮しないこととする．また，ここでは，設備更新問題を通じて，簿価に代表される過去原価（歴史的原価，埋没原価）や財務会計上発生する売却損などと関連原価の関係について示しておく．

＜設例7＞

　長崎運輸は，2年前にトラックを購入していたが，燃費が良い新型トラックが発売されたため，買い換えを考えている．既存トラックの耐用年数は5年であるが，すでに2年が経過しているため，残りの耐用年数は3年である．新型トラックの耐用年数は3年である．また，減価償却は定額法によって行われ，どちらも3年後の処分価格はゼロとする．なお，トラックの買い換えは，売上高（¥8,000／年）には影響しない．その他の情報は，表8－17の通りである．新型トラックに買い換えるべきであろうか．

第8章　差額原価・差額収益分析

表8−17　既存・新型トラックに関するデータ

	既存トラック	新型トラック
取得原価	￥5,000	￥4,000
耐用年数	5年	3年
経過年数	2年	0年
残りの耐用年数	3年	3年
減価償却累計額	￥2,000	なし
帳簿価格	￥3,000	なし
現時点の処分価格	￥　200	なし
残存価格	￥　　0	￥0
燃料費	￥4,000/年	￥2,500/年

　表8−18は2つの案について，それぞれの3年分の費用を比較したものである．既存トラックについて，取得原価（￥5,000）および減価償却累計額（￥2,000）は過去の数値であり，買い換えの意思決定には無関連である．買い換えなかった場合には毎年￥1,000の減価償却費が発生するが，買い換えた場合には買い換え時に同額の帳簿価格が消滅するため，これも無関連となる．これに対して，既存トラックの現時点の処分価格（￥200）は，買い換える場合に得られる金額であるから，関連収益である．また，買い換えによって生じる新型トラック（取得原価￥4,000）の減価償却費（総額￥4,000）は関連原価である．関連原価・関連収益だけを示すと，表8−19のようになる．これより買い換えが有利であると判断される．

表8−18　2つの案の3年分の費用・収益

	買い換えない	買い換える
売上高	￥18,000	￥18,000
既存トラックの減価償却費	3,000	
既存トラックの簿価		3,000
既存トラックの売却額		200
新型トラックの減価償却費		4,000
燃料費	12,000	7,500

133

表8－19　２つの案の関連原価・収益

	買い換えない	買い換える
関連収益		
既存トラック売却額		¥　　200
関連原価		
新型トラックの減価償却費		4,000
燃料費	¥ 12,000	7,500
差　引	¥(12,000)	¥(11,300)

　このように，すでに購入してしまったものの取得原価，現時点までに発生した費用，および帳簿価格は，過去に発生した原価を表しているに過ぎないのであって，将来の意思決定には無関連である．

参考文献

伊藤和憲・香取　徹・松村広志・渡辺康夫．1999．『キャッシュフロー管理会計』中央経済社．

日本管理会計学会編．2000．『管理会計学大辞典』中央経済社．

門田安弘．2001．『管理会計－戦略的ファイナンスと分権的組織管理』税務経理協会．

Horngren, C. T. and S. M. Datar, G. Foster. 2005. *Cost Accounting: A Managemerial Emphasis* 12th ed., Prentice Hall.

Corbett, T. 1998. *Throughput Accounting*, The North River Press.（佐々木俊雄訳『TOCスループット会計』ダイヤモンド社，2005年）

第8章の練習問題

問8.1　宮城工業は，使用していない工作機械（帳簿価格¥120,000）の処分について検討している．検討中の処分方法は次の２つである．(a)修理して中古品として販売する．(b)そのままスクラップとして売却する．このとき，修理に要する費用は¥35,000で，中古品としての売却価格は¥40,000である．また，スクラップとしての売却価格は¥3,000である．どちらの案がより望ましいか．

第8章　差額原価・差額収益分析

問8.2　愛知工業は，中古品の工作機械を¥250,000で購入したが，故障していて動作
しなかった．中古品であるため製品保証はない．対処方法として考えられるの
は次の2案である．(a)修理して使用する．(b)故障した中古機械を売却し，別の
機械を購入する．このとき，修理に要する費用は¥290,000である．また，中古
機械の売却価格は¥20,000であり，別の機械の購入価格は，¥300,000である．

問8.3　横浜産業は，歯ブラシを製造・販売している．歯ブラシの変動製造原価は
¥45／本，固定製造原価の配賦額は¥15／本，販売単価は¥100／本である．
今，臨時に20,000本の歯ブラシを¥60／本で納品して欲しいとの注文があっ
た．横浜産業には，十分な遊休設備があり，20,000本の受注は，通常の営業に影
響を与えないものとする．この注文を受けることにより，横浜産業の営業利益
はいくら増加するか．

問8.4　滋賀製薬は，水虫に効く薬を開発・製造・販売している．今，従来の薬「水
虫8」より効果の高い新薬「水虫9」の開発に成功し，この薬の販売開始時期
について検討している．直ちに製造を開始すれば7月1日には出荷可能であ
る．しかし，「水虫8」の在庫が残っている．「水虫9」を発売すれば，「水虫
8」は売れなくなるため，在庫は全部廃棄しなくてはならない．そこで，新薬
「水虫9」の発売を10月1日に遅らせる案も検討している．

　「水虫8」および「水虫9」に関する資料は次の通りであるとして，7月1
日に発売すべきか10月1日に発売すべきかを検討せよ．なお，開発費はすでに
支出済みであり，販売費および一般管理費は固定費である．また，「水虫8」は
10月1日まで販売するための十分な在庫があるものとする．

	水虫8	水虫9
販売単価	¥ 1,500	¥ 1,800
変動製造原価	200	250
製品単位当たり開発費	700	900
製品単位当たり販売費および一般管理費	350	400
製品単位原価	1,250	1,550
単位当たり営業利益	¥ 250	¥ 250

135

（注1）　製品当たり開発費＝開発費÷製品ライフサイクル中の予定生産量
（注2）　販売費および一般管理費は固定費であり，予算売上高に応じて各製品
　　　　に配賦している．

〔小沢　浩（おざわ・ひろし）〕

第9章　設備投資計画

§1　設備投資計画の意義

　設備投資計画とは，その経済的効果が1年以上の長期にわたって現れるような固定資産に対する投資，つまり長期的な個別プロジェクトに関する計画を意味する．個別で長期のプロジェクト計画である設備投資計画は，次のような特徴をもっている．

(1)　設備投資計画は，企業の全般的な活動を対象にする予算や利益計画とは違って，個別プロジェクトの経済性分析が中心になる．

(2)　設備投資計画は，その経済的効果がプロジェクトの予想経済期間にわたって現われるので，数期間での貨幣の時間価値を考慮しなければならない．

(3)　設備投資計画は，発生主義会計に基づいて計算される利益の概念と違って，その経済性が現金流出入額（キャッシュ・フロー）に基づいて分析される．

(4)　設備投資計画は，個別プロジェクトの意思決定であるため，問題の所在の明確化，代替案の探求，代替案の事前分析および評価，代替案の選択，実績の分析・評価といった一連の意思決定過程での経済性分析が重要である．

§2　設備投資の種類

　設備投資計画は，一般的に内外の需要動向，他社の動向，金利の動向，収益水準，人手不足などの企業環境をめぐる変化に対処するために，長期で戦略的

な動機に基づいて行われる．しかし，投資の経済的な効果は，収益拡大の効果があるものか，あるいは原価節減の効果があるものかのいずれかである．前者は，追加投資が中心で，それには生産・販売設備の拡張投資や新製品の改良ないし開発投資などがあげられる．後者は，既存設備の取替投資が中心で，作業の機械化のための合理化・省力化投資などがあげられる．

一方，投資案の間には，①他の投資案の存在や採用に影響されるか否かによって独立投資と従属投資があり，②技術上の特徴や資金の制約などから他の投資案の存在や採用を認めるか否かによる相互独立投資と相互排他的投資がある．

§3　時間価値の概念

設備投資計画は投資による効果が長期にわたって現われる特徴をもっている．したがって，設備投資計画を立てる時には，投資のための現金流出額と投資により回収される現金流入額とについて，それぞれの時間差による貨幣の価値を評価しなければならない．それは時間の経過がお金の価値を変えるからである．たとえば，100円の現金を定期預金に1年間預け入れると，1年後には元本と100円×約定年利率分だけの利息とが手元に入ってくる．この関係を式で表すと，

1年後の定期預金額＝現在の預金額×（1＋約定年利率）．

さらに，100円を3年満期の年約定利率5％で定期預金に預け入れると，表9－1のように$100 \times (1+0.05)^3 = 115.76$のように複利利息による満期日の元利が計算できる．

表9－1　複利計算による元利合計

期間	預金残高	利息	元利合計
現在	100	0	100
1年後	100	100×0.05	$100 \times (1+0.05) = 105$
2年後	105	105×0.05	$100 \times (1+0.05)^2 = 110.25$
3年後	110.25	110.25×0.05	$100 \times (1+0.05)^3 = 115.76$

138

第9章　設備投資計画

時間価値の概念を多期間における計算式で表すと，$X = PV \times (1 + r)^n$である．将来額（X）は，現在額（PV）がn期間にわたって利子率rで複利計算された金額になる．逆に，n期間の終わりに受け取る将来額（X）を期間当たりの利子率（r）の複利で現在時点にまで割引計算すると，将来のXという金額の現在価値PVが求められる．それは，Xに現価係数，$1 / (1 + r)^n$を掛けて得られる．この関係を数式で表すと，$PV = X / (1 + r)^n$で表すことができる．$1 / (1 + r)^n$はrとnの値が決まればその値が得られるが，さまざまなrとnの値に対してその値を計算したのが複利現価表である．複利現価表は，本章の章末に表9-13として示しておいた．

§4　設備投資計画の効果の測定

設備投資案に関する経済性分析は，代替案の事前の分析・評価，代替案の選択にかかわるものである．とくに，代替案の事前の分析・評価は，代替案の現金流出入額の推定，資本コストの決定，耐用年数の推定などに関する問題である．代替案の選択は，代替案のランクづけの問題である．しかし，実際の投資決定においては，問題の所在の明確化や，代替案の探求といった経済性分析を行う前の前提を明確にしなければならない．

4.1　投資と投資価値

投資と投資価値の算定は，設備投資により将来に発生するだろうと考えられる現金の流出額および流入額を推定することである．しかし，設備投資における現金の流出額と流入額は，異なる時点で投資と現金流入が発生するので，「現在」という時点での価値に換算してその効果を比較しなければならない．すなわち，設備投資計画は，投資時点で投資（現金流出額）と投資価値（現金流入額の現在価値）の比較を行い，その差額を最大化させるような投資案を求める意思決定である．

４．２　現金流出入額の計算と税金の効果

現金流出入額の計算は現金の支出と収入に基づいて行われる．したがって，会計上の発生主義による費用・収益の測定と違い，現金支出を伴わない費用は現金流入額に入れなければならない．とくに，法人税などの税金の問題を考慮した場合，現金支出を伴わない費用は課税利益計算上，損金算入項目として認められ，税金として現金の流出を防げるために，計算上の注意を要する．さらに，「現金支出費用」には利子費用が入るが，設備投資の経済計算では資本コストで割り引く計算を行うため，現金流出額の計算には利子費用を含めないことにも注意されたい．そこで毎期の税引後の現金流入額を発生主義会計のもとで計算すると，表９－２のような過程を経て求められる．

表９－２　現金流入額の算定

設備投資後の現金流入額	算　式
収益	R
－　現金支出費用	C
－　減価償却費	D
税引前純利益	$R-(C+D)$
－　法人税等	$t(R-(C+D))$
税引後純利益	$(1-t)(R-(C+D))$
＋　減価償却費	D
現金流入額	$(1-t)(R-C)+tD$

減価償却費は，現金支出を伴わない費用であり，すでに当初の投資額（つまり現金支出額）として計上されているため，現金流入額に算入しないと，投資額の二重計算になる．しかし，減価償却費は発生主義会計では費用と扱われ，その結果，現金で支払う法人税を減らす効果をもつため，費用として計上しさらに現金流入額に入れる手順を踏まなければならない．毎期の発生主義会計に基づいて計算された現金流入額は以下のような式で表すことができる．

現金流入額＝（１－税率）×（収益－現金支出費用）＋税率×減価償却費
あるいは

現金流入額＝税引後純利益＋減価償却費

第9章　設備投資計画

4.3　数値例による現金流出入額の推定

　ここでは発生主義会計での税効果を考慮した数値例を取り上げ，現金流出入額の推定を行う.

　［数値例］

　T社は新製品を製造・販売するため，以下の新規設備投資を企画している.

(1)　設備投資額は104億円で，この投資の貢献年数（耐用年数）は4年であり，4年後の残存価額は24億円と推定されている.

(2)　設備投資によって取得する設備の減価償却は定額法による.

(3)　法人税率は50％である.

(4)　この投資案を採用すれば耐用年数が終わり不要になる旧設備の売却見積額は6億円であり，その帳簿残高は2億円である.

(5)　この投資による年々の増分現金流入額と増分現金流出額の予想は，表9－3のとおりである.

表9－3　設備投資の効果　　　　（単位：億円）

	1年度	2年度	3年度	4年度
新製品売上高	160	150	140	100
現金支出費用	60	90	100	68

4.3.1　純投資額の計算

　この数値例は耐用年数が終わった旧設備との取り替え設備投資の例である. したがって，旧設備の処分額を新規設備投資額から差し引かなければならない. 数値例ではとくに，旧設備の処分において4億円の売却益が生じ，それにより2億円の法人税の支払いが必要である. したがって，表9－4のように104億円の新設備投資のために必要な資金は，旧設備の処分から得られる4億円を差し引いた100億円になる.

141

表9－4　純投資額の計算　　　　　　　（単位：億円）

	0年度	備　考
新設備投資額	104	
旧設備処分収入額	-4	旧設備処分額(6)－売却益の法人税((6-2)×0.5)
純投資額	100	

4.3.2　設備投資後の現金流入額の計算

　売上高と現金支出費用は表9－3のデータで，減価償却費は新設備の減価償却費である．一方，4年度末の新設備残存価額は新設備の貢献年数が経過した時の回収可能な投資資金である．

表9－5　現金流入額の計算　　　　　　（単位：億円）

	1年度	2年度	3年度	4年度
売上高	160	150	140	100
費用				
現金支出費用	60	90	100	68
減価償却費	20	20	20	20
税引前純利益	80	40	20	12
法人税	40	20	10	6
税引後純利益	40	20	10	6
減価償却費	20	20	20	20
新設備残存価額				24
現金流入額	60	40	30	50

§5　設備投資評価技法

　設備投資の評価にはいくつかの技法が使われるが，それには現在価値法，内部利益率法，回収期間法などがあげられる．どの技法を使うべきかは，設備投資の目的および各技法で必要なデータをどのくらい正確に推定できるかに依存する．先の表9－5の数値例から得られた現金流出入額を設備投資計画A案として，さらに表9－6で示した別の設備投資計画B，C案の数値例に基づいて，各技法による設備投資案の評価方法を説明しよう．

第9章　設備投資計画

表9－6　投資案の現金流出入額　　　　　　（単位：億円）

年度＼計画	設備投資Ａ案		設備投資Ｂ案		設備投資Ｃ案	
	投資額	現金流入額	投資額	現金流入額	投資額	現金流入額
０年度	-100		-100		-150	
１年度		60		30		60
２年度		40		40		50
３年度		30		55		70
４年度		50		65		80
合計		180		190		260

５．１　現在価値法（Net Present Value Method）

　現在価値法とは，投資案の耐用年数における現金流入額を一定の割引率（資本コストまたは最低必要収益率と呼ぶ）で割引いて現金流入額の現在価値を計算し，そこから投資案の支出総額を差し引いて正味現在価値（ＮＰＶ）を求め，それを投資の判断基準とする方法である．正味現在価値がプラスならばその投資案は採用に値し，それがマイナスならば採用に値しないと判断する技法である．現在価値法は割引キャッシュ・フロー法（ＤＣＦ法あるいはDiscounted Cash Flow Method）ともいわれる．ただし，ＤＣＦ法には，次節の内部利益率法（Internal Rate of Return Method）をも含める場合もある．現在価値法による判断基準は以下のように表すことができる．

　　正味現在価値＝現金流入額の現在価値合計－投資額

　　正味現在価値＞０　───────▶　投資案の採用

　　正味現在価値＜０　───────▶　投資案の拒否

　ただし，設備投資が複数年にわたって行われる場合には，現金流入額の現在価値を求める計算と同じく，各年の投資額についても現在価値を求めて両者を比較しなければならない．しかし，本章では初年度に投資が行われ，それ以降の年度には正の現金流入額のみが発生すると想定していることに注意されたい．設備投資Ａ案においては，表９－７のような計算により正味現在価値を求めることができる．ただし，割引率は10％であると仮定する．

143

表9-7　正味現在価値の計算　　　　　　（単位：億円）

期　間	現在	1年	2年	3年	4年
投資額および現金流入額	-100	60	40	30	50
現金流入額の現在価値	54.55 ◄ 33.06 ◄ 22.54 ◄ 34.15 ◄	60/(1+0.1)	40/(1+0.1)^2	30/(1+0.1)^3	50/(1+0.1)^4
正味現在価値	44.30				

一方，同じ方法でB投資案とC投資案の正味現在価値を求めて，3つの投資案を比較すると，表9-8のとおりである．

表9-8　各投資案の正味現在価値　　　　　（単位：億円）

投　資　案	A	B	C
投資額	100	100	150
現金流入額の現在価値合計	144.30	146.05	203.05
正味現在価値	44.30	46.05	53.05
現在価値法による投資順位	3位	2位	1位

5.2　内部利益率法（Internal Rate of Return Method）

内部利益率法とは，投資案の耐用年数にわたって発生する現金流入額の現在価値合計と投資額を等しくする割引率（IRR）を内部利益率とし，それが必要収益率よりも大きければその投資案を採用する方法である．すなわち，次の関係を満たす割引率が内部利益率である．

投資額＝現金流入額の現在価値合計

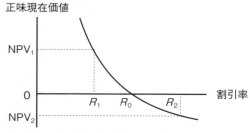

図9-1　正味現在価値と内部利益率の関係

第9章　設備投資計画

　一方，正味現在価値と内部利益率を比較すると，図9－1のように示すことができる．図9－1で見られるように，現金流入額がR_1の割引率で割り引かれ，それが投資額を上回る時には，ＮＰＶ₁のような正の正味現在価値が発生する．さらに，現金流入額がR_2の割引率で割り引かれ，これが投資額を下回る時には，ＮＰＶ₂のような負の正味現在価値が発生する．しかし，投資額と同じ現金流入額の現在価値合計が生じた場合には，現在価値法による正味現在価値はゼロで，このような投資額と現金流入額の現在価値合計を一致させるR_0が内部利益率である．しかし，内部利益率は，投資による現金流入額の発生期間が長くなると，方程式を解いて求めることができない．最近のパソコン用の表計算ソフトには財務関数としてＩＲＲ関数が用意されているので，表計算ソフトを利用すれば簡単に求められる．本章の数値例の内部利益率を求めた結果を示すと，表9－9のとおりである．

表9－9　各投資案の正味現在価値と内部利益率

投資案	A	B	C
内部利益率	30.63％	27.13％	24.51％
順位	1位	2位	3位

5.3　回収期間法（Payback Method）

　回収期間法とは，年々の現金流入額を累計していき，投資額に等しくなる回収期間の長さを計算する方法である．したがって，それぞれの投資案に対して求められた回収期間の中，一番短い回収期間を持つ投資案が最適投資案になる．今まで取り上げた分析技法が収益性を重視したのに対して，回収期間法は収益性より流動性を重視する技法である．すなわち，企業の支払能力の強化に役立つという観点から短期の資金回収を最優先する．回収期間法による回収期間を求める計算式は以下のように表すことができる．

　回収期間＝初期投資額／現金流入額

　A投資案においては表9－10のように回収期間が計算できる．

145

表9−10　Ａ投資案の回収期間（単位：億円）

回収期間	回収額	回収累計額	未回収投資額
現在	0	0	-100
1 年	60	60	-40
2 年	40	100	0

　したがって，Ａ投資案はその投資額を回収するために２年かかり，回収期間は２年になる．一方，同じ方法でＢ投資案とＣ投資案の回収期間を計算すると，Ｂは２年＋（30／55）×１年＝2.55年で，Ｃは２年＋（40／70）×１年＝2.57年である．しかし，回収期間法は，時間価値を無視し，回収期間が任意に決められ，投資案がもたらす将来現金流入額を回収が終わる年度までしか考慮しないという欠点をもっている．

§６　投資案のランクづけ

　本章での数値例から得られた各投資案の順位を，分析技法ごとに示すと，表9−11のとおりである．前述のように回収期間法は資金の流動性を重視した経済性分析技法であるが，その他の技法は収益性を重視した経済性分析技法である．したがって，回収期間法とその他の技法は，投資目的および補完関係による総合的な判断によって使い分ける必要があるので，各投資案の順位の単純な比較はできない．しかし，正味現在価値と内部利益率による投資優先順位は異なるので，その原因と解決策を探らなければならない．

表9−11　評価技法による投資案の順位

	設備投資Ａ案	設備投資Ｂ案	設備投資Ｃ案
回収期間	1	2	3
正味現在価値	3	2	1
内部利益率	1	2	3

6.1 現金流入のタイミングが異なる投資案の比較

　同じ投資規模でありながら，現金流入のタイミングによって現在価値法と内部利益率法とでは投資優先順位が異なる場合がある．まず，正味現在価値法と内部利益率法による設備投資計画案の順位を比較する．AとBの投資案を比較して見ると，図9－2のように，割引率12.96％を分岐点に前後の優劣が逆転する．その原因は，B投資案の現金流入額は年度が経過するほど多く発生するのに対して，A投資案の現金流入額は投資の初期段階で多く発生するからである．すなわち，割引率が大きいほどB投資案の現在価値は小さくなる．したがって，ある割引率を超えると，現在価値の流れを逆転させ，AとB投資案の正味現在価値による優先順位は逆転される．言い換えると，現在価値法による投資決定は現在価値の流れの逆転が起こる前の割引率10％で行われることになるが，内部利益率法による投資決定は逆転が起こった後での割引率が利用される．このような現金流入のタイミングが異なるなどの2つの投資案を比較する場合には，正味現在価値法が内部利益率法より合理的な技法である．

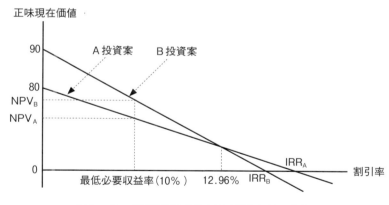

図9－2　投資案評価技法と正味現在価値の変化

　内部利益率法と現在価値法の優劣に関する論争では，プロジェクト選択の矛盾，再投資収益率に関する仮定，複数の内部利益率という論点から現在価値法が優れているといわれている[1]．さらに，Brealey and Myers（[2002]，119－

122頁）は，資本制約がある場合，現在価値法では正味現在価値が大きい投資プロジェクトのパッケージを見つけることができるが，内部利益率法はこのパッケージを見つけることができないのみならず，経済的な解釈と関係なく導き出されているために役に立たないと主張する．

6.2　投資規模が異なる投資案の比較

　ここでは相互排他的な投資案の選択の問題を扱う．まず，表9−12のように，数値例のBとC投資案の正味現在価値と内部利益率を計算する．さらに，投資規模が異なるBとC投資案の現金流入額と投資額の差額を計算し，それの正味現在価値と内部利益率を求める．

　そうすると，C−Bの投資案の正味現在価値は正で，内部利益率も企業の最低必要収益率である資本コストを上回っている．ただし，C−Bの投資案の正味現在価値が正であれば，必ず内部利益率は割引率である資本コストより大きい．したがって，投資規模が異なる場合には，差額投資を想定し正味現在価値を求め，それが正であれば投資規模が大きい投資案を選ぶ現在価値法による投資案の選択で十分である．数値例では，C−B投資案が資本コストを上回る利益を上げているので，資本コストを上回るこれ以外の別の投資機会がない限り，C投資案がB投資案より投資規模から発生する追加の利益を得ることになる．

　結局，投資規模が異なる場合にも，収益額でなく収益性を表す内部利益率の比率だけでは投資案の比較ができないので，差額投資の正味現在価値を求めて投資案の優劣を判断しなければならない．前述の6.1で述べたパッケージの問題はこの場合に当てはまる．

表9−12　投資規模の差による差額投資の評価　　（単位：億円）

投資案	0年度	1年度	2年度	3年度	4年度	NPV（10%）	IRR
B	-100	30	40	55	65	46.05	27.13%
C	-150	60	50	70	80	53.05	24.51%
C−B	-50	30	10	15	15	7.0	17.37%

第9章　設備投資計画

§7　資本コスト

　設備投資においては，投資により回収される将来の経済的効果を一定の割引率で割り引き，現在価値を計算して，投資額と比較する必要がある．この割引率は，資本コストと呼ばれ，設備投資に対して要求する利益率の下限となる最低必要収益率で，不利な投資案を棄却する切捨率でもある．

7.1　源泉別資本コスト

　設備投資を行うための調達資金には，社債発行や借入金のような負債による資金調達と，株式発行のような自己資本の構成項目による資金調達がある．

　まず，負債による資金調達であるが，一般的に負債の資本コストは，支払金利が約定されているから，把握が比較的に容易である．しかし，負債は資金提供者に対する見返りとしての支払利子が税務上損金に算入できるので，その資本コストは節税効果分だけを支払利子から差し引いて求めなければならない．

　一方，自己資本コストは，普通株式の発行のみを想定すると，普通株の資本コストになるが，その測定は，資本資産評価モデル（Capital Asset Pricing Model, ＣＡＰＭ）によって行われる．ＣＡＰＭによる測定については，本書第11章「ＥＶＡと事業評価」の説明を参照されたい．

7.2　機会費用としての資本コスト

　投資の可否は投資により犠牲になる機会費用と比較することによって判断される．すなわち，投資により得られる収益率が同等のリスクを持つ資産に投資する場合の収益率より大きければ，投資により企業価値は高まるため，その投資案は採択される．ここで問題になるのは機会費用の内容であるが，機会費用を全社的資本コストとしての加重平均資本コストを用いるべきであるとする見解[2]と，株主の金融資産に投資する際に得られる期待投資収益率とする見解[3]がある．

149

負債コストと自己資本コストにそれぞれの構成比をかけて合計して求める加重平均コストを資本コストとして用いる根拠は，リスクが異なるプロジェクト別の資本コストの測定は困難であることと，資本コストを長期的な資本調達の観点でみる必要があるため，最適資本構成としての全社的な加重平均資本コストを用いるべきであるとする見解である．一方，設備投資の資本コストとして，会社の株式に投資する場合に株主が期待する投資収益率を用いる根拠は，次のようなものである．設備投資により得られる投資収益率が，「同等のリスクを持つ金融資産（同社の株式）に投資する場合の収益率」より大きければ，企業価値を高めることができるからである．このような場合には，株主は当該設備投資に同意するはずである．この場合，会社株式への株主の期待投資収益率は，前述の資本資産評価モデル（CAPM）で測定される．

〔注〕

（1）　次の書物のNPV・IRR論争に関する要点整理を参照されたい（杉本善浩[2002]，60頁）．

（2）　この見解に関しては次の書物を参照されたい（岡本清[2000]，793−796頁）．

（3）　この見解に関しては次の書物を参照されたい（Brealey, R. and S. Myers, 藤井眞理子・国枝繁樹監訳[2002]，140頁）．

参考文献

岡本清．2000．『原価計算（六訂版）』国元書房．

杉山善浩．2002．『投資効率を高める資本予算』中央経済社．

Brealey, R. and S. Myers. 2000, *Principles of Corporate Fiance*, 6th ed., Mcgraw-Hill.（藤井眞理子・国枝繁樹監訳．2002．『コーポレートファイナンス（第6版上)』，日経BP社）

Horngren, C. T., Sundem, G. L. and W. O. Stratton. 1999. *Introduction to Management Accounting*, 11th ed., Prentice-Hall International.（渡辺俊輔監訳．2004．『マネジメント・アカウンティング（第2版)』ＴＡＣ出版）

第9章　設備投資計画

諸井勝之助. 1989. 『経営財務講義（第2版）』東京大学出版会.

表9−13　1円の現在価値（複利現価表）

	1年	2年	3年	4年	5年	6年	7年	8年	9年	10年
1%	0.990	0.980	0.971	0.961	0.952	0.942	0.933	0.924	0.914	0.905
2%	0.980	0.961	0.942	0.924	0.906	0.888	0.871	0.854	0.837	0.820
3%	0.971	0.943	0.915	0.889	0.863	0.838	0.813	0.789	0.766	0.744
4%	0.962	0.925	0.889	0.855	0.822	0.790	0.760	0.731	0.703	0.676
5%	0.952	0.907	0.864	0.823	0.784	0.746	0.711	0.677	0.645	0.614
6%	0.943	0.890	0.840	0.792	0.747	0.705	0.665	0.627	0.592	0.558
7%	0.935	0.873	0.816	0.763	0.713	0.666	0.623	0.582	0.544	0.508
8%	0.926	0.857	0.794	0.735	0.681	0.630	0.584	0.540	0.500	0.463
9%	0.917	0.842	0.772	0.708	0.650	0.596	0.547	0.502	0.460	0.422
10%	0.909	0.826	0.751	0.683	0.621	0.565	0.513	0.467	0.424	0.386
11%	0.901	0.812	0.731	0.659	0.594	0.535	0.482	0.434	0.391	0.352
12%	0.893	0.797	0.712	0.636	0.567	0.507	0.452	0.404	0.361	0.322
13%	0.885	0.783	0.693	0.613	0.543	0.480	0.425	0.376	0.333	0.295
14%	0.877	0.770	0.675	0.592	0.519	0.456	0.400	0.351	0.308	0.270
15%	0.870	0.756	0.658	0.572	0.497	0.432	0.376	0.327	0.284	0.247

第9章の練習問題

問9.1　設備投資計画では現金流出入額（キャッシュ・フロー）に基づいて経済性分析を行うが，発生主義会計による分析との違いを説明しなさい．

問9.2　設備投資計画の経済性分析における減価償却費の取り扱いと節税効果について説明しなさい．

問9.3　投資案によっては現在価値法による投資優先順位と内部利益率法による投資優先順位が異なるが，その理由を説明しなさい．

問9.4　設備投資計画における資本コストの役割とその内容を機会費用の観点から説明しなさい．

問9.5　退職金の一部を銀行に預けて6年後に1,000万円にしたい．そのためには，いま銀行にいくら預ければよいか．なお，利子率は年6％の複利とする．（本章末

の複利現価表を利用すること）

問9.6 手作業で行っているある組立工程を機械化すると，毎年100万円ずつ経費が節約できる．この機械化に必要な初期投資額はいくらまでなら引き合うか．機械の寿命は4年で，投資資金の資本コスト率は6％である．（本章末の複利現価表を利用すること）

問9.7 日本工業(株)は新製品生産のために新しい機械を購入する計画を持っている．この機械を使用すると，毎年，600万円の正味現金流入額が得られる．新機械の購入価額は2,400万円で，推定耐用年数は6年である．機械の処分価値は0円であると予想される．また，減価償却に定額法を採用する．なお，同社では，資本コスト率を6％に設定し，新規投資の採否の判断基準にしている．次の設問に答えなさい．ただし，実効法人税率は40％である．

（設問1）　回収期間は何年であるかを計算しなさい．

（設問2）　正味現在価値を求め，計画の採算性を検討しなさい．

（設問3）　内部利益率を求め，計画の採算性を検討しなさい．

〔李　健泳（い・こんよん）〕

第10章　戦略的事業計画

§1　経営戦略の基礎概念とその計画化

1.1　経営戦略の定義と戦略の策定・戦略的計画

　経営戦略とは，企業が存続・成長するために必要な経済・社会・自然環境とのより望ましい関係の再構築を目的とした経営活動の基本方針である．現状の延長では企業目標を達成できないほどの環境変化が予想される時，中長期的視点から経営構造の変革を必要とする新たな経営戦略が採択される．広義の経営戦略は経営理念やビジョンも包括するが，むしろそれらをより具体的な企業目標に変換し，その達成に向け組織構成員の活動を方向づける事業領域の決定，諸事業への資源配分，競争優位に立つための基本戦略の選択が中心課題となる．

　それゆえ，戦略は計画化される必要がある．それには第1章で述べた戦略の策定と戦略的計画の段階がある．戦略の策定には戦略目標の定義，目標を達成するための戦略決定（企業戦略と事業戦略），組織構造計画，財務・研究・人事・マーケティングなどの方針決定（機能別戦略），新事業部門の獲得（多角化戦略），戦略的計画には新製品ラインや新工場建設の計画（成長戦略の一部）などがある．また，これらの計画が時の経過とともに入手される追加的環境情報に基づいて柔軟に見直される戦略のコントロールにも留意すべきである．

1.2　経営戦略の3階層と計画化

　経営戦略は，企業戦略，事業戦略，機能別戦略の3階層からなる．最上位の企業戦略は，本社のトップが中心となって立案する企業（ないしは企業グループ）全体の戦略である．コトラー（P. Kotler）は企業戦略計画として，①企業使命の定義，②戦略的事業単位（strategic business units：以下SBUと略す）の明確化，

153

③SBUへの資源配分，④新規事業計画の４つをあげている．

　①の企業使命は，その企業の事業はなにか？　顧客は誰か？　顧客にとっての価値とはなにか？　今後の事業は何になるか？　あるいは何であるべきか？　といった問いに対し全社的視点から答えるものでなければならない．

　SBUについては，ボストン・コンサルティング・グループ（以下ＢＣＧと略す）は，「製品，市場，競合関係の３つの要因によって定義される事業単位であり，これらの要因が他の製品・事業群と異なる時，１つのSBUとして定義される」としている．本来のSBUは，①それ自体が単独で明確な顧客と競争企業をもち，社内で独自の使命が与えられている，②他の事業単位から独立して戦略的計画策定の権限と利益・投資業績の責任をもち，またそれらに影響を与える要因の多くをコントロールできるほどに主要な経営機能（マーケティング，製造，研究開発，財務）を統括する１人の長がいる，③市場の顧客ニーズを満足させる事業プロセスに合致するように，既存のライン組織にオーバーラップする形で新たに定義された事業組織である，という特徴をもつ．

　よって，SBUは複数の事業部門にまたがって把握されたり（パナソニックのアプライアンス分野など），一事業領域内の複数製品から構成される事業であったり（花王のビューティーケア事業内のソフィーナなど），顧客のタイプごとに定義されたり（銀行のリテール，ホールセールなど）する．あるいは一製品ラインや１つのブランドに含まれる複数製品，単一製品であったりする．SBUが採用されないと，一事業部門内にまったく異なる市場使命と顧客をもつ事業（たとえば，家庭用照明事業とＴＶスタジオ用照明事業）が併存されていたり，異なる２つ以上の事業部門のそれぞれが類似の市場使命や顧客をもつ事業（たとえば，主婦層をターゲットにしたシステムキッチン事業と家電事業）をもっていても分離・独立して戦略が立案されていたりすることになる．そういった中で既存の事業部門が内部的業務管理や損益責任にばかり目を奪われがちであると，事業部門内や事業部門間にコンフリクトが生じる．そのことが首尾一貫した効果的な戦略の策定と実行を困難にする．SBU組織編成の目的は，伝統的な事業部門組織にありがちなこれらの部分最適化（セクト主義）を排除し，本社が事業部門間の利

第10章　戦略的事業計画

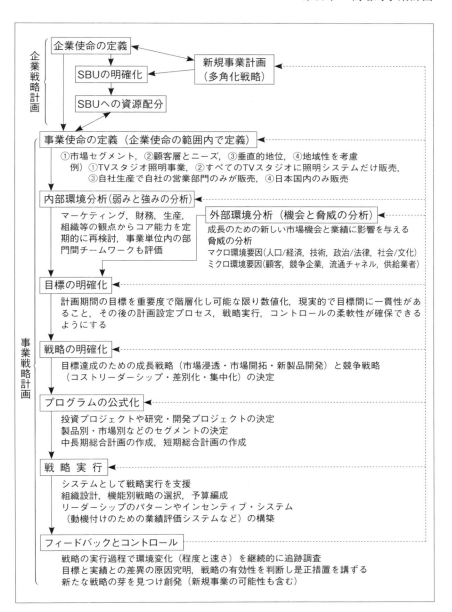

図10−1　企業戦略計画と事業戦略計画策定プロセスとの関係（Kotler[2006]を参考に作成）

害調整から解放されて本来の企業戦略に専念できるようにし，またSBU長に事業戦略計画策定の権限を委譲できるようにすることである．

　ただし，既存の事業群だけでSBUを定義し戦略目標を立てても，企業全体の戦略目標を確保できない時がある．このような場合，新規事業計画（多角化戦略）の策定が必要になる．多角化としては，最初から自社で立ち上げるか，他企業を買収・合併するなどの方法がある（上級編第9章「企業評価とM＆A」を参照）．また，主なタイプとしては，①既存事業の川上や川下へと垂直統合していく多角化，②既存の技術などと関連する分野への水平的多角化，③コングロマリットと呼ばれる異業種への多角化があげられる．

　新規事業計画の策定後，新たなSBU体制が編成され，それらへの全社的資源配分が決定されるが，次節のプロダクト・ポートフォリオ・マネジメント（product portfolio management：以下PPMと略す）がその支援に役立つ．

　続いて，第2の階層に位置する事業戦略とは，SBUごとに策定される戦略といってよい．企業戦略計画と事業戦略計画の策定プロセスとの関係は図10－1に示すとおりである．企業戦略計画では，SBUの明確化とそれらへの資源配分が中心課題だが，事業戦略計画はSBUが立案し，あたかも1つの独立企業のように，事業戦略に関わるほとんどの意思決定権限を委譲されたSBUの計画を想定している．そのため，SBU組織が採用されていることが前提となるが，実際にはカンパニーなどの社内分社組織がSBU的な発想で編成されているならば，それらが立案する事業戦略と考えることもできる．SBUが複数の製品（系列）と市場の組み合わせをもっている場合，それらへの資源配分問題も取り扱うので，ここでも次節で述べるPPMが活用できる．

　経営戦略の最後の階層に位置する機能別戦略とは，複数の事業単位を横断させて，特定の機能（購買・生産・販売・マーケティング・物流・研究開発・人事・財務など）ごとに立案される戦略をいい，複数の事業単位が共同して行う融合事業の開発戦略などがあげられる．キヤノンは，SBUとしての事業本部に横断する形で「キヤノン式グローバル開発システム」「キヤノン式グローバル生産システム」「キヤノン式グローバル販売システム」なる推進委員会を設置し，

第10章　戦略的事業計画

マトリックス組織体制で機能別戦略の強化に努めている.

§2　戦略的事業計画と戦略プログラムを支援するPPM手法

2.1　PPMの現代的意義

　以上に述べた経営戦略のうち，企業戦略の立場からは各 SBU の戦略的役割の明確化と，それらに対応した資源配分が重要である（戦略的事業計画）．また事業戦略の立場からは SBU が抱える諸事業や製品（系列），市場を細分化した顧客別，地域別などのセグメントへの資源配分が重要である（戦略プログラム）．PPM とは，これらの課題に直面する本社や SBU の戦略策定担当者が必要とする情報を，体系的かつビジュアルに提供する手法である．それは事業やセグメントの戦略的位置づけ（育成か，資金創出か，縮小・撤退かなど）を明確にし，企業全体が成長性と収益性の業績バランスをとりつつ，キャッシュフロー・バランスを達成する事業の選別・集中（事業再編）と事業間の資金シフトの方向付けを明確にする．とりわけ低成長期や激しい競争環境下ですべての事業を総花的に発展させようとすることは，かえって企業の事業体質を弱体化させるため，限りある資源を効果的に配分する方向付けを PPM が示してくれるであろう．PPM の構造は至ってシンプルな伝統的手法だが，現代においてもその戦略的意義は十分に残されている．

2.2　PPMの基本モデル

　PPM はＢＣＧが開発したモデルが最も基本的で，事業や製品（系列）がもつライフサイクル（導入期・成長期・成熟期・衰退期）と経験曲線効果（事業や製品の平均単位コストは，製品を製造・販売する経験量が倍増するごとに，20 ～ 30％ずつ減少すること）を前提として，チャートの縦軸を市場成長率，横軸を相対的マーケットシェアといった２指標で評価する（図10 - 2）．

　市場成長率が十分高い事業のライクサイクルは成長期で，市場機会が存在しており，マーケットシェアの維持・拡大のため，それだけ多くの資金投下を要

157

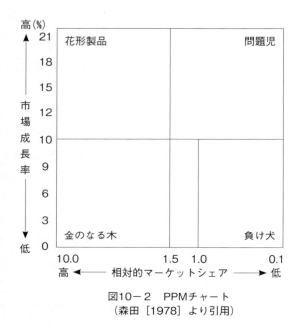

図10−2　PPMチャート
（森田［1978］より引用）

するので，市場成長率は資金需要の大きさを表す．高低の境界は，企業が通常，割引率とする10％が，よく投資の採算性を保証する数字として用いられる．

相対的マーケットシェアは次の式で表され，シェア1位の事業のみが1.0以上の値を取ることができる．

$$相対的マーケットシェア = \frac{自社の当該事業のマーケットシェア}{当該事業のライバル企業の最大マーケットシェア}$$

もし，経験曲線効果が十分はたらくならば，相対的マーケットシェアは，収益率の大きさ，つまり資金供給の尺度を表す指標である．図10−2の境界線のうち，1.5は高成長領域を，1.0は低成長領域を二分する目安となる．

これら2指標の縦軸と横軸の境界線により，PPMチャートは4つの領域（セル）に区分され，各SBUないし事業・製品（系列）が2指標の数値に基づいて，チャート上にプロットされる．BCGは，各セルにプロットされる諸事業に次のような名称を与え，戦略上の特徴と留意点を示している．

① 金のなる木（cash cows）

低成長・高シェア事業：その事業に再投資すべき額を，はるかに超える資金を生み出す．企業全体の負債金利や配当の支払い，本社費の負担や研究開発費の支出，さらには他事業の成長やシェア拡大支援のための資金創出源とする．競争上の地位を現状維持する程度の投資にとどめ，過剰投資に注意する．

② 花　　形（stars）

高成長・高シェア事業：シェアの威力によって大きな資金流入があるが，成長のための投資資金需要も大きい．シェアの維持・拡大に努めるならば，成熟期には金のなる木になる．そのため，市場成長率と同程度か，あるいはそれ以上の成長ができるような資金配分が行われる必要がある．

③ 負　け　犬（dog）

低成長・低シェア事業：資金の再投資需要も流入量もともに少ない．この種の事業が将来重要な資金源になる可能性は低い．それゆえ，投資をやめるか，事業ごと売却ないしは清算して，投下資金を少しでも多く迅速に回収する．

④ 問　題　児（question mark）

高成長・低シェア事業：資金流入よりもはるかに大きな投資額を早急に必要とする．徹底的に投資してシェアを獲得し，花形にしない限り資金浪費となる．そのため，将来シェアを拡大できる事業にのみ積極的に投資し，残りの見込みのない事業は思い切って投資をやめるか事業を売却する撤退戦略を決断する．

以上の特徴から，今後の理想的な事業ポートフォリオを構築するための資源配分方法を考える．理想的な事業の位置変化は，「問題児」→「花形」→「金のなる木」か，あるいは，研究開発によって生み出された「花形」→「金のなる木」である．もし，外部からの資金調達が十分に期待できない場合，理想的な事業の位置変化を可能にするのは，現在の「金のなる木」からの資金援助である．PPMによる戦略的事業計画の重要課題は，できるだけ多くの「金のなる木」を育成し，そこからの余剰資金でいかに「問題児」を「花形」に育て上げるか，あるいは直接研究開発投資をして「花形」を作り上げるかである．

表 10 － 1　セグメント別損益情報とセグメント別キャッシュフロー情報

（単位：億円）

	セグメント1	セグメント2	セグメント3	セグメント4	本　社	合　計
Ⅰ．セグメント損益計算						
売上高	1,200	600	480	420		2,700
（市場成長率, 相対的シェア）	(6%, 1.3)	(3%, 0.5)	(30%, 1.6)	(35%, 0.8)		
変動費	－ 600	－ 470	－ 230	－ 210		－ 1,510
貢献利益	600	130	250	210		1,190
その他跡付け可能費：						
マネジド・コスト	－ 150	－ 50	－ 80	－ 76		－ 356
コミッテッド・コスト	－ 190	－ 45	－ 96	－ 90		－ 421
セグメント・マージン	260	35	74	44		413
共通固定費	－ 132	－ 66	－ 53	－ 46		－ 297
税引前営業利益	128	－ 31	21	－ 2		116
法人税等	－ 48	0	－ 9	0	－ 6	－ 63
税引後営業利益	80	－ 31	12	－ 2	－ 6	53
その他損益					－ 2	－ 2
税引後純利益					－ 8	51
Ⅱ．営業キャッシュフロー調整						
減価償却費	192	35	95	70	150	542
運転資本増加	－ 60	－ 10	－ 38	－ 40	－ 148	－ 296
営業キャッシュフロー合計	212	－ 6	69	28	－ 6	297
Ⅲ．投資キャッシュフロー内訳						
設備投資増加	－ 15	0	－ 60	－ 50	－ 30	－ 155
関連会社投資増加					－ 10	－ 10
固定資産処分	17	13	0	0	0	30
投資キャッシュフロー合計	2	13	－ 60	－ 50	－ 40	－ 135
フリーキャッシュフロー	214	7	9	－ 22	－ 46	162
Ⅳ．財務キャッシュフロー内訳						
利息支払い					－ 15	－ 15
現金配当					－ 127	－ 127
長期借入金返済					－ 20	－ 20
財務キャッシュフロー合計	0	0	0	0	－ 162	－ 162
会社内の現金振替	214	7	9	－ 22	－ 208	0
PPMチャート上の位置づけ：	金のなる木	負け犬	花　形	問題児		

§3 戦略的事業計画と戦略プログラムのためのセグメント会計情報

SBUが事業戦略計画策定の際にPPMを具体的に活用するためには，それぞれが抱える各種製品・市場を，比較的収益性の高いセグメントと収益性の低いセグメントに再分類する作業（戦略的セグメンテーション）から始める．この作業に役立つ情報を提供するのがセグメント別損益情報である．また，本社が企業戦略を策定する際には，各SBUをセグメントとした損益情報が活用されるという階層構造をなしており，これらが外部報告用の損益情報に与える影響もシミュレートできるシステムの構築が望まれる．

さらに，キャッシュフロー・バランス達成のためには，具体的な資金額がどの事業から創出され，どの事業に投下されるのか，また資金に余裕がある事業の余剰額から全社的な支払い（配当・負債金利・借入金返済など）がどの程度行われているか，資金を自己充足できない事業の不足資金額とその調達手段はどうすべきかなどを具体的な貨幣的情報として明らかにする必要がある．これらを可能にするのがセグメント別キャッシュフロー情報である．

表10−1はセグメント別の損益情報とキャッシュフロー情報を一表にまとめた数値例である．この表のⅠ．セグメント損益計算の部では，まず直接材料費や外注加工費，販売手数料や運賃諸掛費，商業であれば売上原価などの変動費がセグメントの売上高から差し引かれ，貢献利益が計算される．

次に変動費以外でセグメントごとに跡づけが可能なセグメント別個別固定費（各セグメントの経営を維持していくために固定的に発生するので個別キャパシティ・コストとも呼ぶ）が差し引かれる．これはマネジド・コストとコミッテッド・コストに区別される．マネジド・コストは，その投入と効果との最適な関係は不明だが，セグメント責任者の方針に基づいて年度予算として決定できるので，ポリシーコストとも呼ばれる．セグメントごとの研究開発費や広告費，監督者給料，品質管理や生産管理のコスト，従業員訓練費などが含まれ，プログラムの公式化の段階から戦略実行の段階にかけて自由裁量的に決定されていくコス

ト項目である．これに対し，コミッテッド・コストは，中長期の営業能力に関する意思決定により，その効果が有効な全期間にわたって結合的に発生し，マネジド・コストのように単年度ごとに区切って自由に金額を決めることが困難なコストをいう．プログラム公式化の段階が終了すると，計画期間のすべての予定発生額がほぼ確定してしまうコスト項目である．各セグメントに属する固定資産の減価償却費と固定資産税，複数年契約の役員の報酬などがこれらに含まれる．

次の共通固定費は，本社建物の減価償却費や固定資産税など，各セグメントの活動とコストの発生との明確な因果関係を欠くので，セグメント責任者の同意を得てなんらかの基準で配賦し回収すべきコストである（ここでは売上高の比で配賦）．以上の計算からセグメント・マージン，税引前営業利益，税引後営業利益の３つを見て各セグメントの収益性を判断する．

続いて，セグメント別の税引後営業利益情報を起点として減価償却費（現金支出を伴わない費用）と運転資本の調整計算をして営業キャッシュフロー（各セグメントの事業が生み出すキャッシュ）を算定する．単年度ではキャッシュ以外の流動資産の増加と流動負債の減少は営業キャッシュフローを減少させ，キャッシュ以外の流動資産の減少と流動負債の増加は営業キャッシュフローを増加させるので，運転資本の増減は営業キャッシュフローの増減と逆の動きをする．そしてセグメントごとの投資キャッシュフローは将来に向けて投資すればマイナスとなり，固定資産を処分して売却価値が付けばプラスになる．

なお，ここまでの営業キャッシュフローと投資キャッシュフローを合算するとフリー・キャッシュフロー（＝税引後営業利益＋減価償却費－運転資本・固定資産への正味投資額）の近似値もセグメント別に把握が可能となり，事業価値に基づいた事業ポートフォリオ戦略を策定するうえでも重要な情報となる．そのためには，これらの情報を見積書形式で数年分作成する必要がある（事業価値算定の手法については上級編を参照のこと）．

最後に会社内の現金振替までを見ると，各セグメントの PPM チャート上の位置づけが，セグメントごとの収益性とキャッシュフロー・バランスに基づく

会計情報で明確に裏付けられていることがわかるであろう．

しかし，これらに加えて財務数値への外部環境要因のインパクトも分析し予測しない限り，実現性のある計画計算書を作成することはできない．PPMに用いられる市場成長率や相対的マーケットシェアなどの実績値や予測値（表－1の売上高欄の下段参照）でさえ，外部情報が必要である．それゆえ従来の管理会計システムの情報作成領域を必要に応じて拡大し，この種のセグメント情報を常に継続的かつ迅速に提供できるシステムの変革を行う必要があろう．

§4　戦略決定のための管理会計システム

近年，M&Aや提携により他社が有する経営資源を導入して，自社の既存事業の強化や多角化，新製品開発，新規分野への参入を図る場合が増大しており，そのための戦略的事業計画の重要性も高まっている．

そうした戦略決定を管理会計の立場から見た場合，戦略策定のための情報システム（図10－3）は，①外部環境調査システム，②経営分析システム，③戦略的事業計画システムの3つのサブシステムから構成され，このうちの②と③が管理会計の情報サブシステムとなることは第1章でも述べた（門田［2001］）．

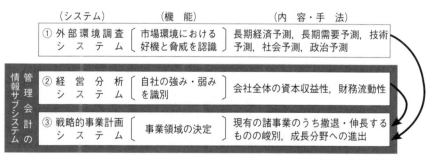

（門田［2001］）による

図10－3　戦略策定のための情報システム

①外部環境調査システムでは，市場環境における好機と脅威を峻別し，好機を認識する．②経営分析システムでは，自社の強みと弱みを識別しコア・コンピタンスを認識する．③戦略的事業計画システムでは，自社の内部的なコア・コンピタンスを外部の好機に当てはめて，現有の諸事業のうち撤退ないしは伸長させるべきものの峻別や成長分野への進出決定など，トップ・マネジメントにとって最も重要な戦略的決定を行う．つまり，撤退，多角化，集中化，新市場開拓，新製品開発など会社の方向や事業領域を決定する問題へのシステマチックなアプローチが戦略的事業計画システムである（第1章参照）．

このうち，経営分析システムと戦略的事業計画の具体化については，前述のPPM手法やセグメント会計情報とともに，企業評価（上級編第9章「企業評価とM＆A」参照）やＥＶＡ®による事業評価といった手法を活用した事業再編や事業領域の拡大に向けた取り組みも必要となる．

以上のプロセスの中では，財務情報とともに非財務的な情報も重要となるが，決定された戦略に基づく企業活動のパフォーマンスの評価には障害もある．たとえば，M＆Aや提携は研究開発や市場シェアの拡大，コスト低減など多目標であり，それらの効果の把握には非数値データの評価が必要となることもあるが，その評価に係る客観性の確保や収集すべきデータの選択などの問題がある．

つまり，戦略策定とその実行の中では，財務・非財務情報，パフォーマンスを合理的に計測し評価することの可否が戦略的事業計画の精度や実効性に影響することに留意することが必要である．

§5 戦略的コスト低減

競争戦略は，競争の発生する基本的な場所である業界において有利な競争的地位を探すことであり，競争優位が実現される場合にはコスト優位にせよ，差別化にせよ，業界平均以上の収益をあげることができる（Porter［1985］）．コスト優位の源泉は，規模の経済性の追求，独自技術，他社より有利な原材料確保など多様であり，業界の構造によって異なるとされている．ただし，コスト優

第10章　戦略的事業計画

位と差別化は択一的な関係ではなく，コスト低減によって競争力を獲得する戦略の場合も，製品が他社よりも優れていなければ競争優位の確保は困難となる．差別化戦略の場合も，他社よりもコスト地位が著しく劣れば，差別化によってもたらされるプレミアムの幅が減少する．また，効率的な工程管理や技術革新によって差別化を追求しながらコスト低減に成功することもある．つまり，競争優位の獲得には低コスト戦略であれ差別化戦略であれ，コスト低減の対象分野や目的は別にしても，コストマネジメントへの視点が不可欠である．

　しかもコスト面への着目は，戦略的事業計画の策定やそのフォローアップに必要なパフォーマンスを測定する上で有益に作用する可能性がある．というのは，競争優位によって得られた収益は，最終的には財務諸表上の業績となって把握されるが，コスト低減を目的とする戦略実行とそれ以外とを比べると，会計利益への反映パターンが異なるからである（鈴木，小倉［2007］）．前者では損益計算書上の費用縮減に結びつく可能性が高い．一方，後者では相当規模の経営資源の追加投入が必要であり，その影響としてコストの増大や利益の減少を経た後に会計利益が改善する形を取りやすく，時間の経過とともに会計利益の改善効果はその他の経営行動の成果と混じり合って希薄化される可能性が高い．

　M&A や提携において，自社の強みと結合対象企業の強みを分析・評価した上で，両者のシナジー効果としてさまざまな低減対象コストに対するコスト低減の効果を出そうとするならば，コスト管理を戦略的に行う必要が生じる．

　そこで，コストマネジメントを価値連鎖の考え方に従い再構築した戦略的コストマネジメント（Shank and Govindarajan［1993］）の概念が図 10 − 4 である．この概念は，戦略的要素がますます意識され，明確にされ，公式化された，広義のコスト分析である．そこでは，コストデータを用いた戦略立案が行われ，価値連鎖分析，戦略的ポジショニング分析，コストドライバー分析の３つから構成される．

165

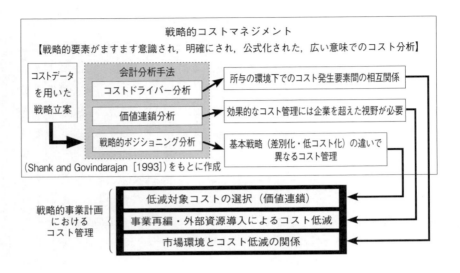

図10−4　戦略的事業計画と戦略的コストマネジメント

　このうち価値連鎖分析については，戦略的コスト管理の枠組では効果的にコストを管理するためには企業を超えた広い視野を持つ必要があり，企業にとっての価値連鎖とは，基本的原材料や素材から最終消費者が手にする製品までの間で行われる価値の創造（付加価値）の関係全体，とされる．コストマネジメントを戦略的レベルで捉える場合，総合的な価値連鎖の重要性を考慮しないと，コスト管理の機会（収益の機会）を逃してしまうので，価値連鎖分析が不可欠であり，かつ，戦略のタイプに応じたコストマネジメントが必要となる．

　戦略的ポジショニング分析は，企業が選択する競争の性格すなわち差別化と低コスト化という２つの基本戦略の違いによって異なるものとなる．コストドライバー分析は，所与の環境でのコスト発生要素間の複雑な相互関係を理解することとされる．

　以上からすれば，戦略的コスト低減では，低減の対象とされるコストの種類と当該コストの価値連鎖上の位置についての立ち入った検討が求められる．

　戦略的ポジショニングとコスト管理については，誰でも買える一般的商品で

第10章　戦略的事業計画

コスト・リーダーシップ戦略をとる企業では目標コストに焦点を当てることが重要となる．逆に，需要が活発で，急速に成長し，変化の早いビジネスで製品差別化戦略をとる企業では，注意深く製造コストを管理することはさほど重要ではない．つまり，異なる戦略の下では異なるコスト管理が必要になる．

　こうした戦略的コストマネジメントの視点は，戦略的事業計画の策定と低減対象たるコストの選択にあたってシステム化された方法を提供するものである．

§6　戦略的事業計画をめぐる課題

　会社を取り巻く環境条件，利用可能な内部および外部資源，利害関係者の状況といった条件によって戦略上重視される価値は相対的なものとなるので，戦略的事業計画も多様性を帯びる．そうした中で，会社の方向を決める問題へのシステマチックなアプローチとしての戦略的事業計画には，戦略決定者にその決定に係る合理性と戦略実行に向けての具体的な指針を与える機能が期待される．

　しかし，合理的な戦略的事業計画を立案し，それに基づく諸活動に懈怠がなくとも，それが好ましいパフォーマンスに結びつくとは限らない．しかも，戦略上重要なパフォーマンスには測定が困難なものや，戦略策定後の環境変化によって重視すべきパフォーマンスそのものが変化することさえある．

　戦略的事業計画を検討する際には，管理会計の諸手法はもとより，さまざまな方法を駆使することによって，パフォーマンスを測定・評価し，次の戦略に活かす仕組みを計画実行のプロセスに内在化させることが重要である．

167

参考文献

アベグレン，J.C.＆ボストン・コンサルティング・グループ編．1977．『〔再成長への挑戦〕ポートフォリオ戦略』プレジデント社．

平岡秀福．2005．『現代の会計と財務諸表分析―基礎と展開―』創成社．

Kotler, P. and Kevin Keller. 2006. *Marketing Management: Analysis, Planning, Implementation, and Control, 12th ed.*, Prentice-Hall.

門田安弘．2001．『管理会計―戦略的ファイナンスと分権的組織管理―』税務経理協会．

岡本清．2000．『原価計算〔六訂版〕』国元書房．

Porter, M.E. 1985. *Competitive Advantage.* The Free Press.（土岐坤・中辻満治・小野寺武夫訳『競争優位の戦略』ダイヤモンド社）

戦略経営協会編．1988．『優良日本企業の実例―ポートフォリオ経営の実際―』HBJ出版局．

鈴木浩三，小倉昇．2007．「M&A と提携が財務業績に及ぼす影響　―コスト低減の視点を交えた企業間関係の効果測定―」，管理会計学，15－2，pp.77－91．

Shank, J. K. and Govindarajan ,V. 1993. *Strategic Cost management: The New Tool for Competitive Advantage*, The Free Press.（種本廣之訳．1995．『戦略的コストマネジメント』日本経済新聞社）

森田道也「減速経済下の市場戦略」『企業会計』1978 年 6 月号．

第 10 章の練習問題

問 10.1　X 社は次の資料に基づき，戦略的事業計画に基づいて 20×9 年度に向けた PPM による各事業の評価を検討中である．

設問

1．各事業の 20×9 年度の売上高成長率と売上高利益率（利益は税引後営業利益とする）を求めよ．1％未満は四捨五入すること．

2．設問 1 の結果を参考に，解答欄にある各事業の 20×9 年度における期末運転資本残高，運転資本増加額，期末有形固定資産残高，設備投資額または除却額，フリーキャッシュフローを求め，各事業の PPM チャート上の位置づけ（花形，金のなる木，負け

第10章　戦略的事業計画

犬，問題児）を明らかにしなさい．なお，評価に当たっては売上高成長率を縦軸，売上高利益率を横軸とする PPM チャートを想定すること．各種回転率と減価償却費は，20×9 年度の目標値が 20×8 年度の実績値と同じであると仮定し，計算の際の分母は期首残高と期末残高の平均を用いること．設備の除却額はすべて簿価で現金回収される．百万円未満は四捨五入すること．

3. 事業間の好ましい資金シフトについてコメントしなさい．

資料 1

SBU	20×7年実績値		20×8年実績値		20×9年予測値		業界全体の市場成長率	業界1位企業の売上高利益率
	売上高	利益	売上高	利益	売上高	利益		
A	50,000	− 500	50,900	− 554	51,000	− 580	2%	5%
B	100,000	800	114,000	1,200	129,960	2,600	13%	3%
C	169,660	8,480	174,750	8,730	180,000	9,000	3%	5%
D	201,160	8,040	224,200	8,970	250,000	10,000	11%	4%

　　　　利益は税引後営業利益　　　　金額の単位は百万円

資料 2

20×8年度末の財務数値	戦略的事業単位			
	A	B	C	D
運転資本回転率（回）	35	40	45	50
有形固定資産回転率（回）	6	8	8	7.5
有形固定資産除却の有無	有	無	無	無
減価償却費（百万円）	260	400	1,000	1,200
運転資本残高（百万円）	1,455	2,900	3,996	4,700
有形固定資産残高（百万円）	8,700	11,500	22,670	28,640

解答欄の表　　　　　　　　　　　　　　　　　　（単位：百万円）

20×9年度	A	B	C	D
期末運転資本残高				
運転資本増加額				
期末有形固定資産残高				
設備投資額または除却額				
フリーキャッシュフロー				
PPM チャート上の位置づけ				

169

問 10. 2　①長期的な経済予測や需要予測，技術動向，②全社的な資本収益性や財務流動性，③事業部や部門の業績の予測や分析は，戦略策定のための情報システムのどの部分に位置付けられ，どのような機能を持つかを述べなさい．

〔平岡秀福（ひらおか・しゅうふく）§1，§2，§3，練習問題　問 10. 1〕
〔鈴木浩三（すずき・こうぞう）§4，§5，§6，練習問題　問 10. 2〕

第11章　EVAと事業評価

§1　本章の目的

　複数の事業を抱える企業にとって，限られた資源をどのような基準で各事業に配分するかは重要な問題である．こうした事業選別の問題は，経営戦略の策定と深くかかわっており，企業が進むべきビジネスそのものの内容を決定することでもある．

　それでは，事業の選別による「事業ポートフォリオ」をどのように構築すればよいのであろうか．古くはボストン・コンサルティング・グループのPPM（Product Portfolio Management）といったツールもあるが，今日では個々の事業価値を株価向上の視点から評価する必要がある．

　そこで本章では，経済的付加価値（economic value added，EVA^{TM}）を用いた事業評価の方法を解説する．EVA^{TM}による事業評価は理論的に株価と直結しているため，これによって事業価値の高い事業を選択することは株価を高め，株主の目的達成に貢献することになる．

　歴史的にみると，EVAはスターン・スチュワート社が開発した比較的新しい評価尺度である．1980年代に米国コカ・コーラ社が導入し，同社の業績を飛躍的に伸ばしたことで有名となった．その後，1990年代に入ると，「株主価値重視の経営」という潮流のなかで，米国の大企業の間に急速に普及した．1990年代後半になると，スターン・スチュワート社は日本に進出し，ソニーや花王がEVAの考え方を導入した．これを契機に，現在ではわが国でも多くの企業がEVAまたはその類似指標を導入している．

171

§2 スターン・スチュワート社のEVA™

2.1 EVA™の計算方法

EVAの概念自体はそれほど目新しいものではなく，昔からある残余利益（residual income）の派生形と考えることができる．残余利益とは，事業部の業績を評価する場合に用いられる利益概念の1つであって，事業部利益から事業部使用資本に対する利子負担額を控除した後の利益を意味する．

スターン・スチュワート社によると，EVAは次のように求められる．

EVA＝NOPAT－資本費用

＝NOPAT－［投下資本×加重平均資本コスト（WACC）］

ここでNOPAT（net operating profit after tax，正味税引後営業利益）は，営業利益からその期に支払う法人税を控除したものにほぼ等しい．より厳密には，損益計算書に記載される営業利益を出発点として，いくつかの修正を加えることでNOPATが算出される．

次に，投下資本は，EVAの計算対象となる事業や組織がその経済活動のために使用している資本の額を表す．具体的には，以下のように示される．

まず，貸借対照表の借方に注目すれば，

投下資本＝正味運転資本＊＋固定資産

＊＝流動資産（売掛金・在庫）－買掛金などの無利子負債

また，貸借対照表の貸方に注目すれば，

投下資本＝短期借入金＋固定負債＋株主資本

となる．これらの関係を図示すると，図11－1のようになる．貸借対照表（左の図）の貸借から無利子負債が相殺消去されて，投下資本を表す図（右の図）が作成されている．

172

第11章　EVAと事業評価

貸借対照表　　　　　　　　　　　　投下資本

流動資産	無利子負債		正味運転資本	短期借入金
	短期借入金			
	固定負債		固定資産	固定負債
固定資産	株主資本			株主資本

図11－1　投下資本の算出

　EVAの計算式における加重平均資本コスト（weighted average cost of capital, WACC）は，次のように計算される．

　　　WACC＝税引前の負債コスト×（1－税率）×負債の比率＋株主資本コスト×株主資本の比率

　ここで負債コストとは，資本の提供者（債権者）が要求する負債の利子率のことである．また，株主資本コストとは，資本の提供者（株主）が要求する期待収益率である．

　［数値例］

　次の(1)から(4)の資料に基づいて，A社のWACCを計算してみよう．

　(1)　A社の財務方針は，株主資本70％，負債30％を維持することである．

　(2)　株主資本コストは，年12％である．

　(3)　負債コストは，税引前で年10％である．

　(4)　税率は40％である．

　WACCは，次の計算から10.2％となる．負債の支払利息は損金算入されるため，税引後の計算では，税引前の負債コスト10％に，（1－税率）をかけていることに注意してほしい．

$$12\% \qquad \times 0.7 = \quad 8.4\%$$
$$10\% \times (1\text{-}0.4) \times 0.3 = \quad \underline{1.8\%}$$
$$\underline{10.2\%}$$

なお，前記の数値例では，株主資本コストは所与であったが，実際にはこれを計算により推計しなければならない．株主資本コストの推計方法として，CAPM法とDCF法がある（杉山［2002］，99頁）．本章では，前者の方法を次節で説明する．

2.2　CAPM法による資本コストの推計

資本資産評価モデル（capital asset pricing model, CAPM）の均衡関係式に基づいて株主資本コストの推計を行う．

次に示すCAPMの均衡関係式では，個別株式 i の期待投資収益率は，安全証券の利子率（risk-free rate）に，この株式のリスクの大きさに応じて市場で決まるリスク・プレミアムを加えたものと定義される．こうして計算された個別株式の期待投資収益率こそが，当該企業の株主が要求する期待収益率，つまり株主資本コストにほかならない．

$$E(R_i) = R_f + \beta_i [E(R_m) - R_f]$$

ここで，$E(R_i)$：個別株式 i の期待投資収益率

R_f：安全証券の利子率

$E(R_m)$：株式市場全体の期待投資収益率

β_i：個別株式 i のベータ

上記の均衡式は「リスクが大きい株式ほど，その株式に対する期待収益率は高くなる」という関係を表している．この式において，「安全証券の利子率」，「個別株式のベータ」，「株式市場全体の期待投資収益率」をインプットとして与えれば，株主資本コストを推計することができる．このうち，個別株式のベータについては，当該企業の過去のベータから推計できる．次の数値例で確認してみよう．

［数値例］

B社が発行する株式 i の投資収益率を R_i，株式市場全体の平均投資収益率を R_m とし，R_i と R_m の過去 5 年間の実績データは表11－1の第1列と第2列のようであったとする．

第11章　EVAと事業評価

表11－1　個別株式のベータの推計

年	(1) R_m (%)	(2) R_i (%)	(3) $R_m \cdot R_i$	(4) R_m^2
1	28.5	17.6	501.6	812.25
2	12.8	8.5	108.8	163.84
3	23.5	27.0	634.5	552.25
4	3.2	12.1	38.72	10.24
5	21.5	19.8	425.7	462.25
合　計	89.5	85.0	1709.32	2000.83
平　均	17.9%	17.0%		

　この時，R_mの変化に対してR_iがどのように変化するかを予測するために，回帰分析を行って，その回帰線（$R_i = a R_m + b$）を求める．最小自乗法（method of least squares）によって，回帰線を求めるためには，次の連立方程式を解けばよい．なお，この式で，Σは合計，nはデータ数を表す．また，この連立方程式は正規方程式と呼ばれる．

$$\begin{cases} \Sigma R_i = a \Sigma R_m + n \cdot b \\ \Sigma R_m R_i = a \Sigma R_m^2 + b \Sigma R_m \end{cases}$$

　表11－1の第3列と第4列の計算を行い，これらの計算結果を正規方程式に代入すれば，次のようになる．

$$\begin{cases} 85.0 = 89.5 a + 5 b \\ 1709.32 = 2000.83 a + 89.5 b \end{cases}$$

　この連立方程式を解けば，$a \fallingdotseq 0.47$，$b \fallingdotseq 8.57$が得られるので，求める回帰線は，

$$R_i = 0.47 R_m + 8.57$$

となる．この回帰線は証券市場線（security market line）と呼ばれ，証券市場線の勾配0.47が株式 i のベータである（次ページの図11－2を参照）．

175

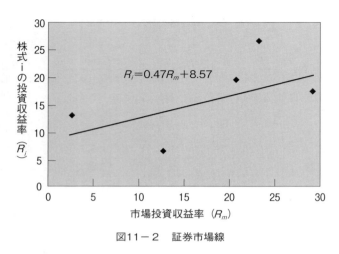

図11-2　証券市場線

ここで，安全証券（国債など）の利子率を5％，株式市場全体の期待投資収益率をR_mの過去5年間の平均と等しいとすれば，B社の株主資本コストは，

$$E(R_i) = 5\% + 0.47 \times (17.9\% - 5\%) \fallingdotseq 11.06\%$$

と計算できる．なお，上記の数値例で使用した，個別株式iの投資収益率R_i，株式市場全体の平均投資収益率R_mに関するデータは，日本証券経済研究所発行の「株式投資収益率2012年」〔CD-ROM（EXCEL版）〕などに所載されている．また，上記の数値例では，簡単化のために過去5年の年次データを用いているが，実際には過去5年の月次データ（60か月分のデータ）を使用することが多いようである．

2.3　EVAの利点

スターン・スチュワート社は，EVAの利点として次の3つをあげている．
(1) 損益計算書と貸借対照表を統合した経営指標である．
　NOPATは損益計算書から，投下資本は貸借対照表から計算される．
(2) 経営者の意思決定によって創造された株主価値を測定できる．
　「経営上の意思決定」と「財務上の意思決定」を分離しており，経営者の意思決定が株主価値創造にどれだけ貢献したかを測定できる．

第11章　EVAと事業評価

(3)　複数の事業部の業績を同一のフレームワークで測定できる．

　各事業部の真の経済的利益を把握することができる．また，事業部の特性に合わせたカスタマイゼーションも可能である．

§3　EVAによる価値創造パフォーマンスの評価

3.1　EVAによるパフォーマンス評価

　前節ではEVAの利点について述べたが，このうちとくに重要なのは，「EVAによる事業評価法が株価と直結しており，経営者の意思決定によって創造された株主価値を測定できる」ことである．

　例えば，ある事業のEVAを求めたとしよう．ここで，

　　EVA＞0ならば，当該事業は価値を創造しているので，これを継続

　　EVA＜0ならば，当該事業は価値を破壊しているので，ここから撤退

となる．

［数値例］

　183ページの表11-3から，2004年3月期の花王の全社的EVAとセグメント別EVAを計算する（同表は井手・高橋［2009, 617頁］の表26-9として所載）．すでに述べたように，花王はわが国においてEVA導入のさきがけとなった企業である．同社は，家庭用製品，工業用製品，化粧品といった3つのセグメントを所有している．

　　　全社的EVA＝NOPAT－投下資本×WACC

　　　　　　　　＝70,571百万円－497,865百万円×0.036≒52,648百万円

　　　家庭用製品事業のEVA＝54,384百万円－310,162百万円×0.036

　　　　　　　　　　　　　≒43,218百万円

　　　工業用製品事業のEVA＝11,746百万円－105,898百万円×0.036

　　　　　　　　　　　　　≒7,934百万円

　　　化粧品事業のEVA＝4,382百万円－18,828百万円×0.036≒3,704百万円

　　ここから，花王のすべての事業でEVA＞0なので，それぞれの事業は価値

177

を創造していることが分かる．したがって，これら3つの事業を今後も継続していくべきであるという示唆を得る．

3.2 EVAスプレッドによるパフォーマンス評価

EVAの計算式を次のように変形する．

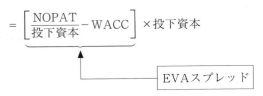

この式で，(NOPAT／投下資本) は投下資本利益率 (return on investment, ROI)，[(NOPAT／投下資本) － WACC] はEVAスプレッドと呼ばれる．

EVAは金額表示されるため，事業規模が大きいほどその額も大きくなる．例えば，表11－2の2つの事業を比較してみよう．事業Aと事業Bの規模の差によって，EVAの金額は事業Aのほうが大きい．その一方で，パフォーマンスを「率」で表現したROIは事業Bのほうが高い．

表11－2　規模の異なる2つの事業

(単位：億円)

		事業A	事業B
(1)	NOPAT	1,000	200
(2)	投下資本	5,000	800
(3)	WACC	5％	5％
(4)	資本費用 [(2)×(3)]	250	40
(5)	EVA [(1)－(4)]	750	160
(6)	ROI [(1)÷(2)]	20％	25％
(7)	EVAスプレッド [(6)－(3)]	15％	20％

第11章　EVAと事業評価

　前項では，EVAによって価値創造パフォーマンスの評価を行ったが，EVAスプレッドによっても事業価値の評価を行うことができる．ある事業のEVAスプレッドを求めたとしよう．ここで，

　　　EVAスプレッド＞０ならば，当該事業は価値を創造しているので，これを継続

　　　EVAスプレッド＜０ならば，当該事業は価値を破壊しているので，ここから撤退

となる．

［数値例］

　183ページの表11－3から2004年3月期の花王のEVAスプレッド（表11－3では，EVASと表記）を計算する．

$$\text{全社的EVAスプレッド} = \frac{\text{NOPAT}}{\text{投下資本}} - \text{WACC}$$

$$= [(70{,}571\text{百万円}／497{,}865\text{百万円}) \times 100]\% - 3.6\% \fallingdotseq 10.6\%$$

家庭用製品事業のEVAスプレッド $= [(54{,}384\text{百万円}／310{,}162\text{百万円}) \times 100]\% - 3.6\% \fallingdotseq 13.9\%$

工業用製品事業のEVAスプレッド $= [(11{,}746\text{百万円}／105{,}898\text{百万円}) \times 100]\% - 3.6\% \fallingdotseq 7.5\%$

化粧品事業のEVAスプレッド $= [(4{,}382\text{百万円}／18{,}828\text{百万円}) \times 100]\% - 3.6\% \fallingdotseq 19.7\%$

ここから，花王のすべての事業でEVAスプレッド＞０なので，これら3つの事業を今後も継続していくべきであるという示唆を得る．

　また，3つの事業部のうち，EVAの創出に「金額」的にもっとも貢献しているのは家庭用製品事業部であり，規模は小さいものの，もっとも効率的にEVAを創出しているのは，2000年に新規参入した化粧品事業部である．

3.3　EVAスプレッドによるパフォーマンス評価

　前項で述べたように，「ある事業のEVAスプレッドがプラスならば，この事

179

業を継続し，それがマイナスならば，この事業から撤退する」という判断がなされる．これはEVAスプレッドがプラスの時のみEVAの増大が可能となるからである．

それでは，EVAスプレッドをプラスにし，EVAを向上させるにはどのようにすればよいのであろうか．一般にEVAを向上させる方法には，次に述べる3つがある．

① 投下資本に変化がない場合における収益性・資本効率の改善

投下資本に変化がない場合，EVAを向上させるためには，178ページのEVAの計算式において，投下資本利益率［（NOPAT／投下資本）］を増大させるか，WACCを低下させるかである．

前述したように，WACCは負債コストと株主資本コストから計算される．このうち負債コストは，企業体質の強化などにより低下させることができるかもしれないが，とりあえずWACCについては，企業努力の範囲外と考えることにしよう．

残る投下資本利益率であるが，これを増大させるためには，収益性または資本効率を改善しなければならない．次の式では，投下資本利益率をNOPATマージンと投下資本回転率に分解している．

$$\text{投下資本利益率} = \frac{\text{NOPAT}}{\text{投下資本}} = \underbrace{\frac{\text{NOPAT}}{\text{売上高}}}_{\text{NOPATマージン}} \times \underbrace{\frac{\text{売上高}}{\text{投下資本}}}_{\text{投下資本回転率}}$$

この式から，投下資本利益率を増大させるには，(1)収益性を示すNOPATマージンを増加させるか，(2)資本効率を示す投下資本回転率を増加させるか，である．前者は，たとえば，コスト削減（在庫の効率的管理，不良品率の改善，部品点数の削減など）による収益性の改善によってもたらされる．後者については，投下資本が所与なので，同じ資産ベースで生産性を向上させる施策を講じればよいだろう．

180

第11章　EVAと事業評価

②　高付加価値投資の実施

投下資本利益率がWACCを上回る事業に新たに投資することでEVAは増加する．次の数値例を考えてみよう．

［数値例］

C社の昨年度の実績は次のとおりである．

NOPAT　　　　75億円

投下資本　　　　500億円

WACC　　　　10％

この時，投下資本利益率，EVA，EVAスプレッドを計算すると次のようになる．

$$投下資本利益率 = \frac{75億円}{500億円} \times 100 = 15\%$$

$$EVA = 75億円 - 500億円 \times 0.1 = 25億円$$

$$EVAスプレッド = 15\% - 10\% = 5\%$$

ここで，新たに12％の投下資本利益率をもたらす事業に250億円の投資を実施すれば，EVAの増加額は次のように計算できる（この事業はWACCを上回る投下資本利益率をもつことに注意してほしい）．

$$EVAの増加額 = 250億円 \times (0.12 - 0.1) = 5億円$$

なお，この事業への投資を実施することで，C社の投下資本利益率は，15％から14％に低下する．新たなC社の投下資本利益率は次のように計算できる．

$$投下資本利益率 = \frac{75億円 + 250億円 \times 0.12}{500億円 + 250億円} \times 100 = 14\%$$

企業にとって重要なのは，EVAの絶対額をいかに増大させるかである．したがって，この例のように，たとえ投下資本利益率が低下しても，プラスのEVAがもたらされる限り，この事業への投資を実施すべきである．

③　整理回収

投下資本利益率がWACCを下回る事業から撤退することでEVAは増加する．前述のC社において，現在の投下資本500億円のうち，100億円は5％の投

181

下資本利益率を計上し，残りの400億円は17.5％の投下資本利益率を計上しているとしよう．この時，5％の投下資本利益率しか計上していない事業から撤退すると，新たなEVAは次のように計算できる．

EVA＝400億円×(0.175－0.1)＝30億円

以上のことから，不振事業から撤退することにより，C社のEVAは25億円から30億円へ5億円増加することが分かる．

§4　EVAを用いた事業評価

本章の冒頭で述べたように，自社の事業ポートフォリオをどのように構築し，市場のニーズや競争環境の変化に応じて，それをいかに組み替えていくかは重要な課題である．本節では，わが国においていち早くEVAを導入した花王の事例をみていく．

すでにみたように，EVAを推計するためには，インプットとしてNOPAT，投下資本，WACCが必要となる．数年前から義務づけられたセグメント情報の開示によって，セグメント別のNOPATと投下資本を計算できるようになった．そこで，「各セグメントのWACCは同一である」という仮定のもとで，花王のセグメント別のEVAとEVAスプレッドを計算すると，表11－3のようになる．

この表から，花王の「EVAによる事業評価」のポイントを要約すれば，次のようである（井手・高橋［2009］，617～618頁）．

・　2000年3月期から2004年3月期にかけて，EVAは319億円から528億円へと着実に増加した．また，2000年に新規参入した化粧品事業を含めて3つの事業セグメントが存在するが，すべてのセグメントのEVAが一貫してプラスで，なおかつそのトレンドも増加基調である．

・　2000年3月期から2004年3月期にかけて，EVAスプレッドは6.2％から10.7％へと顕著に高まった．3つのセグメントのEVAスプレッドも同様に上昇を続けた．

第11章　EVAと事業評価

・　投下資本額をみると，全社合計でこの５年間は5,000億円前後でほぼ一定
　　している．セグメント別にみても，新規に参入した化粧品事業も含めて，投
　　下資本額はおおむね安定している．
　　　このように花王では，すべてのセグメントについて，新規追加投資をする
　　ことなくEVAが着実に増加しており，これまでの投資の果実を刈り取る成
　　熟段階に入りつつあるといえる．現時点での花王の課題は次世代を担う有望
　　な事業をどのように発掘し，それに投資していくかである．

表11－3　花王のセグメント別EVA

決算期	セグメント名	EVA (百万円)	NOPAT (百万円)	資本費用 (百万円)	EVA S (％)	ROI (％)	WACC (％)	投下資本 (百万円)
2000年 3月期	連結合計	31,921	61,076	29,155	6.2	11.9	5.7	499,059
	家庭用製品事業	36,441	52,204	15,763	13.2	18.9	5.7	269,825
	工業用製品事業	2,168	6,782	4,614	2.7	8.4	5.7	78,981
	化粧品事業	370	1,447	1,076	2.0	7.7	5.7	18,424
	消去または全社	△7,059	642	7,701	△5.2	0.5	5.7	131,829
2001年 3月期	連結合計	37,070	64,388	27,318	7.0	12.2	5.2	556,243
	家庭用製品事業	36,224	51,508	15,285	12.3	17.4	5.2	311,225
	工業用製品事業	5,543	10,673	5,130	5.6	10.8	5.2	104,462
	化粧品事業	767	1,710	943	4.2	9.4	5.2	19,196
	消去または全社	△5,464	496	5,960	△4.7	0.4	5.2	121,360
2002年 3月期	連結合計	39,935	64,387	24,451	7.3	11.7	4.4	543,162
	家庭用製品事業	37,703	51,534	13,831	12.1	16.6	4.4	307,246
	工業用製品事業	5,177	10,131	4,954	4.6	9.1	4.4	110,052
	化粧品事業	1,914	2,775	861	9.9	14.3	4.4	19,125
	消去または全社	△4,860	△55	4,805	△4.5	△0.1	4.4	106,739
2003年 3月期	連結合計	45,060	67,572	22,511	8.7	13.1	4.4	490,345
	家庭用製品事業	38,449	53,178	14,729	11.4	15.7	4.4	320,826
	工業用製品事業	5,902	10,683	4,782	5.4	9.7	4.4	104,153
	化粧品事業	2,287	3,105	818	12.2	16.5	4.4	17,813
	消去または全社	△1,578	605	2,183	△3.1	1.2	4.4	47,552
2004年 3月期	連結合計	52,757	70,571	17,814	10.7	14.3	3.6	497,865
	家庭用製品事業	43,286	54,384	11,098	14.1	17.7	3.6	310,162
	工業用製品事業	7,957	11,746	3,789	7.6	11.2	3.6	105,898
	化粧品事業	3,709	4,382	674	19.8	23.5	3.6	18,828
	消去または全社	△2,196	57	2,253	△3.5	0.1	3.6	62,978

（出所）井手・高橋［2009］，617頁，表26－9

参考文献

井手正介, 高橋文郎. 2009. 『ビジネス・ゼミナール　経営財務入門　第４版』日本経済新聞社.

櫻井通晴. 2002. 『企業価値を創造する３つのツール　EVA・ABC・BSC』中央経済社.

Stern, J. M., J. S. Shiely and I. Ross. 2001. *The EVA Challenge —Implementing Value-Added Change in an Organization—*, Wiley. (伊藤邦雄訳　2002. 『EVA価値創造への企業変革』日本経済新聞社)

スターン・スチュワート社. 2001. 『EVAによる価値創造経営—その理論と実際—』ダイヤモンド社.

Stewart, G. B.Ⅲ. 1991. *The Quest for Value　—The EVA TM Management Guide—*, Harper Collins Publishes. (日興リサーチセンター／川田　剛・長掛良介・須藤亜里訳　1998. 『EVA創造の経営』東洋経済新報社)

杉山善浩. 2002. 『投資効率を高める資本予算』中央経済社.

津森信也. 2001. 『EVA価値創造経営』中央経済社.

第11章の練習問題

問11.1　D社が発行する株式の投資収益率（R_i）と株式市場全体の平均投資収益率（R_m）について，過去４年間の実績データは次のとおりである.

年	R_m	R_i
X1	10%	14%
X2	5%	12%
X3	15%	24%
X4	20%	27%

安全証券の利子率は５％である. また，株式市場全体の期待投資収益率は，過去４年間の株式市場全体の平均投資収益率と等しいとする. この時CAPM法によって，D社の株主資本コストを求めなさい.

問11.2　加重平均資本コスト（WACC）はどのようにして求められるか. 一般的な数式で表しなさい.

第11章　EVAと事業評価

問11.3　E社の昨年度の実績は次のとおりである．次の各設問に答えなさい．なお，
比率計算で端数が生じる場合は，小数点以下第2位で四捨五入しなさい．
NOPAT　100億円，投下資本　500億円，加重平均資本コスト　10%

設問

1．投下資本利益率，EVA，EVAスプレッドを計算しなさい．

2．15%の投下資本利益率をもたらす新規事業に200億円の投資を実施する．こ
の時，EVAはどのように変化しますか．また，投下資本利益率はどのように
変化しますか．

3．現在の投下資本500億円のうち，200億円は5%の投下資本利益率を計上
し，残りの300億円は30%の投下資本利益率を計上している．この時，5%の
投下資本利益率しか計上していない事業から撤退すると，EVAはどのように
変化しますか．

問11.4　業績の判断や改善のための指標としてEVAを導入している日本企業は，本
章の冒頭で述べたソニーや花王を含めていくつかある．これらの企業をインタ
ビュー調査し，各社におけるEVA導入の意義と今後の課題を明らかにしなさい．

〔杉山善浩（すぎやま・よしひろ）〕

第12章　バランスト・スコアカード

§1　バランスト・スコアカードの意義

　戦略的事業計画において策定された戦略目標を実現するためには，組織構成員の行動を戦略実行へ方向づけ，その達成へと動機づけるためのメカニズムが必要である．バランスト・スコアカード（balanced scorecard, 以下BSC）は，このような必要性に応えるために，1990年代の米国においてキャプラン（R. S. Kaplan）とノートン（D. P. Norton）によって提唱された手法である．BSCは戦略自体を策定するための手法ではなく，戦略から業績までを計量的に明示した表である．次の図12－1と図12－2はBSCの基本モデルを示している．

　ここで大切なことは，BSCにおいて，トップ・マネジメントが表明する経営のビジョンや企業戦略を所与として，戦略目標実現のための重要成功要因が

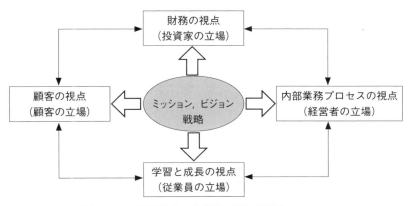

図12－1　BSCの４つの視点—基本モデル—

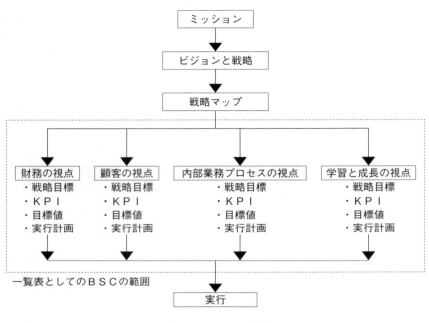

図12−2　BSCの概要

明示され，それらが業務管理へと結びつけられる，ということである．BSCは，次節で説明する4つの視点について，戦略目標，業績尺度，目標値，そして実行計画を明示する．ここにBSCの戦略明確化機能がある．

キャプランとノートンの積極的な普及の努力により，米国では，投資利益率やEVA®に代表される財務的な業績指標だけを偏重するという経営姿勢から脱却するためのツールとしてBSCが注目され，今では世界の多数の企業がこれを活用している．

§2　バランスト・スコアカードの4つの視点

2.1　財務の視点

BSCは，当初，4つの視点からなる多元的な業績評価システムとして提唱さ

第12章　バランスト・スコアカード

れた．前掲の図12－1が示しているように，4つの視点の第1が財務の視点である．

　この視点は株主の立場を代弁するものであり，企業が財務的に成功するために株主に対して何をなすべきかを表す．投資家から選ばれる企業であるためには，この視点を欠かすことができない．財務的な尺度は過去の活動の経済的な成果を要約するので，戦略は最終的に財務的な尺度に集約される．伝統的な会計情報システムが提供する情報はこのような財務の視点に位置づけられる．

　次の表12－1は財務の視点に関する戦略目標や業績尺度／指標を例示している．

表12－1　財務の視点

戦略目標の例	業績尺度／指標の例
株主価値の向上	売上高成長率，経常利益成長率
市場における位置の向上	投資利益率(ROI)
持続的成長	株主資本利益率(ROE)
収益性の向上	株主資本（自己資本）比率
新製品やサービスの組合わせ	売上高総利益率
原価低減	売上高経常利益率，売上高販管費率
原価構造の改善	売上高，各種利益
生産性の向上	EVA®，MVA，企業価値
資産の有効活用	従業員1人当たり売上高
投資戦略	人件費1円当たり売上高
	オペレーティング・キャッシュ・フロー
	フリー・キャッシュ・フロー（FCC）
	総資本回転期間，売掛債権回転期間
	棚卸資産回転期間

2．2　顧客の視点

　この視点は企業外部の視点であり，戦略を実現し財務的に成功を収めるために顧客に対して何をなすべきかを表す．顧客に選ばれ支持される企業であるためには，顧客の視点からの戦略遂行が不可欠である．

189

顕在的および潜在的な顧客の満足を獲得するために，企業は顧客と市場のセグメントを識別し，目標としているセグメントにおける事業単位の業績を測定する必要がある．次の表12－2は顧客の視点に関する戦略目標や業績尺度／指標を例示している．

表12－2　顧客の視点

戦略目標の例	業績尺度／指標の例
顧客数の増加	顧客満足度調査の結果
顧客満足度の向上	定時配送，短い納期
顧客1人当たりの年間売上高の増加	目標とした市場セグメントの市場占有率
リピート購買率（既存顧客のロイヤルティ）の向上	価格指標，返品率
新規顧客の開拓	新規顧客の獲得数
顧客収益性の向上	クレーム発生件数
	顧客1人当たりの年間売上高
	リピート購買率
	関連商品・サービス売上高
	顧客紹介数
	ブランド・エクイティ

2.3　内部業務プロセス（内部ビジネス・プロセス）の視点

　この視点は企業内部の視点であり，業務効率化に努力する経営者の立場を代弁するものである．顧客満足に最大の影響を与え，企業の財務目標を達成するためにどの内部業務プロセスにおいて優れているべきかについて，その目標と尺度を明確化する．そのことにより，達成すべき財務的業績尺度と顧客満足に有用な業務プロセスを企画し，実現することができる．

　競争優位を持続的に構築するためには，革新，業務の卓越性，顧客親密度のいずれかに集中的に取り組む必要がある．次頁の表12－3は内部業務プロセスの視点に関する戦略目標や業績尺度／指標を例示している．

第12章　バランスト・スコアカード

表12−3　内部業務プロセスの視点

戦略目標の例	業績尺度／指標の例
革新（製品の革新性） ①　品質 ②　スピード	新製品の上市件数，新製品売上高比率 新製品開発期間，新製品損益分岐点期間 開発効率
業務の卓越性 ①　コスト ②　スピード ③　品質	需要予測の精度，売上高物流費 単位当たり製造原価，製造原価率 製品在庫回転期間，原材料在庫回転期間 サプライチェーン・リード・タイム 生産リード・タイム キャッシュ・コンバージョン・サイクル 定番品配荷率 歩留り率，不良品発生率，検品率
顧客親密度	クレーム対応時間，顧客対応時間 納期回答時間，接客スピード，提案回数 顧客希望納期遵守率

2.4　学習と成長の視点

　この視点も企業内部の視点であり，従業員を念頭に置いている．従業員に支持される企業であるためにも，この視点は無視できない．財務の視点，顧客の視点における目標を達成するために業務プロセスを改善あるいは再構築する従業員の能力（変化と改善のできる能力）を開発・維持することが目標とされる．次頁の表12−4は学習と成長の視点に関する戦略目標や業績尺度／指標を例示している．

表12－4　学習と成長の視点

戦略目標の例	業績尺度／指標の例
従業員の意識	従業員定着率，離職率 社内改革提案件数 従業員満足度
能力の開発	能力向上率，従業員1人当たり研修時間 特定の視覚の取得率，従業員教育の数 従業員1人当たり研修費 総労働時間に占める研修実施時間の割合
ナレッジ・マネジメント	特許取得数，資格保有率 生産性向上率 資料作成に要する時間
製品開発能力の向上	製品開発領域の従業員1人当たり研修受講期間 開発部門の従業員訓練費用
営業能力の革新	販売・サービスの仕組みの改革に関する提案数

　優れた業績は従業員のスキルが高くなければ達成できない．長期的な企業の成長は，組織を構成する人，システム，手続きの改善が不可欠である．

　以上のようなBSCを用いた経営を行っているわが国企業の事例としては，たとえばキリングループがある．キリンホールディングスを純粋持株会社とする同グループは，グループ中期経営計画（2007-2009年）―ＫＶ2015ステージ1―に関して，その目標（連結到達目標：売上（酒税込み）3兆円および売上利益率10％以上，海外比率：売上高（酒税抜き）および利益約30％）達成のための社内管理の仕組みとして，事業投資基準としてのEVA®とグループ・マネジメント・システムとしてのBSCを活用している．キリンはBSCを用いることで，株主，顧客，従業員，企業を取り巻くステークホルダーの視点で経営管理を行い，戦略の連鎖・連携を強化し，目標へのコミットメントならびにプロセス管理を重視している．特に，プロセスの視点では，「地域でのコミュニケーション」「楽しさの程度」「次世代育成と生態系保全」「お客様の声の反映」「本社発進の充

第12章　バランスト・スコアカード

実」という5つのテーマを掲げ，コミュニケーションと事業をつくる取り組み
という2つのスタンスに分けて合計15の指標を設定している．

§3　バランスト・スコアカード作成の基本的ステップ

BSCは，以下のようなステップによって作成され，運用される．

① 　ビジョンと戦略の策定とその明確化：理想とする企業の将来像を策定
　　し，自社の環境と状況を認識，分析して，ビジョンを実現するための具体
　　的なガイドラインを作成する．ビジョンと戦略の共有化は戦略的経営の
　　遂行にとって重要な課題である．ここにBSCの戦略伝達・共有化機能があ
　　る．

② 　戦略目標の設定：ビジョンと戦略を実現するための目標を，4つの視点
　　から設定する．誰もが理解できる具体的な戦略目標を展開する．上記①と
　　この②のステップは戦略マップ（詳細は後述）として図式化される．

③ 　重要成功要因（critical success factors, CSF）：戦略目標を達成するための
　　主要な成功要因を探索し，選択・決定する．

④ 　業績評価尺度の設定：戦略目標の達成度を測定，評価するための尺度あ
　　るいは指標を，主要業績評価指標（key performance indicators, KPI）として
　　決定する．

⑤ 　目標値の設定：各評価尺度について，具体的な目標数値を定める．

⑥ 　戦略プログラムの作成：ビジョンと戦略を実現するためのシナリオを，
　　実施項目としてのアクション・プラン（実行計画）として作成する．活動
　　を方向づけるための計画案である．それは，誰もが理解できるように具体
　　的な施策として作成されねばならない．

⑦ 　BSCの運用：BSCに基づいて経営活動を実行する．

⑧ 　バランスのとれた業績の評価：戦略と実行計画を業績にリンクさせて，
　　4つの視点から業績を評価する．戦略の達成度がバランスよく定量的に評
　　価され，経営のモニタリングが行われる．ビジョンと戦略を実現するため

193

の具体的な施策としての実行計画は，その施策に対応した業績評価尺度に基づいて評価される.

⑨　アクション（結果の分析とフィードバックに基づく）：モニタリングの結果から，継続的な経営の改善が実現される．業績評価の結果に基づき，戦略実行のために一種の仮説として作成されたBSCを見直すことにより仮説を検証するのである．戦略へのフィードバックと組織的な学習がBSCによって促進される.

このような諸ステップは，手続きだけを見るかぎりにおいて，わが国企業における方針管理と非常に類似している.

以上の手順により作成されるBSCの雛型を以下に例示しておく.

表12−5　BSCの雛型（例）

	戦略目標	CSF	KPI	目標値	実行計画
財務	売上高の増大	販売量の拡大	既存品売上高	50億円	販売員の増強
			新規製品売上高	25億円	8品目の新製品を市場に投入
	収益性の向上	資産効率の向上	資本利益率	10%	売上の増加と在庫の削減
顧客	顧客満足の向上	顧客ニーズに合った製品・サービスの提供	苦情処理回数	20％以上の削減	顧客訪問回数の増加と対面時間の増大
	新製品の浸透	市場への迅速な投入	売上高に占める新製品売上高の割合	33%	顧客ニーズの変化に合わせた新製品の迅速な投入
内部業務プロセス	新製品の開発	迅速な製品化	新製品の開発件数	8件	商品開発のための研究開発機能の強化
	教育・訓練システムの実施	従業員の教育・訓練システムの作成とその実施	システム検討会議の実施回数	12回	毎月教育・訓練内容の見直し等の検討
			顧客満足の不足による解約率の低減	10％以上の低減	顧客対応方法の検討と個々人の対応能力の向上
	生産性の向上	生産環境の整備	工程の仕損率の向上	10％以上の低減	ムダ，ムリ，ムラの削減による生産性の向上
	新規取引先の獲得	訪問によるアプローチ回数の増加	訪問回数	600回	未開拓地域への参入
			訪問数に対する受注率	50%	自社引合い件数の増大
学習と成長	人材の採用	面接回数の増加	面接回数	400回	面接体制の強化
	従業員の育成	専門知識の向上	講習会の回数	12回	毎月，専門的知識の獲得を目的として講習会を実施
			従業員の資格取得件数	200件	研修の質の向上
	能力のある従業員の保持	従業員満足の向上	離職率	10%以下	報酬制度の改善

第12章　バランスト・スコアカード

　表12－5はBSCの具体的な例であるが，現実には，これら4つの視点に限定される必要はない．たとえばリコー㈱のように，環境保全のような視点を追加しても，BSCの本来の目的や機能は十分に生かされている．また，企業全体のBSCだけではなく，組織の各階層に応じて，たとえばSBUのような下位組織単位ごとにBSCを作成することもできる．

§4　バランスト・スコアカードの機能

4.1　業績測定システム

　当初，BSCは企業の戦略的な諸目標がいかに達成されたかを評価するための用具として展開された．多様な業績評価指標を総合的に明確化することにその最大の特徴がある．前掲の図12－1および図12－2が示しているように，BSCは，財務的な視点に加え，顧客の視点，内部業務プロセスの視点，学習と成長の視点，という4つの視点から業績評価を行う．

　ミッション，ビジョンと戦略を中心に置いて，戦略目標を設定し，それらを組織構成員に提示することで，戦略目標を達成するために必要な行動を彼らがとるよう影響を与えるであろうと，BSCは仮定している．このような仮定に基づけば，BSCは，経営管理者が多くの相互関連性を明確に理解するのに役立ち，結果として意思決定や問題解決の向上に貢献し，企業を未来志向的にするはずである．

　このように，当初BSCは，さまざまな事業戦略や事業目標を具体化し，それらを確実に実行し，その結果をフィードバックするための，新しい業績評価システムとして提唱された．

4.2　戦略的マネジメント・システム

　今日，BSCは単なる多元的な新しい業績評価システムとして理解されるべきではない．BSCは，経営戦略の具現化（中長期的な戦略を具体的な行動計画へとブレークダウンする際に，戦略との連動性をより明確かつ強固に示す）だけではなく，

195

長期的に戦略を遂行するためのマネジメント・システムとしても機能する．すなわち，BSCは次のような４つのステップからなる戦略遂行のためのマネジメント・システム，すなわち戦略的マネジメント・システムであると理解される必要がある．ここにBSCの戦略実行のコントロール・システムとしての機能がある．

① ビジョンおよび戦略の明確化と各種指標への変換：４つの視点から戦略目標を設定し，その達成度を測定するための業績尺度を設定する．

② 戦略目標と業績尺度の周知とそれらの結合：全組織構成員に戦略を遂行するために達成しなければならない目標（現場レベルでのより具体的な目標へと変換されたもの）を知らせる．

③ 計画，目標値の設定，実施項目のそれぞれの方向性を同一方向へと調整：戦略を遂行するための第一歩として具体的な到達目標を設定し，そのための施策を論理的に明確化する．

④ 戦略のフィードバックおよび学習能力の強化：戦略へのフィードバックを行い，その情報に基づいて戦略自体の再検討（戦略の修正と改定）を行うことにより，BSCを戦略的な組織学習のフレームワークへと組み込む．この点において，BSCは戦略実行のフィードバックを通じた組織学習の促進機能がある．

４．３　組織変革の枠組み

また，上記のような戦略的マネジメント・システムとしてのBSCは，トップ・マネジメントが策定した戦略を実現するための具体的な計画を設定し，それらに基づいてコーチすることにより，組織全体をより戦略志向的にするための枠組みを提供することになる．すなわち，BSCは，企業のミッション，ビジョンと戦略に基づいて，製品，業務プロセス，顧客，市場，そして企業組織に変革をもたらす新しい戦略的マネジメント・システムである．

BSCに取り入れられた新しい経営指標を活用することにより，企業改革を促進することが最終的に意図されている．現代のBSCは，次の５つのステップか

らなる組織変革の枠組みを提供するツールとして理解される必要がある.

① 戦略を実行可能な業務上の指標・業績尺度に翻訳する.

② 全体としての組織, そして各組織単位の方向性を戦略へと一致させる.

③ 戦略を全組織構成員の日常的なものへと具体化する.

④ 戦略を継続的なものにする.

⑤ 経営トップのリーダーシップにより各種の変革を始動する.

これら5つは戦略志向の組織へと変革するためには不可欠であり, 戦略を実現するための資源の集中と方向づけにとっても不可欠である. このようなものとしてのBSCは, 今日では, 短期利益計画や予算管理と接合することによって, 企業の将来価値の創造を支援する枠組みとして役立つことが期待されている.

§5　バランスの意味とバランスト・スコアカードの活用

5.1　「バランス」の意味

業績評価システムとしてのBSCでは, 「バランス」は次の意味であった.

① 財務的尺度と非財務的尺度とのバランス

② 外部的な評価尺度と内部的な評価尺度とのバランス

③ 短期な評価尺度と中長期的な評価尺度とのバランス

④ 遅行指標としての成果尺度 (結果) と先行指標としての先行尺度 (要因) とのバランス

しかし, すでに述べたように, 現在ではBSCは単なる業績測定のためのシステムではなく, 経営管理の中核をなすシステムへと発展し, 戦略的マネジメント・システムとして理解されている. そのようなBSCにおける「バランス」は, 先の①〜④の意味だけでなく, 次のような意味が新たに加わる.

⑤ ステークホルダー (株主, 顧客, 経営者, 従業員) 間のバランス

⑥ 時系列間 (過去・現在・未来) でのバランス

⑦ 組織 (戦略事業単位, SBU) 間でのバランス

197

⑧　戦略と実行活動とのバランス

5.2　バランスト・スコアカードの活用

BSCは，次のような目的のために活用可能である．

①　業績評価制度の導入：明確な指標・尺度によって計量的に業績を評価する．戦略との連動，多面的な評価の枠組みを提供する．企業の業績を全社的な視点から総合的に表示する．総合的評価を戦略的な立場から可視化する．

②　戦略情報の多元的な視点からの把握（ステークホルダーズ・アプローチによる戦略的マネジメント・コントロール）：主要なステークホルダーの利害，組織の役割等のバランスを把握した上で戦略を策定する．

③　戦略に関するコミュニケーション：戦略に関するコミュニケーションを促進する．ビジョンや経営方針を理解しやすい言葉に置き換えて，戦略を伝達する．

④　確実な戦略の実行と経営品質の改善：戦略およびKPIを明確にした上で，それらを組織全体へと浸透させる．中長期の戦略を効果的に実現するために，仮説検証のサイクルを明確にする．組織を戦略に方向づけ，戦略実行を支援する．

⑤　ナレッジ・マネジメントのための知的資本の評価

⑥　IT（情報技術）投資効果の測定

⑦　IR（investors relations）（株主や投資家向けの広報）における情報開示内容の充実

以上のように，BSCは多様な目的のために活用することができる．わが国企業の経営環境に即した導入のあり方やその意義を検討することにより，BSCの利用目的が決まる．すなわち，組織の課題とBSCの導入目的との関連において，どのような利用目的を考えるのかが問われることになる．BSCを効果的に活用することで，米国企業が実現した以上の成功をわが国においても収めることができるであろう．その際，特に戦略の実行と関連した成果連動型の業績評

第12章　バランスト・スコアカード

価システムを，従来の目標管理のより効果的な運用形態としてBSCの導入を通
して検討する必要がある．

§6　戦略マップ―4つの視点の因果関係―

6.1　業績ドライバーと業績尺度

　BSCでは，事後的な結果を測定する業績尺度／指標だけではなく，その業績
を生み出す要因として，業務遂行の原動力となる業績ドライバーが設定され
る．結果のみを追求するのではなく，その結果に至るまでのプロセスを見るた
めに業績ドライバーが把握され，そうすることで，業務活動そのものまでもが
管理の対象となる．業績尺度は事後的に測定された指標（すなわち，事後指標）
であり，業績ドライバーは業務活動を遂行する上での先行指標である．次の表
12-6は両者の関係を例示したものである．

表12-6　業績尺度と業績ドライバー

視　　点	先行指標（業績ドライバー）	事後指標（業績尺度）
学習と成長	資格取得目的受講者数 技術データベースへのアクセス 件数	有資格技術者数 技術情報データベースの活用度
内部業務プロセス	商品開発取組みテーマ件数 設計手直し発生件数	年間の新商品発売点数 商品開発に要した期間
顧　　客	新規顧客開拓商談実施件数 既存顧客の取引商品点数	新規顧客開拓成功件数 既存顧客内での市場占有率
財　　務	既存顧客の売上高成長率 新規顧客の売上高構成比	売上高の成長率

6.2　視点間の因果関係

　さらにBSCでは，4つの視点の間に次のような関係が想定されている．すな
わち，《①学習と成長の視点⇒②内部業務プロセスの視点⇒③顧客の視点⇒④
財務の視点》という連鎖である．

　財務の視点は最終的な全体業績の結果を示し，それ以外の3つの視点は，い

199

わば，結果を獲得するための原因，すなわち具体的な活動の指針となるべきものを表している．これをもう少し具体的に説明すると，①の「学習と成長の視点」で「商品開発の基盤整備」が検討されれば，次に②の「内部業務プロセスの視点」では「新商品の継続的な市場への導入」が具体化されることになる．

さらにこれを受けて，③の「顧客の視点」では「新商品による顧客の獲得とそれによる市場占有率の向上」が目指される．そして，これら一連の努力の結果として，④の「財務の視点」では「新商品売上高が寄与した売上高の成長率」が金額として明確にとらえられる．

このように，BSCは，戦略目標を実現するための方策とその手段を明確にし，それらすべてを何らかの形で計量化し，金額あるいは指数として表す．

6.3　戦略マップ

BSCが想定する因果関係の連鎖を前提として，戦略マップが構成される．戦略マップとは，事業の戦略目標と，その目標達成のためのさまざまな実施項目や活動計画との関係を図示したものである．したがって，戦略マップは，BSCの各視点やKPIがどのように関連し合って戦略目標とつながっているのかを，論理的な筋道として明示している．

戦略マップの機能は，戦略のロジックを明示して，組織の全構成員がそのロジックに沿って行動をとるよう彼らにトップ・マネジメントの意思を伝達することである．戦略マップはBSCよりも明確に，以下のような因果連鎖を示す．すなわち，戦略マップは，4つの視点の間での因果連鎖だけでなく，それらをまたがって，戦略目標，業績尺度，目標値，実施項目の間に，それぞれ因果関係を示す．

すでに述べたように，4つの視点はそれぞれ独立して存在するものではない。戦略マップは各種の業績尺度を戦略遂行に関する一連の因果連鎖の中でとらえる．戦略目標達成のためにそれらを有機的に結合させることにより，戦略のロジックを組織全体に浸透させることが可能となる．

BSCは企業を戦略志向の組織へと変革させるための有効なツールである．4

第12章　バランスト・スコアカード

つの視点から業績評価尺度を定義し，目標設定を行うことによって，組織構成員の一人一人が戦略実行，目標の達成へと方向づけられ，動機づけられる．戦略マップは，BSCを前提に，戦略を戦略目標へと展開し，戦略目標ごとに業績尺度を定義していく．このような戦略目標間の因果関係を図式化したものが戦略マップにほかならない．次の図12－3は，CSFとKPIの関係を示している．

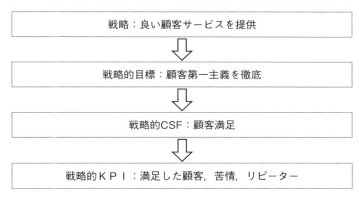

図12－3　重要成功要因（CSF）と重要業績評価尺度（KPI）

　たとえば，まず「学習と成長の視点」で「従業員のスキル向上」が実現すれば，次に「内部業務プロセスの視点」では「業務プロセスの質の向上」と「プロセスのサイクル・タイムの短縮」が期待される．さらに，「業務プロセスの質の向上」と「プロセスでのサイクル・タイムの短縮」は，「顧客の視点」で「製品品質に対する顧客満足度」を高め「顧客のロイヤルティ」を向上させる可能性が高い．また，「プロセスでのサイクル・タイムの短縮」は「顧客の視点」での「定時配送」の達成による「納期に対する顧客満足度」の向上につながる．あるいは，「プロセスでのサイクル・タイムの短縮」は「財務の視点」での「コスト削減」に貢献する可能性が高い．「顧客の視点」での「製品品質に対する顧客満足度」と「顧客のロイヤルティ」の向上は，「財務の視点」での「売上高の増加」につながることが期待される．

　以上のような連鎖が達成されると，「コストの削減」と「売上高の増加」とによって，最終的に「収益性の向上」（たとえば，使用資本利益率の向上）という

財務的な結果が会計的に可視化されるのである．戦略マップは，このような一連の因果関係の存在を想定して，それらを図示したものである．

§7　本章のまとめ

本章ではBSCをいろいろな角度から論じてきたが，以下では，本章のまとめとしてBSCの特徴を列挙しておく．

① 複眼的な視野に立って，経営を見る．すなわち，戦略を具体的な行動に置き換えて表現するための視点として，財務，顧客，内部業務プロセス，学習と成長，という4つの視点を提示している．

② それぞれの視点から，それぞれの視界に映る経営のさまざまな有り様を，文字通りバランスさせる．

③ 戦略やビジョンを多元的な業績尺度や業績指標の体系へと再構築する．そのことにより，戦略そのものに明確な輪郭を付与する．戦略が具体的に形で可視化される．

④ 財務的な指標だけではなく，非財務的な指標をも取り入れている．

⑤ 戦略目標と，それを達成するための業績ドライバー，および業績尺度を設定する．

以上のような特徴をもつBSCであるが，わが国企業はBSCの特徴や機能に関して十分な知識を得た上で，わが国の経営風土や経営環境に合わせてBSCをカスタマイズする必要がある．わが国の企業経営にビジョンと戦略が求められ，そしてトップ・マネジメントに力強いリーダーシップが求められている今こそ，BSCを活用することで大胆な経営改革を断行する必要がある．このような意味において，BSCは，わが国企業が国際的な競争優位性の再構築へと向かうためには必要不可欠なツールである．

第12章　バランスト・スコアカード

参考文献

アンダーセン編. 2001.『バランス・スコアカードのベスト・プラクティス』東洋経済
　　新報社.

バランス・スコアカード・フォーラム編. 2002.『バランス・スコアカード経営　なる
　　ほどQ&A』中央経済社.

伊藤嘉博・小林啓孝編. 2001.『ネオ・バランス・スコアカード経営』中央経済社.

伊藤嘉博, 清水　孝, 長谷川惠. 2001.『バランスト・スコアカード　理論と導入』ダ
　　イヤモンド社.

Kaplan, R. S. and D. P. Norton. 1996. *The Balanced Scorecard: Translating Strategy
　　into Action.* Boston, Massachusetts: Harvard Business School Press.（吉川武男訳.
　　1997.『バランス・スコアカード〜新しい経営指標による企業変革〜』生産性出版）

Kaplan, R. S. and D. P. Norton. 2000. *The Strategy-Focused Organization: How
　　Balanced Scorecard Companies Thrive in the New Business Environment.* Boston,
　　Massachusetts: Harvard Business School Press.（櫻井通晴監訳. 2001.『キャプラ
　　ンとノートンの戦略バランス・スコアカード』東洋経済新報社）

Kaplan, R. S. and D. P. Norton. 2004. *Strategy Map: Converting Intangible Assets into
　　Tangible Outcomes.* Boston, Massachusetts: Harvard Business School Press.（櫻井
　　通晴・伊藤和憲・長谷川惠一監訳. 2005.『戦略マップ―バランスト・スコアカー
　　ドの新・戦略実行フレームワーク―』ランダムハウス講談社）

Olve, N., J. Roy, and M. Wetter. 1999. *Performance Drivers: A Practical Guide to Using
　　the Balanced Scorecard.* Chichester, West Sussex: John Wiley & Sons Ltd.（吉川武
　　男訳. 2000.『戦略的バランス・スコアカード』生産性出版）

櫻井通晴編著. 2002.『企業価値を創造する３つのツール　EVA® ・ABC・BSC』中央
　　経済社.

櫻井通晴. 2003.『バランスト・スコアカード―理論とケース・スタディ―』同文舘出
　　版.

柴山慎一, 正岡幸伸, 森沢　徹, 藤田英雄. 2001.『実践バランス・スコアカード』日
　　本経済新聞社.

203

吉川武男. 2001. 『バランス・スコアカード入門』生産性出版.

第12章の練習問題

問12.1 バランスト・スコアカードの基本的な機能について論じなさい.

問12.2 バランスト・スコアカードの4つの視点に関して次の設問に解答しなさい.

設問

1. 4つの視点にはどのようなものがあるか.

2. 財務の視点に関して, 戦略目標と業績指標の例を列挙しなさい.

問12.3 バランスト・スコアカード（BSC）に関する次のア〜エの記述のうち, 誤っているものが2つある. その記号を選びなさい.

ア. BSCは, 戦略の策定と実行のマネジメント・システムであり, 戦略を可視化する戦略マップと尺度や目標値を設定するアクション・プランからなる.

イ. BSCは, 企業のビジョンや戦略を多次元な視点における戦略目標に置き換える. 非営利組織の病院経営においてBSCを用いる場合, 「顧客の視点」を頂点として, 各視点の戦略目標間の因果関係を重視する場合もある.

ウ. 戦略マップは, 企業の中長期的な指針となる戦略を可視化し, 記述する包括的なフレームワークである. その意味では, 戦略マップはボトムアップで作成されることが望ましい.

エ. 学習と成長の視点では, 人的資本, 情報資本, 組織資本などの無形資産（intangibles）を戦略に方向付け, その実行に向けて貢献することが求められている.

（平成27年公認会計士試験第Ⅱ回短答式試験より）

〔小菅正伸（こすが・まさのぶ）〕

第13章　原価維持 − 標準原価計算 −

§1　原価維持と標準原価計算システムの意義

　コストマネジメント（原価管理）の手法には，新製品開発段階における全社的利益管理の一貫として行われる「原価企画」と既存製品の製造段階における原価管理手法である「原価改善」および「原価維持」がある．このうち原価維持とは，現在の技術水準における経営および業務上の標準原価の維持に向けた一連の活動をいい，標準原価計算システムはこの原価維持活動に不可欠な会計情報を提供する．このように，原価維持とは標準原価管理のことである．

　標準原価計算では，「この水準もしくはそれ以下に抑えたい」達成目標としての製造原価を**標準原価**として設定し，これを実際原価と比較して**原価差異**を算出する．製造現場では，この原価差異情報をもとに差異の発生原因を特定することで，無駄な原価の発生を抑止する観点からの生産プロセス全体の見直し，業務の見直しや効率化といった改善措置を講ずることができる（図13−1）．

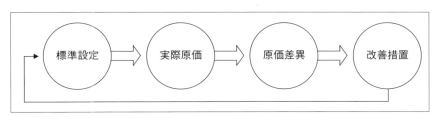

図13−1　標準原価管理システム

　実際原価と比較する原価として，過去の実際原価ではなく標準原価を用いる意義は，原価差異の真の発生原因を明らかにすることにある．実際原価は偶然的原価であり，これには価格，能率，操業度，その他原価に影響を及ぼす要素

の偶然的変動がそのまま混在している．単なる偶然的原価の期間比較だけでは原価差異の真に改善されるべき発生原因を明らかにすることはできず，その結果，原価維持に向けた適切な改善措置を講ずることができない．原価差異の真の発生原因を明らかにし，差異の解消が真っ先に求められる金額的に重要な差異を特定するためには，能率測定尺度を明示し，かつ，達成目標として機能する標準原価を設定することが有効である．

原価差異分析では，標準原価と実際原価の総差異の計算からはじまり，直接材料費，直接労務費，製造間接費といった原価要素別の原価差異，さらには価格差異，数量差異，賃率差異，時間差異といった原因別の原価差異へと展開する．このような計算を行うのは，適切な改善活動を決定するには，差異の根本原因を明らかにしなければならないからである．差異分析において，実際原価が標準原価を上回れば**不利差異**といい，下回れば**有利差異**という．

標準原価計算は原価の発生部門ごとに行われるので，個々の製造現場管理者の原価管理業績を評価するフォーマルな技法を提供する．それは短期的経営管理技法であり，差異分析を通じて標準に対する活動業績を管理する方法である．

標準原価計算に基づく原価維持活動は，従来，作業の定型化と反復化が進んだ大量生産方式の下で本領を発揮してきた．しかし，受注生産方式であっても，最終製品に対する上流工程（例：プレハブ住宅の組立部品や材料の生産工程）では定型作業が反復的に行われることが多いため，標準原価管理が適用できる．さらに，サービス業においても，製品単位に相当するサービス・ユニットが確立されれば，標準原価管理が適用できる．つまり，定型作業が反復的に行われる企業においては，標準原価管理の適用余地がつねに認められるわけである．

§2 標準原価の設定

標準原価は製品一単位あたりの製造原価である**原価標準**に実際生産量を乗じて求められ，これは「実際生産量の下であるべき標準原価」を表わす．標準原価は以下の式で定義される．

第13章　原価維持－標準原価計算－

標準原価＝原価標準×実際生産量

標準原価計算においては，**直接材料費，直接労務費，製造間接費**という３つの原価要素ごとに原価標準を設定する．原価標準の設定にあたって，直接材料費と直接労務費については，製品一単位あたりに必要とされる消費量（標準材料消費量・標準作業時間）を科学的・統計的に設定し，これに予定される単価（標準材料価格・標準賃率）を乗じて計算する．このように，直接材料費，直接労務費は標準管理が行われるが，製造間接費は予算管理が行われる．

製造間接費とは，製造段階で発生する原価のうち，各種製品の製造のために共通して消費され，特定製品の原価として直接認識できない原価をいう．このような性質をもつ製造間接費については，製品一単位あたりの金額を直接算定することができないため，まず部門ごとに製造間接費予算（例：月額200万円）を設定する．次に，製造間接費の発生と密接な関係を有すると考えられる配賦基準（例：直接作業時間）を選択するとともに，その基準操業度（例：月間1,000時間）を設定し，製造間接費予算額を基準操業度で割って**標準配賦率**（2,000円／時＝$\frac{2,000,000円}{1,000時間}$）を求める．したがって，製造間接費の標準配賦率は以下の算式で求められる．

$$製造間接費標準配賦率＝\frac{製造間接費予算額}{基準操業度}$$

こうして求めた標準配賦率に製品一単位における配賦基準の数値（**配賦基準数値**）（例：２時間／単位）を乗じて，製造間接費の原価標準（4,000円／単位＝2,000円／時×２時間／単位）が設定される．

原価標準の設定を式で表せば，以下の通りである．

直接材料費標準＝標準材料価格×標準材料消費量

直接労務費標準＝標準賃率×標準作業時間

製造間接費標準＝標準配賦率×配賦基準数値

原価標準の決定にあたっては，材料の種類・規格と材料価格，機械設備・工具等の種類と利用手順，労働者の作業時間，賃率・等級，作業工程などが特定される．伝統的には，原価標準設定にあたって，製品一単位の製造に要する原

207

価，すなわち原価標準を原価要素別，部門別に示した**標準原価カード**が作成される．

2.1 直接材料費標準の設定

材料費は製造原価のうち材料や物品の消費によって発生する原価であり，このうち，直接材料費には主要材料費と買入部品費とがある．直接材料費標準は標準材料価格と標準材料消費量の積として算定される．

標準材料消費量の設定にあたっては，技術的，工学的に見積もられた材料明細書や製品仕様書から，材料や買入部品ごとに，完成品単位あたり必要量を見積もった上で，正常で不可避的なロスや製造工程中に発生する減損，蒸発，破損，仕損等の許容量を加えていく．ただし，これら許容量に加えて代替材料，材料投入方法に関する分析が欠かせない．**標準材料価格**は購買部門の協力を得て設定されるが，価格水準は材料や買入部品の市場動向，自社の購入政策，数量および現金割引の有無，購入条件その他の諸要因の影響を受けるため，これら要因を十分に考慮する必要がある．

2.2 直接労務費標準の設定

労務費は製造原価のうち労働力の消費によって発生する原価であり，このうち，直接労務費とは製品の製造加工に直接従事する従業員（直接工）の賃金のことである．直接労務費標準は標準賃率と標準作業時間の積として算定される．

標準作業時間は，製品一単位の製造加工に必要な作業量に対する達成可能な標準時間と定義できる．これは詳細な生産計画や工程の作業手順表から見積もられるため，生産方法の決定が標準時間決定の基礎となる．作業測定や動作研究等を行う作業研究プロジェクトと連携して，最終的に標準作業時間が決定される．**標準賃率**は，人事部門，製造部門，原価計算部門などの協力を得て，過去の実際平均賃率を参考に将来の物価上昇や賃金交渉などを考慮して決定する．

第13章　原価維持－標準原価計算－

２.３　製造間接費標準の設定

　製造間接費は特定製品の原価として直接認識できないため，製造間接費予算額を，製造間接費の発生と密接な関係を有すると考えられる配賦基準に対する基準操業度で除して標準配賦率を求め，これに製品一単位あたり配賦基準数値を乗じて，製造間接費標準を設定する．製造間接費の配賦基準として一般的に利用される尺度は直接作業時間である．直接作業時間とは，直接工が製品の製造・加工といった直接作業に従事する時間をいう．直接作業時間が利用される理由は，かつて労働集約的な製造活動が支配的であったからである．

　製造間接費の管理目的から，一般に製造間接費は固定費部分と変動費部分に分解されるため，配賦率も固定費配賦率と変動費配賦率に分けて計算されることがある．**固定費**とは生産量や直接作業時間といった操業度に関係なく生産能力に対して一定額発生する原価であり，減価償却費，固定資産税，地代などがこれにあたる．一方，**変動費**とは操業度の増減に応じてその発生額が比例的に増減する原価である．原材料，外注工賃などは典型的な変動費である．また，たとえば，光熱費（電気代・ガス代等）における基本料金は固定費，使用量に応じて支払う従量料金は変動費である．

２.４　製造間接費予算

　製造間接費については，部門別に総額管理を行うために製造間接費予算が設定される．製造間接費予算には操業度に対する原価発生額の考え方の違いによって，固定予算と変動予算の２つがある．**固定予算**とは，予定される特定の操業度をもとに製造間接費の発生額を予定して編成される予算である．一方，**変動予算**は予定操業度として種々の操業度をとり，各操業度に応じた発生額を予定して編成される予算である．

　製造間接費の予算編成には会計部門，標準設定部門，生産管理部門その他関連部門が参加するが，予算には金額表示が行われる．しかし，予算編成には操業度など物量に直接に関わりのある製造部門や販売部門の非貨幣的資料の積極的な活用が欠かせない．

209

2.4.1 固定予算

　固定予算は単一の予定操業度に対応する唯一の予算を編成することを特徴とする．したがって，予算編成段階において，目標とする予定操業度と予算額を明確に定義することから，これら目標値が生産管理や原価管理上の目標として有効に機能すると期待される．しかし，他方で，予算実績差異分析にあたって製造間接費予算と実際発生額を比較する時に，予定操業度と実際操業度とが異なる場合，操業度が異なる実際額と予算額を比較することになり，その結果，両者の差異には間接費の無駄遣いによる差異と操業度の相異による差異とが混在してしまうことから，製造間接費差異分析の意義は低下する．

2.4.2 変動予算

　変動予算にはその編成方法に実査法と公式法とがある．**実査法**による変動予算は，種々の操業度における間接費の費目別発生額を予定し，操業度ごとに予算額を編成する予算のことである．これは多桁式の変動予算表として表示される．

　一方，**公式法**による変動予算は，製造間接費を固定費と変動費に分けて予算を編成する．公式法による製造間接費予算額は以下の式で表わされる．

製造間接費予算額＝固定費額＋変動費率（１時間当たり変動費）×操業度

　今，固定費をa，操業度単位当たり変動費（変動費率）をb，操業度をx，予算額をyとすると，公式法による製造間接費予算額は，

$$y = a + bx$$

となり，切片a，傾きbの１次関数の式で定義することができる．

　公式法の下では，全ての費目について固定費と変動費とに区分しなければならない．固定費と変動費の区分の方法としては，動作研究や時間研究等の工学的な手法に基づき，投入資源と原価発生額との関係を見積もる方法と，過去の実績データに基づく予測法があるが，いずれの分解方法も経営原価を完全明快に固定費と変動費とに分割するものではなく，推定の域を免れない．

　変動予算の場合，予算実績差異分析にあたって，実際操業度に近い予算上の予定操業度を選択することができ，特に公式法の下では実際操業度と予定操業

第13章　原価維持−標準原価計算−

度とを完全に一致させることができる．したがって，製造間接費予算と実際発生額の差異から操業度の相違に起因する差異を除去することができ，特に公式法の下ではこれを完全に除去できるため，両者の差異は間接費の無駄遣いによる差異のみを示すことになり，製造間接費差異分析の意義は高まる．一方で，予算編成段階における基準操業度とその予算額を明確に定義しないならば，生産管理や原価管理上の目標管理が有効に機能しないおそれがある．

§3　原価差異分析

　原価差異分析では，まず標準原価（＝原価標準×実際生産量）と実際原価との差額である総原価差異を求めた上で，これを直接材料費，直接労務費，製造間接費という３つの原価要素ごとの差異に分解する．原価要素ごとの差異は，さらに発生原因別の差異に分解され，直接材料費と直接労務費については消費量に起因する差異と単価に起因する差異とに分解され，製造間接費については，①変動費に関する差異と固定費に関する差異（2分法），もしくは，②変動費に関する差異，固定費に関する差異，予算で予定する操業度と実際操業度との相違によって生ずる作業能率に関する差異（3分法）とに分解される．

　こうして求められる原価差異が，購買，製造，人事，製品設計，生産技術といった一連の業務における原価管理活動に貢献するためには，原価差異分析が原価差異の真の原因を追及するものであり，かつ，全ての計算差異が原価管理者の原価管理責任へ関連性を持つことが不可欠である．

3．1　直接材料費差異の分析

　直接材料費総差異は，実際生産量にとって許容される標準直接材料費と実際直接材料費との差額である．これを式で示せば，以下の通りである．

直接材料費総差異＝標準直接材料費−実際直接材料費

＝標準価格×標準消費量−実際価格×実際消費量

211

この場合，総差異がプラスの場合が有利差異であり，マイナスの場合が不利差異である．**有利差異**は実際原価が標準原価を下回る状態における原価節約額を表わし，**不利差異**は実際原価が標準原価を上回る状態における原価超過額を表わす．こうして求められる直接材料費総差異は，材料価格の高低に起因する差異（材料価格差異）と材料消費量の多寡に起因する差異（材料数量差異）とに分解することができる．

直接材料費総差異＝材料価格差異＋材料数量差異

材料価格差異と材料数量差異を式で定義すれば，それぞれ以下の通りとなる．

材料価格差異＝（標準価格－実際価格）×実際消費量

材料数量差異＝（標準消費量－実際消費量）×標準価格

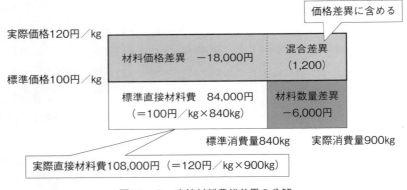

図13－2　直接材料費総差異の分解

なお，直接材料費差異の分解にあたって，図13－2に示すように，材料価格の相違と材料消費量の相違の両方の影響を受ける差異（これを「**混合差異**」という）があるが，材料価格差異と材料数量差異の定義にあたっては，これを材料価格差異に含めている．上図で，混合差異1,200を，これを除いた材料価格差異16,800と材料数量差異6,000の割合で両者へ配分すべきという主張もあるが，材料消費量は材料使用の無駄を省いたり，仕損を減らしたりといった製造現場の努力で管理可能な側面が強いのに対し，材料価格は市場価格の高騰（例えば原油価格の高騰）など，購買部門の努力だけではどうすることもできない要因

第13章　原価維持－標準原価計算－

によって変動することが多く，また，製造現場では直接管理することができないため，混合差異を材料価格差異に含めることで，製造現場で管理可能な材料数量差異を明確に定義することができる．

　ここで計算例を示そう．材料１kgあたり標準価格が100円／kg，実際価格が120円／kgであり，製品一単位あたりに必要な標準材料消費量が６kg／単位，実際生産量140単位に要した実際材料消費量が900kgであった場合，直接材料費総差異，材料価格差異，材料数量差異はそれぞれ次の通りとなる（図13－2）．

　直接材料費総差異＝100円／kg×６kg／単位×140単位－120円／kg×900kg

　　　　　　　　　＝84,000円－108,000円＝**－24,000円（不利差異）**

　材料価格差異＝（100円／kg－120円／kg）×900kg＝**－18,000円（不利差異）**

　材料数量差異＝（６kg／単位×140単位－900kg）×100円／kg

　　　　　　　＝**－6,000円（不利差異）**

3.2　直接労務費差異の分析

　直接労務費総差異は，実際生産量にとって許容される標準直接労務費と実際直接労務費との差額である．これを式で示せば，以下の通りである．

直接労務費総差異＝標準直接労務費－実際直接労務費

＝標準賃率×標準作業時間－実際賃率×実際作業時間

　こうして求められる直接労務費総差異は，賃金水準の高低に起因する差異（賃率差異）と作業時間の多寡に起因する差異（作業時間差異）とに分解することができる．

直接労務費総差異＝賃率差異＋作業時間差異

　賃率差異と作業時間差異を式で定義すれば，それぞれ以下の通りとなる．

賃率差異＝（標準賃率－実際賃率）×実際作業時間

作業時間差異＝（標準作業時間－実際作業時間）×標準賃率

　なお，直接労務費差異の分解にあたっては，直接材料費の場合と同様の理由から，賃率の相違と作業時間の相違の両方の影響を受ける混合差異（2,500）を賃率差異に含め，賃率差異と作業時間差異を定義する（図13－3）．

213

ここで計算例を示そう．今，作業時間1時間あたり標準賃率が700円／時，実際賃率が750円／時であり，実際生産量140単位に必要な標準作業時間が200時間，実際作業時間が250時間であった場合，直接労務費総差異，賃率差異，作業時間差異はそれぞれ次の通りとなる（図13-3）．

直接労務費総差異＝700円／時×200時間－750円／時×250時間
　　　　　　　　＝140,000円－187,500円＝**－47,500円（不利差異）**

賃率差異＝（700円／時－750円／時）×250時間＝**－12,500円（不利差異）**

作業時間差異＝（200時間－250時間）×700円／時＝**－35,000円（不利差異）**

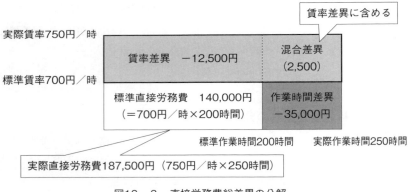

図13-3　直接労務費総差異の分解

3.3　製造間接費差異の分析

製造間接費については，製造間接費予算に基づく予算管理が行われる．製造間接費総差異は製造間接費の標準配賦額と実際発生額との差額である．

製造間接費総差異＝製造間接費標準配賦額－実際製造間接費

ここで，製造間接費標準配賦額（配賦基準が直接作業時間の場合）は以下の式で定義される．仮に配賦基準が機械作業時間であれば，許容標準機械作業時間となる．なお，以下では全て配賦基準を直接作業時間として説明を行う．

製造間接費標準配賦額＝製造間接費標準配賦率×許容標準直接作業時間

製造間接費標準配賦率は製造間接費予算額を基準操業度で除したものである

第13章　原価維持－標準原価計算－

から，製造間接費予算をあらかじめ変動製造間接費に関する予算額と固定製造間接費に関する予算額とに区分するならば，これは以下の式で表わされる．

$$製造間接費標準配賦率＝\frac{変動製造間接費予算額＋固定製造間接費予算額}{基準操業度}$$

また，変動製造間接費予算額を基準操業度で除したものを**変動費率**，固定製造間接費予算額を基準操業度で除したものを**固定費率**といい，それぞれ配賦基準単位あたり（配賦基準が直接作業時間の場合，直接作業時間１時間あたり）の変動費予算額，固定費予算額を表わす．

$$変動費率＝\frac{変動製造間接費予算額}{基準操業度}$$

$$固定費率＝\frac{固定製造間接費予算額}{基準操業度}$$

$$製造間接費標準配賦率＝変動費率＋固定費率$$

したがって，製造間接費総差異は以下の式で表わすことができる．

製造間接費総差異

＝製造間接費標準配賦額－実際製造間接費

＝製造間接費標準配賦率×許容標準直接作業時間－実際製造間接費

＝**（変動費率＋固定費率）×許容標準直接作業時間－実際製造間接費**

製造間接費総差異の分解方法には２分法，３分法と４分法がある．２分法は，総差異を変動費に関する差異（**管理可能差異**）と固定費に関する差異（**操業度差異**）とに分解する．これを式で表わせば，以下の通りである．

○**２分法：総差異＝管理可能差異＋操業度差異**

　管理可能差異＝（固定費＋変動費率×許容標準直接作業時間）－実際製造間接費

　操業度差異＝（許容標準直接作業時間－基準操業度）×固定費率

また，３分法では総差異を，変動費に関する差異（**予算差異**），固定費に関する差異（**操業度差異**），予算で予定する計画操業度（許容標準作業時間）と実際操業度（実際作業時間）との相違によって生ずる作業能率に関する差異（**能率差異**）とに分解する．これを式で表わせば，以下の通りである．

215

○3分法：総差異＝予算差異＋能率差異＋操業度差異

　予　算　差　異＝（固定費＋変動費率×実際直接作業時間）－実際製造間接費
　能　率　差　異＝（許容標準直接作業時間－実際直接作業時間）×製造間接費標準配賦率
　操業度差異＝（実際直接作業時間－基準操業度）×固定費率

さらに4分法では，3分法における能率差異を変動費に関する能率差異（**変動費能率差異**）と固定費に関する能率差異（**固定費能率差異**）とに分解する．

○4分法：総差異＝消費差異＋変動費能率差異＋固定費能率差異＋不働能力差異
　消費差異＝予算差異（3分法）
　変動費能率差異＝（許容標準直接作業時間－実際直接作業時間）×変動費率
　固定費能率差異＝（許容標準直接作業時間－実際直接作業時間）×固定費率
　不働能力差異＝操業度差異（3分法）

図13－4は，3分法の下で次ページの計算例の製造間接費差異分析を図示している．

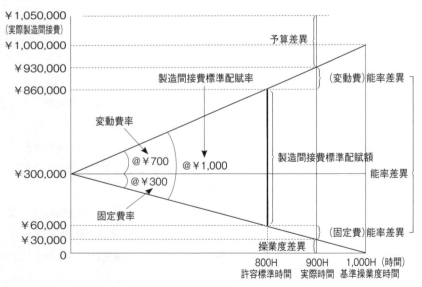

図13－4　製造間接費総差異の分解（3分法）（変動予算の場合）

第13章　原価維持－標準原価計算－

　ここで計算例を示そう．×年５月における製造間接費変動予算（月次）が1,000,000円（うち変動費予算額700,000円，固定費予算額300,000円）であり，この製造間接費変動予算に対する基準操業度は直接作業時間1,000時間である．そして，当月における実際生産量に対し許容される標準直接作業時間（許容標準直接作業時間）800時間に対し，実際直接作業時間は900時間であり，この作業時間に対して実際に発生した製造間接費は1,050,000円であった．

　３分法の下での製造間接費差異分析の計算は以下の通りとなる．

$$\text{変動費率} = \frac{700,000円}{1,000時間} = 700円／時，\text{固定費率} = \frac{300,000円}{1,000時間} = 300円／時$$

製造間接費標準配賦率 = 700円／時 + 300円／時 = 1,000円／時

製造間接費総差異 = 1,000円／時 × 800時間 − 1,050,000円

= −250,000円（不利差異）

予　算　差　異 =（300,000円 + 700円／時 × 900時間）− 1,050,000円

= −120,000円（不利差異）

能　率　差　異 =（800時間 − 900時間）× 1,000円／時

= −100,000円（不利差異）

操業度差異 =（900時間 − 1,000時間）× 300円／時

= −30,000円（不利差異）

§4　原価差異の原因分析

4.1　直接材料費差異の発生原因

　直接材料費差異は材料価格差異と材料数量差異とに分解できる．材料価格差異の発生原因には，①市場価格の変動，②購買部門の購買効率（購入先，購入方法，購入時期，購入量，配送方法等），③価格標準の不適当，などがある．一方，材料数量差異の発生原因には，①材料の不良，②材料の不適当，③材料の保管方法の不適当，④製品規格の変更，⑤生産工程の変更，⑥生産設備・器具の変更，⑦部品・製品の歩留まりの予想違い，⑧数量基準の不適当，などがある．

4.2 直接労務費差異の発生原因

　直接労務費差異は賃率差異と作業時間差異とに分解できる．賃率差異の発生原因には，①労働需給の逼迫による，マクロ経済全体での，あるいは特定の技術者に関する賃金水準の予想外の上昇，②人員配置の不手際（採用計画の不備や不徹底による賃金水準の予期せぬ高い従業員の当該業務への投入，必要人数を超えた余剰人員の配置等），③賃率標準の不適当，などがある．一方，作業時間差異の発生原因には，①従業員に対する教育訓練の不足，②人員配置の不手際（業務に未成熟な労働者の配置や，頻繁な異動による達成業務の未成熟），③超過勤務や作業環境悪化による作業能率の低下，④製品規格の変更，⑤生産工程の変更，⑥生産設備・器具の変更，⑦時間標準の不適当，などがある．

4.3 製造間接費差異の発生原因

　3分法の場合，製造間接費差異は予算差異，操業度差異と能率差異とに分解できる．予算差異は製造間接費予算費目の実際価格・数量が予定価格・数量と異なることによって発生した差異である．予算差異の発生原因には，①予算費目の価格上昇（租税公課の増加，地代や家賃の上昇，補助材料価格の上昇，管理者，技術者，その他補助スタッフの報酬改定等），②予算費目の消費量増加（水道，ガス，電気，通信や消耗品，補助材料の使用量増加等），などがある．

　操業度差異は不働時間に対する固定費の損失を表わす．固定費は操業度に関係なく生産能力に対して一定額発生する原価であるから，基準操業度でフル稼動した場合にその原価を最も有効に活用したことになる．操業度差異は基準操業度未満で稼動した場合における固定費の未利用原価を示すものであり，3分法では基準操業度時間と実際作業時間の差を不働時間として捉える．操業度差異の発生原因には，①材料・部品調達の不備による生産ラインの一部ないしは全部操業停止，②従業員の業務への未熟による異常の頻発による操業停止や問題解決までの操業停止の長期化，③機械設備・器具工具等の保全不備による操業停止，④基準操業度自体の不適当，などがある．

　能率差異は不能率時間に対する製造間接費の損失を表わす．ここで不能率時

間とは，実際生産量に対する許容操業度（許容標準直接作業時間）と実際操業度（実際直接作業時間）との差をいう．要するに能率差異とは，実際生産量に対し許容される標準作業時間を超えて作業時間を要したことで生ずる製造間接費の超過発生額のことである．能率差異の発生原因には，①従業員に対する教育訓練不足による能率低下，②人員配置の不手際（業務に未成熟な労働者の配置）による能率低下，③機械設備・器具工具等の保全不備による能率低下，④許容標準作業時間自体の不適当，などがある．

§5　標準原価管理の意義の低下と原価維持の趣旨

　本章で説明してきた標準原価計算に基づく標準原価管理は，労働集約的な少品種大量生産システムの下では有効に機能してきた．しかし，工場の自動化（FA：Factory Automation）と多品種少量生産が進むにつれ，その意義は徐々に失われていった．ＦＡ化と多品種少量生産は製造直接費，とりわけ直接労務費を低下させる一方で，機械設備の減価償却費や支援原価といった製造間接費を肥大化させていったが，これら製造間接費のほとんどは操業度と直接的な関係を有しておらず，本章で述べた製造間接費差異分析はもはや以前ほど意義をもっているとはいえない．肥大化する製造間接費を管理するためには，その発生原因に着目するＡＢＣ（活動基準原価計算）のような手法が必要となる．

　さらに，企業間競争の激化と消費者ニーズの多様化によって製品ライフサイクルの短縮化が進み，このことが生産工程の長期安定化を困難にしており，これが製造段階における原価標準設定の意義を一層低下させている．

　このように，ＦＡ化，多品種少量生産，製品ライフサイクルの短縮化といった現代の生産環境の下では，製造段階における原価維持を目的とした伝統的な標準原価管理の意義は低下しており，今や原価管理の重点は，**原価企画**と呼ばれる，企画・開発・設計段階における原価管理活動へとシフトしている．

　現代における原価維持の意義は，原価企画と原価改善への役立ちにある．原価企画への役立ちとは，設計段階の目標原価を，原価維持によって実際に製造

219

段階で実現することである．原価改善への役立ちとは，標準原価をさらに期待原価レベルまで計画的に原価を引き下げ，これを新たな標準原価として安定的に維持することである．伝統的な標準原価計算システムに基づく原価維持の意義は失われつつあるものの，「原価維持」それ自体は今もなお，原価管理において重要な役割を有しているのである．

参考文献

松岡俊三．2003.『原価会計論』税務経理協会．

門田安弘．2000.『原価計算』税務経理協会．

門田安弘．2001.『管理会計』税務経理協会．

岡本　清．2000.『原価計算（六訂版）』国元書房．

櫻井通晴．2004.『管理会計（第三版）』同文舘出版．

上埜進編著．2007.『工業簿記・原価計算演習－理論と計算－（第２版）』税務経理協会．

渡邊喜久．2004.『工業会計』同文舘出版．

第13章の練習問題

問13.1　標準原価管理における原価差異分析について，次の問いに答えなさい．

　　設問

　　1. 製品甲１個の生産に要する材料Ａの標準消費量は２単位であり，単位当たり標準価格は¥2,000である．甲を200個生産したところ，材料Ａの実際消費量は430単位であり，単位当たり実際価格は¥2,100であった．この場合，材料Ａの実際直接材料費は（　①　），標準直接材料費は（　②　）であり，直接材料費総差異は（　③　），材料価格差異は（　④　），材料数量差異は（　⑤　）である．

　　2. 材料Ａの実際価格を除き，他の条件が上記１と同一である場合，材料価格差異が¥34,400の不利差異ならば，実際価格は（　⑥　）となる．

　　3. 材料Ａの実際消費量を除き，他の条件が上記１と同一である場合，材料数量差異が¥20,000の不利差異ならば，実際消費量は（　⑦　）となる．

220

第13章　原価維持－標準原価計算－

問13.2　原価管理における標準原価管理の役割について，次の問いに答えなさい．

　　　設問

　　1．標準原価管理の意義について述べなさい．

　　2．原価管理における標準原価管理の意義の低下について，①標準原価管理で採用する原価要素の問題，②製品ライフサイクルにおける標準原価管理の適用段階，という2つの視点から述べなさい．

〔**松岡俊三（まつおか・しゅんぞう）**〕
〔**山口直也（やまぐち・なおや）**〕

第14章　ABCとABM

§1　ABCとはなにか

1.1　ABCの起源と発展

　1980年代半ば頃まで，製造間接費は主に直接作業時間や機械運転時間，生産量などの操業度を基準に製品などの原価計算対象に配賦されていた．しかし，現代のような多品種少量生産・供給体制では，操業度が相対的に高い標準品が必ずしも多くの間接費を発生させているとはいえない．むしろ操業度は低くても，顧客の多様なニーズに合わせて仕様を微妙に変化させている特殊品こそが多くの間接費を引き起こしているケースがあることがわかった．これに目をつけたキャプラン（R. S. Kaplan）とクーパー（R. Cooper）は，間接費を発生させている操業度以外の要因を（設計，購買，段取，運搬などの）製造支援活動ごとに把握し，これをもって間接費を製品に配賦する方法をアメリカの優良な実務の中から抽出した．これが活動基準原価計算（activity-based costing：略してABCと呼ぶ）の始まりである．

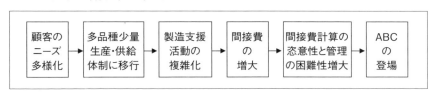

図14−1　ABCが登場する背景

　当初，ABCは取引原価計算と呼ばれていたが，企業内の諸活動の測定と管理に焦点が向けられるようになり，ABCと呼ばれるようになった．その後ABCは，単なる間接費配賦の精緻化を志向する原価計算だけでなく，広くマネジメントへの役立ちを志向する活動基準管理（activity-based management：略

してABMと呼ぶ)へと発展していった．そして，近年わが国においてもいくつかの企業でその適用例がみられ始めている．

1.2 ABCの定義と活動の意味

ABCをあらためて定義すると「資源消費と給付創出の因果関係を実態に即したものにするために，企業内で実際に行われている諸活動を経由して資源消費額を原価計算対象に集計する測定技法」といえる．伝統的原価計算では，資源消費額（コスト）を（製品などの）原価計算対象に集計する際の重要な媒介手段として原価部門が強調されていた．これに対し，ABCにおける資源と原価計算対象の重要な媒介手段は，企業内で実行されるあらゆる活動である．ここでいう活動とは，製品やサービスなどの給付を生み出すため，資源を実際に消費する過程をいい，いくつかの業務が集まって1つの活動が定義される．たとえば，材料の購買活動1つをとっても，材料発注計画，注文書の作成，電話やFAX，あるいは電子メールなどによる実際の発注手続，入荷した材料の検査等々，いくつかの業務からなることは明らかである．

また，いくつかの活動の集合体が機能（たとえば，品質管理機能）やビジネス・プロセス（たとえば，製品開発プロセス）といった活動センターとして定義されることもある．具体的な活動の例は表14－1に示すとおりである．

表14－1　具体的な活動の例

材料購買	移動運搬	在庫管理	検査	生産計画立案	切断	組立
機械加工	段取	修繕維持	保管	品質管理	生産技術	設計
工程管理	梱包出荷	人事管理	経理	工場保守	市場調査	
顧客サービス	マーケティング	情報システム	総務	物品物流		
法務	環境	など				

1.3 ABCの考え方

ABCでは，顧客のニーズに合った製品やサービスを創り出し，提供するためには，表14－1に示すような，諸活動が消費されなければならず，またこれらの活動を実行するためには，あらゆる経営資源が消費されなければならな

224

いという前提に立っている．そのため，個々の活動が消費する諸資源の量（これを資源ドライバーと呼ぶ）に応じて，資源消費額が諸活動に集計される（これを活動コスト・プールと呼ぶ）．続いて，個々の原価計算対象が消費する諸活動の量（これを活動ドライバーと呼ぶ）に応じて，諸活動に集計されたコスト額が個々の原価計算対象に割り当てられることで，企業内の実態に即した正確な原価計算ができると主張するのである．

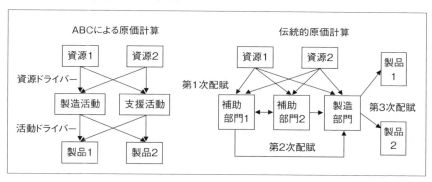

図14－2　ABCと伝統的原価計算との比較

1.4　ABCと伝統的原価計算との比較

　工場における原価の流れを伝統的原価計算との比較で図示すると，図14－2のようになる．ここでの最も重要な特徴は，ABCでは，製造支援活動を多く含む補助部門のコストが製造部門を通過せずダイレクトに製品に割り当てられるのに対して，伝統的な原価計算では，補助部門のコストが製造部門にすべて吸収されたのち，操業度を基準として製品に割り当てられるため，製品原価に歪みが生じてしまうという点にある．ABCはこのような製品原価の歪みを是正する目的で開発された原価計算であるといえよう．

　そこで，簡単な設例でABCと伝統的原価計算による単位原価がいかに異なるかを見てみよう（表14－2参照．ただし，ここでの製造部門は機械加工部門のみに限定しているので，補助部門費がすべて機械加工部門に吸収されるから，伝統的原価計算における部門別計算は事実上不要であると考える）．

表 14 － 2　伝統的原価計算と ABC の単位利益の差

　A社では，標準大量生産品Xと多品種少量生産の特殊品Yとを生産・販売している．Xは競争が激しく販売価格は280円，Yは販売価格が560円である．

　ある月の単位製造直接費は，Xが140円，Yが300円，製造間接費は総額で百万円であった．生産量は，Xが5千個，Yが1千個で，製品・仕掛品ともに期首と期末の在庫はなかったため，生産量＝販売量であったとする．1個生産するのに必要な機械加工時間は，Xが3時間，Yが5時間とすると，

$$総機械加工時間＝5千個×3時間＋1千個×5時間＝20,000時間$$

となり，機械加工時間のみを基準として製造間接費を各製品に配賦すると，

$$配賦率＝1,000,000円÷20,000時間＝50円/時$$
$$Xの単位製造間接費＝50円/時×3時間＝150円$$
$$Yの単位製造間接費＝50円/時×5時間＝250円$$
$$Xの単位利益＝280円－(140円＋150円)＝△10円$$
$$Yの単位利益＝560円－(300円＋250円)＝　10円$$

となる．これに対しABCを適用するために，製造間接費を支援活動別に集計し，各活動の主要なコスト・ドライバーについても調査したところ，次の結果を得た．

製造間接費の内訳		コスト・ドライバー	コスト・ドライバーの総数 （　）は内訳
機械関連活動コスト	40万円	機械加工時間	2万時間（X：15千時間　Y：5千時間)
段取関連活動コスト	16万円	段取回数	8回（X：1回　　Y：7回)
購買関連活動コスト	7万円	材料発注回数	7回（X：1回　　Y：6回)
技術関連活動コスト	32万円	製造指図書枚数	8枚（X：1枚　　Y：7枚)
品質管理活動コスト	5万円	検査回数	5回（X：1回　　Y：4回)

　この結果に基づいて，ABCにより支援活動ごとに配賦率を求めると，

$$機械関連活動コスト・レート＝400,000円÷20,000時間＝20円/時$$
$$段取関連活動コスト・レート＝160,000円÷8回　＝20,000円/回$$
$$購買関連活動コスト・レート＝70,000円÷7回　＝10,000円/回$$
$$技術関連活動コスト・レート＝320,000円÷8枚　＝40,000円/枚$$
$$品質慣例活動コスト・レート＝50,000円÷5回　＝10,000円/回$$

となる．よって，ABCによる計算から次の結果が得られる．

$$Xの単位製造間接費＝(20円/時×15千時間＋20千円/回×1回＋10千円/回×1回$$
$$＋40千円/枚×1枚＋10千円/回×1回)÷5,000個　＝76円$$
$$Yの単位製造間接費＝(20円/時×5千時間＋20千円/回×7回＋10千円/回×6回$$
$$＋40千円/枚×7枚＋10千円/回×4回)÷1000個　＝620円$$
$$Xの単位利益＝280円－(140円＋76円)　＝　64円$$
$$Yの単位利益＝560円－(300円＋620円)　＝△360円$$

　伝統的アプローチでは，Xが赤字でYのほうが収益性は高いという結果が出ている．しかし，製造間接費の多くは，実際のところ，手間のかかるYのために発生していたことは明らかである．そのため，ABCによればYは単位当たりで △360円もの大幅な赤字に陥っていたことがわかる．

第14章　ABCとABM

　さて，計算結果をみてもわかるように，伝統的原価計算では，製造間接費の
すべてが製造部門を経由して操業度基準で製品に配賦されてしまう．そのため，
支援活動のコストを多く含む製造間接費の製品への合理的な配賦を困難にして
いる．一方ABCでは，活動の認識や，ドライバーの把握，活動ごとの原価の
集計，活動から製品への配賦手続の煩雑さという点で，伝統的原価計算に比べ
手間がかかるが，より正確な原価計算という観点に立てば，ABCのほうが数
段すぐれていることがわかる．

§2　ABCに基づく損益計算

2.1　原価の活動レベルに基づく分類とABC分析

　ABCによる原価計算の主目的の１つは，製品別の収益性分析にある．そこで，
直接原価計算における貢献利益法の発想を応用して，ABCでもあらゆる活動
原価を少数の活動レベルに分類し，段階的に売上や利益から差し引くことで製
品意思決定などに役立てる方法が考え出された．これをABC分析という．

　ABC分析では，活動レベルは次の４階層からなる（Cooper and kaplan [1991]）．

①　単位数レベルの活動……１単位の製品を生産するたびに実行される．活
　　　　　　　　　　　　　　動原価は操業度に応じて変動する．

②　バッチレベルの活動……１バッチ（１回あたりのひとかたまりの量）を
　　　　　　　　　　　　　　生産するたびに実行される．活動原価はバッチ
　　　　　　　　　　　　　　回数に応じて変動する．

③　製品支援レベルの活動……異種の製品を生産するたびに実行される．活
　　　　　　　　　　　　　　　動原価は製品種類数などによって変動する．

④　工場支援レベルの活動……工場全般の保守や管理のために実行される．
　　　　　　　　　　　　　　　異なる製品に共通して実行されるから，特定
　　　　　　　　　　　　　　　製品への跡付けが困難．

　各活動レベルに属する活動の例と，その原価を引き起こす要因（これを一般
にコスト・ドライバーと呼ぶ）の例は，表14－3に示すとおりである．

227

また，先例のA社のデータを活用してABC分析に基づく損益計算書を作成すると，表14-4のようになる．

表14-3　活動レベルに属する活動とコスト・ドライバーの例

活動レベル	活動の例	コスト・ドライバーの例
単位数レベル	直接作業（組立）	直接作業時間
	機械加工	機械加工時間
バッチレベル	段　取	段取回数，段取時間
	材料購買	材料発注回数
	品質管理	検査回数
製品支援レベル	技　術	製造指図書枚数，工程数
工場支援レベル	工場保守・監督	付加価値率，生産量

表14-4　ABC分析にもとづく製品別損益計算書

（単位・円）

		X製品		Y製品
Ⅰ．売上高			1,400,000	560,000
Ⅱ．単位レベル活動コスト				
1．単位製造直接費	700,000		300,000	
2．機械加工活動コスト	300,000	1,000,000	100,000	400,000
限界利益		400,000		160,000
Ⅲ．バッチレベル活動コスト				
1．段取活動コスト	20,000		140,000	
2．購買活動コスト	10,000		60,000	
3．品質管理活動コスト	10,000	40,000	40,000	240,000
バッチレベル活動コスト控除後利益		360,000		△80,000
Ⅳ．製品支援レベル活動コスト				
1．技術活動コスト		40,000		280,000
売上総利益		320,000		△360,000

　それぞれの活動とその原価が，単位数レベル，バッチレベル，製品支援レベル，工場支援レベルのいずれに該当するかを判断する．各レベルにはどのような活動があるかさえわかれば，あとは段階的にそれらの活動のコストを差し引

第14章　ABCとABM

いていき，途中の利益も表示しておけばよい．また，製造直接費は単位数レベルの活動コストに含める．

　売上高と各活動のコストは，次のように計算する．

　　売上高：X製品　280円×5,000個＝1,400,000円

　　　　　　Y製品　560円×1,000個＝560,000円

　　単位製造直接費：X製品　140円×5,000個＝700,000円

　　　　　　　　　　Y製品　300円×1,000個＝300,000円

　　機械加工活動コスト：X製品　20円／時×15,000時間＝300,000円

　　　　　　　　　　　　Y製品　20円／時×5,000時間＝100,000円

　　段取活動コスト：X製品　20,000円／回×1回＝20,000円

　　　　　　　　　　Y製品　20,000円／回×7回＝140,000円

　　購買活動コスト：X製品　10,000円／回×1回＝10,000円

　　　　　　　　　　Y製品　10,000円／回×6回＝60,000円

　　品質管理活動コスト：X製品　10,000円／回×1回＝10,000円

　　　　　　　　　　　　Y製品　10,000円／回×4回＝40,000円

　　技術活動コスト：X製品　40,000円／枚×1枚＝40,000円

　　　　　　　　　　Y製品　40,000円／枚×7枚＝280,000円

　損益計算書の結果をみると，Y製品も，限界利益までは収益性がよいと判断される．これは，まさしく直接原価計算における限界利益と同様のものである．直接原価計算の場合，単位数レベル活動コストだけが変動費であり，ほかのバッチレベル活動コスト，製品支援活動コスト，工場支援活動コストはすべて固定費扱いとなる．確かに操業度を基準にみた場合には，これらは固定費とみなされるが，操業度以外のバッチ数，製品種類数，支援活動の複雑性などの要因の増加により，いとも簡単にこれらのコストは増加してしまう．よって，Yは限界利益以後のすべてのコストについて，大変割高になっているため，赤字に陥ってしまっているのである．

　これに対し，伝統的原価計算では，まったく逆の結果が導かれる．つまり，

229

標準大量生産品であるXが総額で50,000円の赤字となっているが，特殊品であるYは総額10,000円の黒字で儲かっていると判断されてしまう．このことは，ABC分析に基づく損益計算書をみてもわかるように，本来多くの間接費がかかっているために損をしているはずのY製品の原価が，本来安上がりで儲かっているはずの大量生産品Xに負担させられたためであり，これを内部相互補助という．ABC分析は，こういった原価の内部相互補助を排除することによって，正しい収益性判定に寄与する損益計算の方法である．

§3　ABCからABMへ－二元的ABCとABM－

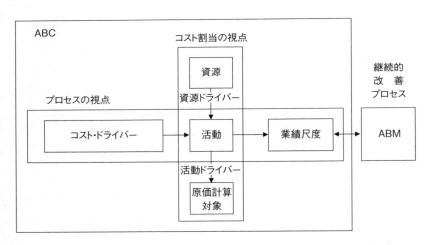

Turney［1992a］p.21のFigure 1 を参考に作成

図14－3　二元的ABCとABMとの関係

3.1　コスト割当の視点

　これまで述べてきたABCの側面は，ターニー（P. B. B. Turney）のいう二元的ABCのコスト割当の視点にあたる（図14－3の垂直部分を参照）．ここでは，原価計算対象について収益性（赤字か黒字か）の分析ができるため（導入・廃棄も含む），製品ミックスの意思決定，価格決定，顧客別戦略の意思決定などに

第14章　ABCとABM

役立つ情報を提供する．また，資源を浪費する活動の所在をも明らかにする．

3.2　プロセスの視点とABM

　次に，ABC の水平的部分を示すコスト・ドライバー→活動→業績尺度の流れは，プロセスの視点と呼ばれ（図14－3参照），ここで測定された活動情報は ABM に活用される．ABM とは，顧客の価値と利益改善のために ABC 情報を活用する広義の原価管理（コストマネジメント）である．ABM は，①活動分析，②コスト・ドライバー分析，③業績分析といった３つのステップからなる．

　図14－3で ABM を ABC と区別しているのは，ABC は測定を請け負うに過ぎないためである．分析はあくまでも ABM で行う．また，ABC のプロセスの視点でいうコスト・ドライバーとは，資源ドライバーや活動ドライバーといった配賦基準とは一応区別されなければならない．活動ドライバーとコスト・ドライバーがまったく一致することもあるが，一部が異なることもある．なぜなら，活動ドライバーは，製品への配賦を重視しているのに対し，コスト・ドライバーは活動の負荷とコスト額を決定するもの，つまり純粋な意味でコストを引き起こす根源的な要因の測定に重きを置いているからである．製品原価算定目的のために，１つの活動や活動センターに１つの活動ドライバーしか用いないことがあっても，原価管理目的のためには，その同じ活動のコスト・ドライバーを多元的に測定する必要が生じることがある．その測定の前提に ABM における分析があったり，ABC の測定情報を再び ABM に活用したりするため，ABC と ABM の情報提供は双方向の関係にある（図14－3参照）．

231

表14-5 ABMの概要

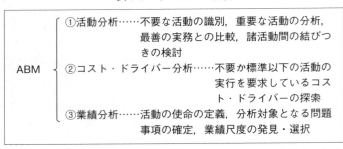

Turney［1992a］pp. 22-24を参考に作成

表14-6 ABMのガイドライン

- 活動の実行に必要な時間と努力を削減する．
- 不要な活動を削除する．
- 低コストの活動を選択する．
- 可能な限り活動を共通化する．
- 未利用資源を再配置するか削除する．

Turney［1992a］pp. 24-25を参考に作成

また，業績尺度とは，活動の業績（効率，時間，質）を継続的に表現したものであり，その測定はABCで行い，いかに活動がうまく行われているかを判断できる尺度を具体的に開発するのがABMである．この場合も，活動のコスト・ドライバーと業績尺度間には当然，密接な関連はあっても，従業員のモチベーションのためにあえて同じにしないほうがよいこともあろう．

ABMによって活動業績を改善していく3つのステップの概要，活動管理とコスト低減のためのガイドラインは表14-5,表14-6に示すとおりである．

3.3 ABMと価値連鎖

ABMによると，どの活動にどれほどの無駄が存在し，その活動を改善すると原価がどれだけ削減できるかを分析できる．顧客価値を造り出す企業内における諸活動間の連結関係を価値連鎖（value chain）という（図14-4）.

第14章　ABCとABM

（出所：Maher［1997］p. 269）

図14－4　価値連鎖と顧客価値

価値連鎖の下では，次の4つのステップで活動分析が行われる．
(1) 顧客が望み期待するものは何かという観点から，活動の目的を識別する．
(2) その活動の内容と作業時間を，製品ないしサービスを提供する始点から終点までを図表化して記録する．
(3) すべての活動を付加価値活動と非付加価値活動とに区分する．
(4) 付加価値活動を効率的に実施できるように継続的に改善活動を行い，非付加価値活動を削減ないし除去するための計画を練る．

この時，付加価値活動が図14－4のような価値連鎖を構成する．そして，図14－5のプロセスにしたがって，組織メンバーは活動を分析し，付加価値活動と非付加価値活動とを分類しなければならない．なお，非付加価値活動は表14－7のように例示できる．

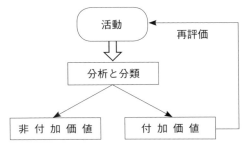

（出所：Maher［1997］p. 269）

図14－5　経営プロセスにおける活動分析

表 14 - 7　非付加価値活動の例示

・原材料，仕掛品，製品の貯蔵活動
・材料・部品，仕掛品，製品の搬送活動
・段取などによる作業待ち時間（段取ロス）
・工員の作業における動作ロス
・不良品の手直しによる手直しロス
・部品待ち，指示待ち等による手待ちロス

3.4　活動分析の例示

ABC は，付加価値活動・非付加価値活動の原価情報を提供するのに役立つ．顧客の注文を受けてから，その製品を製造し，顧客に製品を引き渡すための時間（顧客応答時間；customer response time）の短縮を例に取り上げてみよう．顧客応答時間とは，顧客が発注してから，受注処理時間→製造待ち時間→加工時間→配送時間を経て，顧客が受領するに至るまでの時間のことをいう（Maher [1997]，p. 270）．顧客からの受注活動についての明細は表 14 - 8 のように例示できる（岡本 [2000] pp. 914 - 915：ただし数字例は筆者）．

表 14 - 8　顧客からの受注処理活動についての分析

処理時間（分）	担当部門：業務内容	非処理時間（分）	
2.0	顧客サービス部：受注書類作成	待機	3.0
		移動	6.0
1.0	信用調査部:信用枠の確認	待機	2.5
		移動	5.0
10.0	生産技術部：技術的可能性の検討	待機	25.0
		移動	10.0
4.0	製品企画部：構成部品の確認	待機	7.5
		移動	3.5
4.0	製品企画部：生産スケジュールの調整	待機	40.5
		移動	5.0
1.5	製品企画部：発送日の確定	移動	4.0
3.0	顧客サービス部：発送日を顧客に通知	待機	7.5
計 25.5			計 119.5

第14章　ABCとABM

この場合，受注を処理する時間は全体の17.6％（＝25.5÷（25.5＋119.5）×100％：サイクル効率）にすぎない．残りの82.4％に相当する時間は非付加価値活動によるものである．とりわけ製品企画部の生産スケジュールに組み込むまでの待機時間が40.5分と長い．仮に製品企画部の作業員1人のコストが時間当たり3,000円であれば，そのスケジューリングに2,025円分（＝3,000円×40.5分÷60分）のコストが余計に掛かっていることになる．非付加価値活動を除去することによって，その分の資源（労働力）を他の活動に転用することができれば，作業改善の効果が実現したことになる．この場合にも，消費資源の原価と利用資源の原価を明確に区分することが重要である．つまり，1期間における資源の消費量とは資源の供給量（resource supplied）を表し，そのうちの実際に製品に利用された量が需要量（resource used）であるから，次の2つの等式が成り立つ（Cooper and Kaplan［1992］）．

　　　資源供給量（資源消費量）＝資源利用量＋未利用資源

　　　消費資源の原価＝利用資源の原価＋未利用資源の原価

この等式より得られる未利用資源（resource unused）を活動分析により認識し，資源利用効率を高めることが重要である．ここで，資源利用効率を高めることと資源の利用度を高めることとを混同してはならない．つまり，資源利用効率を高めることとは操業度を上げることではなく，同じアウトプットを生産するために利用する資源の量を減らすことである．このように資源の利用効率を高めることは，トヨタ生産方式やキヤノンのセル生産方式で推進されている多能工化・省人化を促進することにも繋がる。

参考文献

Brimson, J. A. 1995. *Activity Accounting: An Activity-Based Costing Approach*, John Wiley&Son.

Cooper, R. and Kaplan, R. S. 1988. How Cost Accounting Distorts Product Cost, *Management Accounting*, April: 20 − 27.

Cooper, R. and Kaplan, R. S. 1988. Mesure Cost Right: Make the Right Decisions,

Harvard Business Review, September-October: 96 − 103.

Cooper, R. and Kaplan, R. S. 1991. Profit Priorities from Activity-Based Costing, *Harvard Business Review*, May-June : 120 − 135.

Cooper, R. and Kaplan, R. S. 1992. Activity-Based Systems: Measuring the Costs of Resource Usage, *Accounting Horizons*, September : 1 − 13.

Maher, M. 1997. *Cost Accounting: Creating Value for Management 5th ed.*, R.D. Irwin.

門田安弘. 2000. 『原価計算』税務経理協会.

岡本清. 2000. 『原価計算 [六訂版]』国元書房.

櫻井通晴. 1995. 『間接費の管理』中央経済社.

Turney, Peter B. B. 1992a. Activity Based Management, *Management Accounting*, January : 20 − 25.

Turney, Peter B. B. 1992b. *Common Cents: The ABC Performance Breakthrough*, Cost Technology.

『管理会計学テキスト 第3版』p. 333 参照.

第14章　ABCとABM

第14章の練習問題（Maher［1997］pp. 274 − 276 より引用：ただし数字例は筆者）

問14.1

表14−9　練習問題：ABM による損益計算書

M社は，受注による多品種少量生産の特殊品を生産・販売している．

7月のM社の売上高は36,000,000円であり，製品・仕掛品ともに期首と期末の在庫はなかったため，生産量＝販売量であったとする．一方，原価・費用に関する情報は，次の通りである．

・費目別の原価（単位：万円）

単位数レベルの活動		製品支援レベルの活動	
材料費	400	部品管理費	50
動力費	150	市場調査費	250
直接工労務費	50	顧客サービス費	80
外注加工賃	50	技術変更費	100
バッチレベルの活動		工場支援レベルの活動	
段取費	400	工場事務員労務費	120
品質検査費	250	建物減価償却費	350
		工場管理費	200

なお，ここで示した原価の内訳は，すべて消費資源の原価を表している．各資源についての未利用資源キャパシティの原価は次の通りである．

・未利用資源の原価の内訳（単位：万円）

単位数レベルの活動		製品支援レベルの活動	
材料費	0	部品管理費	5
動力費	0	市場調査費	30
直接工労務費	20	顧客サービス費	40
外注加工賃	0	技術変更費	10
バッチレベルの活動		工場支援レベルの活動	
段取費	120	工場事務員労務費	50
品質検査費	40	建物減価償却費	130
		工場管理費	60

以上の資料に基づき，M社の7月のABMによる損益計算書を作成しなさい．また，たとえばバッチレベルの活動に着目した場合，ABMによる損益計算書からマネジャーはどのような情報を得ることができ，いかなる対策を練ることができるかについて論じなさい．

〔平岡秀福（ひらおか・しゅうふく）§1，§2，§3の3.1，3.2〕

〔片岡洋人（かたおか・ひろと）§3の3.3，3.4，練習問題〕

第15章　原価企画

§1　原価企画の意義

　企業はグルーバルな競争に勝ち抜くためには，顧客のニーズを満たすような品質をもった製品を，できるだけ低いコストで生産して販売価格を引き下げなければならない．

　しかるに，製造段階におけるコストの発生要因の大部分は，新製品の開発設計段階において決定されてしまって，製造段階では大幅なコスト低減は望めない．そこで新製品開発設計段階のコスト低減活動が重要になるが，これが本章のテーマである「原価企画」システム（target costing）によって遂行される．

　原価企画とは，新製品開発段階における全社的利益管理を意味し，顧客の要求を満たす品質をもった製品を企画し，中長期利益計画で必要とされる目標利益を所与の市場環境条件のなかで達成するために，新製品の目標原価（目標投資額を含む）を決定し，要求品質・納期を満たしながら，目標原価を製品の設計上で達成するようにとりはからう全社的活動である．ここで新製品開発には，新規モデル，フルモデルチェンジ，マイナーモデルチェンジの開発設計を含んでいる．また原価企画システムとは，このような全社的利益管理活動をサポートする管理システムをいう．

　本章の原価企画システムの内容は，わが国で原価企画を作り上げてきた自動車産業のそれを想定しているが，具体的な数値例は卑近な腕時計の開発を取り上げている．腕時計の例は，Lasester, Ramachandran and Voigt［1997］にもあるが，本章ではQFD（Quality Function Deployment；品質機能展開）の手順に従って説明している．その中でVEやＩＥの適用も述べることにする．

　本章は，原価企画のプロセスを大別して，①　中（長）期利益計画，②　個

239

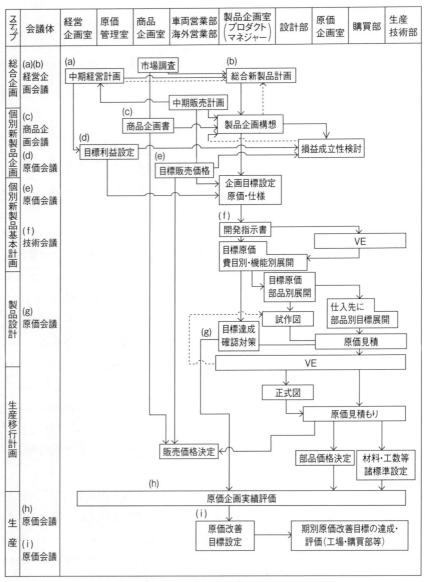

図15-1　原価企画の体系

別新製品企画，③　個別新製品基本計画，④　製品設計，⑤　生産移行計画の
５つのステップから成り立っているとする．この原価企画のシステムは図15－
１に概略図として示されている．次の節において，これらの原価企画の各々の
ステップを詳細に説明することにする．上に挙げたQFDやVEやＩＥは会計技
法ではないが，図15－１のプロセスの中で会計技法とともにミックスして用い
られる．

§２　中（長）期利益計画

　このステップは，全社的な中（長）期の利益計画を立て，期ごとの全社的な
目標利益を各々の製品ごとに設定するプロセスである．３か年利益計画におい
て，開発を行っている機種の一連の製品に対する平均的な数字として，次のよ
うな３種の利益が計算される．

　　　①　限界利益（＝売上高－変動費）

　　　②　貢献利益（＝限界利益－当該機種に跡づけ可能な個別固定費）

　　　③　営業利益（＝貢献利益－配分された固定費）

　さらに，この平均数値に基づいてこれら３種類の利益のそれぞれが，各々の
機種のいくつかの代表的な型式（モデル変種）ごとに計画される．貢献利益の
算定においては，新規の設備や金型の減価償却費，開発費，試作品の製作費等
は各機種に直接跡づけ可能な個別固定費として賦課される．

　通常，**目標利益算定のための利益率**の指標として，これら３種の利益による
売上高利益率が用いられている．これは，売上高利益率が製品ごとに算定しや
すいということも一因となっている．

　新製品を含め全車種に関する全社的な開発計画は経営企画室で立案され，
「総合新製品計画」として確定する．総合新製品計画において全車種に対し新
規開発，モデルチェンジ，マイナーチェンジの時期が決定される．

§3　個別新製品企画

　このステップは，総合新製品計画をもとに商品企画室が市場調査等により，どのような新製品を開発すべきか，モデルチェンジをどうするかについての具体的要望を製品企画室に出すことから開始する．これはトップ・マネジメントの商品企画会議で検討され，そこで**「商品企画書」**が作成される．

　この商品企画書をもとに，製品企画室のプロダクト・マネージャーは製品コンセプトを具体化し，**「製品企画構想」**をまとめる．そのアウトプットは「開発提案」となる．

　「開発提案」では，自動車の場合には当該車の狙いである製品コンセプト，その車種に属する型式（モデル変種）—これはボディ型やエンジン型やグレードサイズ，などの組み合わせで決まるもの—，生産量，設備投資計画，開発予算などが決められている．

　原価企画課は，この段階において，この構想についての原価見積りを行い，損益見込みについて検討する．採算の悪いものは修正ないし廃棄され，採算の良いものだけが採用されることになる．

3.1　顧客の要求品質とその重要度の調査

　スポーツ用腕時計を例にとると，これについて顧客の要求品質の重要度を知り，かつ自社が現在市場に出している類似製品への顧客の評価を知るために，商品企画部は以下の表15−1の質問票でアンケート調査を消費者に対して行った．これはいわゆる市場調査である．QFDでは，この市場調査で明らかになる顧客嗜好を重視することが最も大切である．

　ここで，QFD（Quality Function Deployment；品質機能展開）とは，ユーザーの要求する品質水準によって製品の設計品質の水準を定め，これを各主要機能（サブシステム）の品質水準に展開し，さらにそれを構成する部品の品質水準などに展開していく技法である．QFDには**「コスト展開」**という技法もあ

第15章　原 価 企 画

り，本章ではそれに従ったステップを解説する．

表15－1の質問票では，消費者がスポーツ用の腕時計を購入する時に，まず購入する製品やメーカーを決めるために判断の基準となる要求品質項目とその属性（これを2次的要求品質ともいう）が左側の2つの欄に列記されている．表15－1の左半分にある要求品質とその属性の展開は，QFDでは「**要求品質展開**」と呼ばれている．

この質問票の右側の「**購入での重要度**」欄では，消費者が判断する重要度の度合いを5点法のスケールで回答してもらう．「**使用製品への評価**」欄では，回答者が現在使用している製品のメーカーについて，メーカー名を記入してもらった上で，その使用状況の良し悪しの程度を5点法のスケールで回答してもらう．

表15－1　要求品質の属性の重要度と使用製品評価に関する質問票

要求品質	諸属性	購入での重要度 低い ⟶ 高い	使用製品への評価 悪い ⟶ 良い
快適性	・腕に重過ぎない	1　2　3　4　5	1　2　3　4　5
	・肌に滑らか	1　2　3　4　5	1　2　3　4　5
	・かさばらない	1　2　3　4　5	1　2　3　4　5
スタイル性	・高級感がある	1　2　3　4　5	1　2　3　4　5
	・上品にみえる	1　2　3　4　5	1　2　3　4　5
	・個性的である	1　2　3　4　5	1　2　3　4　5
	・どこでもスマート	1　2　3　4　5	1　2　3　4　5
信頼性	・つねに動く	1　2　3　4　5	1　2　3　4　5
	・数年間もつ電池	1　2　3　4　5	1　2　3　4　5
	・体を傷つけない	1　2　3　4　5	1　2　3　4　5
単純性	・各機能が用い易い	1　2　3　4　5	1　2　3　4　5
	・腕に取付け易い	1　2　3　4　5	1　2　3　4　5
	・針を読み易い	1　2　3　4　5	1　2　3　4　5
機能性	・日時の基本機能	1　2　3　4　5	1　2　3　4　5
	・数周のストップウオッチ	1　2　3　4　5	1　2　3　4　5
	・防水機能がある	1　2　3　4　5	1　2　3　4　5
			使用メーカー名 （　　　　　）

243

3.2 要求品質のウェイトの決定

要求品質展開に関する表15-1の質問票に基づいて，要求品質ごとにその重要度と評価のデータを得る．これは表15-1の重要度欄と評価欄の回答数字それぞれの平均値をとり，それを丸め計算して5段階に評価する．その結果は，次の表15-2の左側の「重要度」と「現在の品質」の列に記入されている（本例では要求品質の第1次項目についてこれらを計算しているが，より詳しくは要求品質の第2次項目である「属性」ごとに算定するのがよい）．

表15-2の「**セールスポイント**」というのは，要求品質の間の優先順位である（ただし，vvv：vv：v＝1.5：1.2：1.0とする）．これは製品戦略上のポリシーに基づくが，商品企画部のスタッフの間で意見交換して決めるのもよい．本例では，例えば快適性，スタイル性および信頼性については，セールスポイントはいずれもvvvの評価であり，単純性と機能性はvの評価である．

表15-2　腕時計の企画品質設定表（商品企画部の作成）

要求品質	重要度	現在の品質		商品計画			ウェイト	
		自社	他社	企画の品質	レベル アップ率	セールス ポイント	絶対的 ウェイト	ウェイト
快適性	5	4		5	1.25	vvv	9.38	26.50%
スタイル性	4	3		4	1.33	vvv	8.00	22.61%
信頼性	5	3		5	1.67	vvv	12.50	35.34%
単純性	3	2		3	1.50	v	4.50	12.72%
機能性	1	4		4	1.00	v	1.00	2.83%
							35.38	100.00%

注：
1）セールスポイントは，要求品質の間の優先順位である（ただし，vvv：vv：v＝1.5：1.2：1.0）
2）絶対的ウェイト＝重要度×レベルアップ率×セールスポイント
3）各要求品質の（相対的）ウェイト＝（各要求品質の絶対的ウェイト÷絶対的ウェイトの合計）×100

また，各要求品質の重要度と自社製品および他社製品の評価値を総合的に考慮して，「企画の品質」を定める．本例では例えば，スタイル性については顧客の考える重要度は4であるのに対し，自社製品の現在の品質評価は3である

から，企画品質としてはスタイル性に４点の目標値を与える．したがって，その「レベルアップ率」は（企画品質評価点）÷（自社製品評価点）＝４÷３＝1.33となる．

これに対し「セールスポイント」は企業側のポリシーを表すので，これを加味して顧客の要求品質の重要度を修正する．それにはまず

絶対的ウェイト＝重要度×レベルアップ率×セールスポイント

を算出する．「快適性」の絶対的ウェイトは，5×1.25×1.5＝9.38となる．

このようにして計算された要求品質別の絶対的ウェイトの値を使って，各要求品質の相対的ウェイトを計算する．すなわち

各要求品質の相対的ウェイト＝（各要求品質の絶対的ウェイト

÷絶対的ウェイトの合計）×100.

例えば，快適性の（相対的）ウェイト＝（9.38÷35.38）×100＝26.50％となる．

§４　個別新製品基本計画

このステップは，自動車の場合には車両のスタイルデザインの決定，エンジン・駆動・足回りなどの各機能別の構造や仕様を決定するので，原価に影響を及ぼす主要な要因が決定され，**製品の目標原価**が決定されるステップである．

図15-1の製品企画室のプロダクト・マネージャーは，設計各部門や購買部，部品メーカーに対して，材料必要量，加工法などを吟味し，加工費や購入部品原価を見積もることを要求する．各部門からの報告に基づいて，積上げ的な見積原価が算定される．

一方，営業部門からは市場における競合品の市価に基づいて**「目標販売価格」**が決められ，それと目標利益により**「目標原価」**が算定される．すなわち，その算式は，

目標販売価格－目標営業利益＝目標原価……………………………(1)

または

目標販売価格×（1－目標売上利益率）＝目標原価………………(2)

245

である.

ここで腕時計のニューモデルの開発例を取り上げると, 次の図15－2のようなプロセスで製品の目標原価が定められる.

目標小売り価格(卸売り価格に30%のマークアップ) ……………………………	136.50円
目標卸売り価格(目標小売り価格×76.92%)………………………………………	105.00円
目標売上利益(＝目標卸売り価格×目標売上利益率20%) …………………………	(21.00円)
販売費と一般管理費(＝目標卸売り価格×目標経費率8%) ………………………	(8.40円)
製品目標原価(＝目標卸売り価格－目標売上利益－販売費と一般管理費) ………	75.60円

図15－2　スポーツ用腕時計の目標原価の算定プロセス(単位は, 100円)

目標原価としては, 上のように市場志向で決められるだけではなく, 過去の開発における原価低減実績からみても達成可能で, しかも, 従業員をその達成に向けて動機づけるような挑戦的な目標値を設定することが必要である. そのためには, 従業員の行動についてのモティベーショナルな要素の考察が必要となる.

他方で目標原価は, 次のような算式で決定されることもある.

　　見積原価－製品単位当たり原価低減目標額＝目標原価……………(3)

ここでの「製品単位当たり原価低減目標額」は, 「製品単位当たり利益改善目標額」でもある.

目標原価はまた, 改善額の目標, つまり低減すべき原価幅としても設定される. すなわち,

　　製品単位当たり見積原価－目標原価＝原価低減目標………………(4)

さて, 製品の目標原価が決定され, その計画が承認されるなら, トップ・マネジメントはそれに基づき開発を命令する. これが**「開発指示書」**である. それに従い, 各々の設計部門は顧客の要求を満足し, しかも原価効率のよい製品を見出すような設計図の作成について, 協力しあうことになる.

次に, 目標原価は製品企画室で, 経理部原価企画室の援助を受けて, 主要機能別に分解される. 主要機能別分解とは, 自動車の場合にはエンジン, 駆動, シャシーなど車両を構成する機能システム別の原価配分である. ここで**主要機**

能とは，**主要機構**とも**サブシステム**とも呼ばれる．通常こうした主要機能システムごとに設計部が設けられていて，各設計部が主要機能システムごとに設計を担当する．

表15－3　要求品質の重要度からサブシステムの目標原価への変換

要求品質	要求品質ウェイト	バンド		発電装置		表示盤		発振機		タイマー	
快適性	26.50%	vvv	6.97	-	-	vvv	6.97	vvv	6.97	vv	5.58
スタイル性	22.61%	vvv	8.48	-	-	vvv	8.48	-	-	vv	5.65
信頼性	35.34%	v	5.44	vvv	8.15	v	5.44	vvv	8.15	vvv	8.15
単純性	12.72%	v	5.09	-	-	vvv	7.63	-	-	-	-
機能性	2.83%	-	-	vvv	0.94	vvv	0.94	-	-	vvv	0.94
サブシステムのウェイト	100%（合計）	25.98%		9.10%		29.47%		15.13%		20.33%	
サブシステムの目標原価	75.60円	19.64円		6.88円		22.28円		11.44円		15.37円	

　ここで，製品1台当たり目標原価を主要機能別に配分するには，QFDの手法によって，まずユーザー（顧客）へのアンケート調査などに基づき顧客の立場からの要求品質の重要度に基づいて主要機能別のウェイトを評価し，さらにメーカーの立場に立って各主要機能の重要度を評価する（後者には安全性や環境保護への配慮，原価低減の達成可能性なども含む）．そして両者の立場の重要度をすり合せて最終的な主要機能別のウェイトを決めることになる．

　表15－3は，先の腕時計の例でサブシステム別の目標原価の分解を示している．

　ここで，要求品質項目が各サブシステムによって満たされる関係は，vvv：vv：v＝1.5：1.2：1.0の比で表される．例えば，**「信頼性」という要求品質が各サブシステムによって満たされる関係**は，信頼性の行で次のように計算されている．

　　バンド：発電装置：表示盤：発振機：タイマー

　　＝v：vvv：v：vvv：vvv ＝1.0：1.5：1.0：1.5：1.5

　　＝35.34%×　{(1.0) ÷ (1.0＋1.5＋1.0＋1.5＋1.5)：1.5/6.5：

$1.0/6.5 : 1.5/6.5 : 1.5/6.5\}$

$=5.44 : 8.15 : 5.44 : 8.15 : 8.15$

　そこで，表15-3において各サブシステムごとの列の数字を縦に合計すると，各サブシステムのウェイトは次のようになる．

　　バンド：発電装置：表示盤：発振機：タイマー

　　$=25.98\% : 9.10\% : 29.48\% : 15.13\% : 20.33\%$

　このウェイトによって図15-2で設定した製品目標原価75.60円（単位100円）を各サブシステムに配分したのが，表15-3の最下行の金額となる．

　さらに，主要機能別に分けられている設計各部は，主要機能別の目標原価をその構成部品別に分解する．この配分方法もQFDの手法によって主要機能別のウェイトを部品別ウェイトに変換し，主要機能別目標原価を部品別に配分して行われる．

　部品別目標原価は，その後の購買部や部品メーカーも含めた製品の設計段階における目標原価達成活動のために利用される．ただし，大手の部品メーカーが最終製品の主要機能（サブシステム）のメーカーである場合には，主要機能の目標原価のレベルで当該サプライヤー（部品メーカー）に目標原価が指示される．

§5　製品詳細設計と原価の造り込み活動

　設計部は，部品別目標原価を設計図面に造り込むように「試作図」をつくる．この作成には各部の情報提供が必要である．また，設計部は「試作図」により実際に製品の試作品（プロトタイプ）をつくり，生産技術部が試作図案によって「工程設計」を行い，加工費の原価見積りを行う．

　ここに**工程設計**とは，設計図上の品物を作るためにはどのような生産工程を経るべきか，という工程順を決め，各工程での必要な設備や必要な加工時間を決めることである．同時に，工程別の加工時間に加工費率（加工費の時間当たりレート）を掛けると，工程別の加工費の見積額が計算される．ここで，加工費

第15章　原価企画

とは直接労務費と製造間接費の合計である.

　また購入部品や素材の原価見積りは購買部が行う. 原価企画課はこれらの見積原価を製品単位にまで集計する. これらの原価見積りには「コストテーブル」と呼ばれるデータベースが用いられる.

　設計段階の原価見積りの目的は, 複数の設計案のうちから原価最小の設計案を選択することにある. もし, 目標原価と原価見積りの間にギャップがあれば, 各部協同してさらに設計図を描き直す. そこではVE（バリュー・エンジニアリング）が適用される（VEについては後述）. その結果により「試作図」の修正が行われる. 何回か修正された後, 「正式図」が完成することになる.

　表15−4の第(3)列のサブシステム別「目標原価」は, 表15−3の最下行の金額である. 生産技術部がコストテーブルを使って見積もった加工費見積額と, 購買担当者がコストテーブルを使って見積もった直接材料費見積額とが原価企画室で集計されて設計部に知らされる. ただし, コストテーブルによる原価見積りは目安に過ぎず, 実際には設計担当者の創意工夫に基づく新しい資材の調達や新しい工法のもとでの見積原価が出てくる. その結果のサブシステム別「見積原価」が表15−4の第(2)列に示されている. この表から目標原価と見積原価との間に製品単体で, 75.61円（単位100円）と96.80円のギャップがあり, 相当の原価低減が必要であることがわかるであろう.

表15−4　サブシステムの目標原価と見積原価の比較

サブシステム	ウェイト (1)	見積原価 (2)	目標原価 (3)	原価低減目標額 (4)=(2)−(3)	価値比率 (5)=(3)/(2)	必要な措置 (6)
バ ン ド	25.98%	31.00	19.64	+11.36	63.35%	再設計が必要
発 電 装 置	9.10%	19.00	6.88	+12.12	36.21%	再設計が必要
表 示 盤	29.47%	15.50	22.28	−6.78	143.74%	機能追加が可能
発 振 機	15.13%	18.84	11.44	+7.40	60.72%	再設計が必要
タ イ マ ー	20.33%	12.46	15.37	−2.91	123.35%	機能追加が可能
合 計	100.01%	96.80円	75.61円	+21.19円	78.11%	

249

なお，実際には目標原価と見積原価との比較は，サブシステムのレベルでだけではなく，サブシステムを構成する部品のレベルでも行われる．

　ここで，**VE**（Value Engineering，あるいは**VA**（Value Analysis）ともいう）について簡単な説明をしておくことにする．VEの基本的な考え方は，製品・サービスには果たすべき機能（働き）があり，機能の水準とそれをつくり出す原価との関係でモノの価値の大小を測ることができるということである．そして，その価値の大小で製品を選択するかどうかを決めることになる．つまり，「いい物（機能面）を安く（原価面）作る」ことが求められるのである．そのためには，製品，部品，構成部品等の果たすべき機能は何かを明確にし，個々のモノごとに全ての機能を動詞と名詞を使って表現することが必要である．そしてそれらの機能相互間で目的・手段の関係を見つけて機能系統図を作成する．この機能系統図においてまとまりのある主要機能ごとに目標原価を割り振り，これをその機能の見積原価との比をとって，**価値比率**（＝目標原価÷見積原価）を算定する．価値比率の低い機能は原価を大きく削減しなければ目標原価を達成できないことになる．そのために，例えば，材料の種類変更，等級の変更，部品におけるボルトの数の削減，部品の形の変更，代替部品の共通利用，塗装方法の変更等が工夫される．このようなアイデアの創出がVEの核心である．

　表15-4の第(5)列の「価値比率」の数字から，この試作図の見積原価9,680円は，目標販売価格から決めた製品目標原価7,561円に比べると，その78.11％にまで低減させなければならないことがわかる（あるいは，21.19％削減しなければならない）．ただし，個々のサブシステムごとの価値比率から見ると，36.21％から63.35％までの削減など，より厳しくなっている．価値比率で100％を超えているサブシステム（表示盤とタイマー）については，コスト面で設計上の余裕があり，このサブシステムは機能を追加向上してもよいことになる．

250

第15章　原価企画

§6　生産移行計画

　このステップは「正式図」をもとに，生産技術部が新製品を生産に移す準備を行う（設備導入や工程の整備）段階である．生産設備の準備状態のチェックと同時に，原価企画課で最後の原価見積りが行われる．生産技術部では，さらに材料消費量，直接工の工数等の諸標準値を設定し，工場に提示する．

　それらの標準値は，生産管理のための**「部品構成表」**（Bill of Materials）のデータや工程別の人的能力計画のデータになるとともに，財務会計上の目的のための標準原価の計算に用いられる．それ故，それらの値は通常1年間固定される．購買部では，この時点で，購買部品価格の交渉を始める．

　原価企画の計画段階の後，量産段階に入り（実務では量産開始を「号口生産」という），約1か月ないし3か月を経過した後，その新製品の実際原価を測定して原価企画の実績評価が行われる．これは，通常，最初の数か月は異常値が出やすいので1～3か月目に測定する．最近ではこの期間が短縮されている．

　原価企画の実績評価は，目標原価の達成状況のチェックのために行われ，もし目標原価が達成されていなければ，責任はどこにあるのか，どこでギャップが生じたかを明らかにするために，原因の探索が行われる．なお，この探索は原価企画活動の良否の評価のために行われる．

§7　原価企画へのITの活用

　これまで見てきたように，原価企画が円滑に遂行されるためには，原価に関する正確な情報が収集・蓄積され，迅速に分析・共有されることが必要である．しかしながら，原価企画は非常に多くの情報を必要とするために，収集・蓄積している間に情報が古くなってしまったり，分析した問題点を克服する前に経済環境が変わってしまったりする事態が生じてしまう．また，情報の収集や分析には「コスト」がかかる．鮮度の高い情報をより正確に，そして素早く

251

安価に原価企画で活用するためには，IT（Information Technology）の活用が欠かせない．

特に，以下の３つの点で，ITは威力を発揮する．

7.1 検索機能の強化による原価企画の迅速化

従来，見積原価を算出するために，デザインや設計部門のエンジニアや購買部門は多くの時間と労力を費やしていた．ほとんどの場合，過去に用いた部品であっても，その品質や精度に関するデータを探しだすのは困難であったし，設計変更が入るたびに，新しくデータを収集して見積原価を算出する作業が繰り返されていた．ところが，部品の価格，品質や強度，利用時の問題点など，原価企画に必要な情報がデータベース化され検索機能が強化されると，部品構成表を作成することが容易になった．部品の価格情報は財務会計のデータとしても活用されたり，一度使われた設計図が類似品の設計にも用いられたりするなど，収集されたデータが蓄積され，複数の用途で活用されることが可能になった．

7.2 構成部品による自動見積作成

設計段階で多くのコストが決まるために，エンジニアはなるべく早い段階でコストに関する情報を知る必要がある．部品や資材について，価格や強度，ほかの部品との相性などのデータが付加されて利用可能になった結果，コンピュータ上で要求品質を満たす見積原価の算出が容易になった．たとえば，それらのデータがCAD（Computer Aided Design）に埋め込まれることによって，デザインをバーチャルに描く段階で，構成部品のおおよその見積原価を積算して，製品原価の自動見積りが可能になり，設計変更による見積原価への影響も把握が容易になったのである．

7.3 企業間で最新情報の共有化

製品を企画する際，常に新しいデータを関係者が共有することは非常に重要

第15章　原　価　企　画

である．部品などの調達は，正式図に基づいて作成された部品構成表をもとに行われるし，工場の生産設備や出荷準備なども同じである．自社内だけでなく，関連会社など，他社との情報共有も欠かすことができない．そうした企業内，企業間の情報共有によってビジネスプロセスが円滑に運営されることは，原価企画にとっても大変有益である．アウトソーシングやシェアードサービスなど，外部資源の利用が当たり前になってきている現在，異なる組織の間で正確かつ迅速な原価企画を実施できる体制の構築も，大きな課題となってきている．

参考文献

赤尾洋二編．1988．『品質展開活用の実際』日本規格協会．

門田安弘．1994．『価格競争力をつける原価企画と原価改善の技法』東洋経済新報社．

登　能暉・門田安弘．1983．「自動車工業における総合的原価管理システム」『企業会計』38(2)：pp.104 - 112．

Ellram, L.M. 2000. Purchasing and Supply Management's Participation in the Target Costing Process. *Journal of Supply Chain Management*, Vol.36 No.22 pp.39-51.

Laseter, T. M., C.V. Ramachandran, K.H. Voigt.1997. Setting Supplier Cost Targets: Getting Beyond the Basics. *Strategy and Business*, First Quarter.

Monden, Y. and K. Hamada .1991. Target Costing and Kaizen Costing in Japanese Automobile Companies. *Journal of Management Accounting Research*, Vol.3 Fall. pp.16-34.

第15章の練習問題

問15. 1　原価企画は目標利益を確保するための利益管理活動の仕組みですか，あるいは利益獲得とは切り離されたコスト低減活動のシステムですか．

問15. 2　原価企画活動にはどのような部門が参加しますか，またその中で調整役の主人公は誰ですか．

問15. 3　原価企画では管理会計の手続きとともにVEが用いられるが，実際にコストを

253

低減させるための具体策を提案していくのは管理会計の役割ですか，あるいは
VEの役割ですか．

問15. 4 以下は，製品の目標原価が算定されるプロセスを表している．以下の
（　　　）内の数値を求めなさい

目標小売り価格（卸売り価格に対し34%のマークアップ）……………………　1560円*

目標卸売り価格（＝目標小売り価格×74.63%**）………………………………　1164.23円

目標売上利益（＝目標卸売り価格×目標売上利益率25%）………………（　　　　円）

販売費と一般管理費（＝目標卸売り価格×目標経費率10%）……………（　　　　円）

製品目標原価（＝目標卸売り価格－目標売上利益－販売費・一般管理費）

　　　　　　　　　　　　　　　　　　　……………（　　　　円）

*　1560円＝1164.23円×1.34；　**0.7463＝1÷1.34

〔**門田安弘（もんでん・やすひろ）**〕

〔**大串葉子（おおぐし・ようこ）**〕

第16章　原価計算の基礎

§1　原価計算の意義

　原価計算（cost accounting）とは，一般に，企業が工業製品を生産したり，サービスを提供する際に消費された経営資源の価値犠牲額（これを製造原価という）を測定するための技法をいう．企業は原価計算期間（通常は1ヶ月）を通じて発生した製造原価を，一連の手続きを経て原価計算の対象へ集計する．上記の定義からも明らかなように，原価計算の対象には製品だけでなくサービスなど様々なものを含むことができる．しかし，「原価計算」という用語を用いる際には，製造業者が工業製品を製造するために要した原価を算定するための一連の手続き（製品原価計算）を指すことが多い．したがって，本章においても，最後の7節を除いて，製造業の工場で製造される製品の製造原価の計算を取り上げることとする．

　製品を製造するために，企業はさまざまな経営資源を消費する．たとえば，材料（もしくは原料），人材，機械，技術などである．製品の製造原価は，このような経営資源の消費額を集計したものである．ここで，経営資源の消費額と購入額とは区別する必要があることに注意が必要である．材料などの経営資源が購入された時点では，たとえ現金支出が発生していても，製造原価は発生していない．経営資源が製品を製造するために消費された（あるいは利用された）とき，はじめて製造原価が発生するのである．

　日本における製品原価計算における原価集計の手続きは，企業会計審議会が昭和37年11月に発表した「原価計算基準」に従って行われる．本章も，原価集計の手続きについては原価計算基準に沿って説明を進めていく．

§2　原価計算の目的

　原価計算基準においては，原価計算の目的として，財務諸表の作成，原価管理，予算による利益管理と経営意思決定，短期利益計画の策定を取り上げている．また，戦略の策定に原価情報を利用するのだから戦略策定にも役立つとする有力な見解（櫻井，2014）もある．本章では，紙幅の関係から，原価計算基準で指摘されている4つの目的について述べる．

2.1　財務諸表の作成

　企業は貸借対照表，損益計算書といった財務諸表を作成するために原価計算を行う．製品の製造原価は，製造原価明細書および損益計算書に記載される．また，製造の過程で生じる材料，仕掛品，半製品，販売の過程で生じる製品の在庫は，棚卸資産として貸借対照表の流動資産の部に記載される．原価計算は，これらの原価および在庫の評価額を算定するために行われる．このように，会計帳簿と結びついた原価計算を原価計算制度といい，財務諸表の作成に必要な情報を提供する．原価計算の結果と財務諸表との関係については，第6節で取り上げる．

2.2　原 価 管 理

　原価計算は，原価管理のためにも行われる．原価計算基準は，原価計算による原価管理としては標準原価管理（原価維持による原価管理）を想定しているが（標準原価計算については，本書の第13章を参照），現在では原価低減など，より広い範囲の原価管理への役立ちが期待されている．

2.3　予算による利益管理と経営意思決定

　原価計算は，予算編成と予算統制による予算管理を実行するために必要な情報を提供する．一般的に，予算管理はマネジメント・コントロールのための技

第16章　原価計算の基礎

法であるとされるが，予算編成の過程では様々な経営意思決定が必要であるため，原価計算は経営意思決定にも役立つとされている．また，経営意思決定には価格決定が含まれる．入札や政府調達を実施する際には原価に基づいて価格決定が行われるため（これをコスト・プラス方式による価格決定という），原価計算の情報は価格の決定にも役立つ．専門的知識の提供などのサービスの価格を決定する際にも，原価計算の情報が用いられることがある．

2.4　短期利益計画の策定

短期利益計画は，その企業が策定した中期経営計画と現有の経営資源を前提として，翌期の目標利益を達成するための方策を探るものである（短期利益計画については，第3章を参照）．短期利益計画の策定に際しては，次年度の目標利益を達成できる方策の組み合わせを探るために，原価を固変分解したうえで損益分岐分析が行われることが多い．原価計算は損益分岐分析の実施および短期利益計画の策定に必要な情報を提供する．短期利益計画に基づいて，年次の企業予算が編成される．

以上のように，原価計算は管理会計，財務会計の両方と強く結びついている．原価計算の過程で明らかになった原価情報は，原価管理，経営意思決定，予算による利益管理，価格決定などに必要不可欠な情報を提供する．これらは，原価計算と管理会計との関係に該当する．また，原価計算は原価計算制度を通じて財務会計とも強い関係を有している．

§3　原価計算の基本的な概念

3.1　原価計算の対象

原価計算の実施に際しては，原価を認識し，測定する対象を決定しなければならない．原価計算の対象を原価計算対象（cost objective）という．最も典型的な原価計算対象は製品であるが，サービス，活動，部門，プロジェクト，顧

257

客など様々な内容を含むこともある．本章では主に製品を原価計算対象とした製品原価計算を取り上げるが，第7節ではサービスや顧客を原価計算対象とするケースも取り上げる．

3.2 原価の分類
(1) 製品原価と期間原価
　製造業者の損益計算書において発生する費用は，原価として認識される総原価と原価に該当しない非原価とに分類される．総原価はさらに，製品原価と期間原価とに分類される．製品の製造原価は製品原価であり，販売費及び一般管理費は期間原価に分類される．以上の関係を図示すると，図16-1の通りである．

図16-1　原価の分類

(2) 製造原価の分類
　製品の製造原価は，①発生形態別に材料費，労務費，経費に，②原価計算対象との関係で直接費と間接費に，③消費量と価格の算定基準に基づき実際原価と標準原価に，④集計される原価の範囲に基づき全部原価と部分原価に，⑤操業度との関係に基づき変動費と固定費とに分類可能である．そのほかにも，様々な分類方法がある．本章ではこのうち，発生形態別の分類，原価計算対象との関係別の分類，消費量と価格の算定基準に基づく分類を取り上げる．
　①　製造原価の発生形態別分類
　製品の製造原価は，その発生形態別に，材料費，労務費，経費という3種類に分類することが可能である．形態別分類とは，財務会計における費用の発生

第16章　原価計算の基礎

を基礎とする分類である.

　材料費とは，経営資源のうち，物品の消費によって発生する製造原価である.　ここで物品とは，完成品（製品）の材料や原料に限定されないことに注意が必要である.　たとえば，工場内で使用される消耗品や工具，機械の運転に要する燃料の消費分も材料費として認識される.

　労務費とは，経営資源のうち，人材が有する労働力の消費によって発生する製造原価である.　工場で働く工員（工場内で製造業務を担当するスタッフ）に対して支払われる賃金が労務費の典型例であるが，賃金の支払いに伴って発生する社会保険料，工員以外の工場の人員（経理業務などを担当する事務員など）の人件費なども労務費に該当する.

　経費とは，材料費と労働力以外の経営資源の消費によって発生する原価である.　製造のために利用された機械の減価償却費，工場の水道光熱費，棚卸減耗費などが該当する.

②　原価計算対象との関係に基づく分類

　製造原価は，原価計算対象との関係で直接費と間接費とに分類できる.　直接費とは，ある経営資源がどの原価計算対象のために消費されたのかが明確である場合の，その経営資源の消費に要した金額をいう.　間接費とは，ある経営資源が複数の原価計算対象のために消費されていることは明らかであるが，どの特定の原価計算対象のために，どの程度の量が消費されたのかを明確に追跡できない場合の，その経営資源の消費に要した金額をいう.

　材料費，労務費，経費は，いずれも直接費と間接費とに分類することができる.　たとえば，特定の製品のために消費されたことが明確な材料の消費額分はその特定の製品に対する直接費となるが，複数の製品の製造に利用された工具の消費分は間接費に分類するのが一般的である.　労務費についても，製品の加工作業に直接携わる工員（このような工員を直接工という）の給与は作業時間に基づいて製品ごとに集計可能なので直接費として認識できる.　しかし，間接業務を行う工員（このような工員を間接工という）の賃金は製品別に集計できないため，製品という原価計算対象に対しては間接費となる.　経費については，外

259

注加工費等が直接費であり，減価償却費，固定資産税，電気・ガス・水道等のユーティリティ費用が間接費である．

以上のように，材料費，労務費，経費を直接費，間接費に分類すると，製造原価は直接材料費，間接材料費，直接労務費，間接労務費，直接経費，間接経費という6種類に分類可能である．また，製品製造のために発生した間接材料費，間接労務費，間接経費は，一まとめにして製造間接費とよばれる．以上の関係を整理すると，図16-2のようになる．

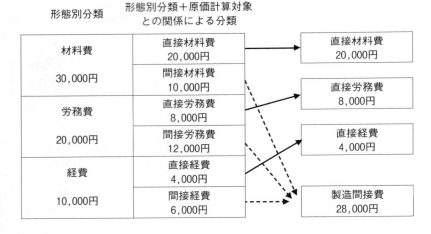

図16-2　製造原価の分類

③　消費量と価格の算定基準に基づく分類

原価は経営資源の消費量に価格を乗じて算定される．製品の製造原価は，この消費量と価格の算定基準の違いに基づき，標準原価と実際原価とに分類できる．

標準原価 (standard cost) とは，科学的もしくは統計的な根拠に基づいて，事前に定めた経営資源の標準的な消費量と標準価格とを乗じて計算した原価である ((1)式を参照).

　　　標準原価＝標準消費量×標準価格・・・(1)

第16章　原価計算の基礎

製品1単位当たりについて見積もった標準原価を原価標準という．標準原価は，原価標準に生産単位数を乗じて算定することもできる（(2)式を参照）．

標準原価＝原価標準×生産単位数・・・(2)

実際原価（actual cost）とは，経営資源の実際消費量に基づいて計算した原価をいう．実際原価は，以下の(3)式に基づいて算定可能である．

実際原価＝実際消費量×実際価格（または予定価格）・・・(3)

(3)式から明らかなように，実際原価は実際単価に基づく場合と予定単価に基づく場合がある．経営管理者にとって管理不能な価格の変化を原価に反映させないため，予定価格を用いることが認められている．

§4　個別原価計算と製品別原価計算

製品原価計算の方法にはいくつかの種類があるが，原価計算対象となる製品の性格及び生産方式に基づいて，大きく個別原価計算と総合原価計算とに分類することができる．

個別原価計算とは，受注生産品に対して適用される原価計算である．たとえば，顧客の注文に応じて生産する特注の家具や機械，造船などが受注生産品の典型例である．受注生産品は製品ごとに使用する材料や仕様が異なるので，製造原価も製品ごとに異なる．そこで，個別原価計算を採用している企業においては，受注品ごとに製造指図書を作成し，個別に製品原価を算定する．

総合原価計算とは，大量生産品に対して適用される原価計算である．我々が普段目にする工業製品の多くは大量生産品であるが，例をあげれば家電製品，衣類，自動車，お菓子などである．大量生産品の原価を計算する場合には，個別の製品ごとに製造指図書を作成して製造原価を計算する必要はない．一定の原価計算期間における製造原価の合計額を算定し，これを原価計算期間における生産量で除して単位当たりの原価を得ることができる．

$$製品の単位当たり原価 = \frac{ある製品の原価計算期間内における製造原価の合計額}{原価計算期間における当該製品の生産量}$$

261

上記の計算式は比較的単純であるが，実際には原価計算期間の開始時点と終了時点においては仕掛品（製造の途中段階にある製品）が存在することが多い．その場合には，仕掛品の評価が総合原価計算の結果において欠かせない要素となる[i]．

§5　個別原価計算の計算例

製品の原価計算は，費目別計算，部門別計算，そして製品別計算という3つの段階を経て実施される．以下では個別原価計算を想定して，それぞれの計算について説明する．

5.1　費目別計算

費目別計算においては，原価計算期間における経営資源の消費額または利用額を認識し，それを発生形態別に貨幣額で測定・集計する．費目別計算において，経営資源の消費額は，図16-3のように分類される．

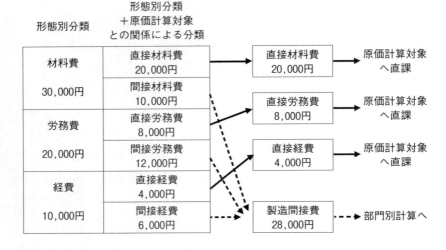

図16-3　費目別計算

第16章　原価計算の基礎

製造原価のうち，直接費に該当する直接材料費，直接労務費，直接経費については，原価計算対象である製品との関係が明らかであるから（直接費の定義を確認するとよい），その額を原価計算対象別に直接に集計する．これを直課という．これに対して，製造間接費は原価計算対象との関係が明らかでないので，原価計算対象である製品に直課することはできない．したがって，製造間接費については，その間接費の発生と関係の深い基準（配賦基準）を用いて複数の原価計算対象に配分する．この原価配分の手続きを配賦という．

仕掛品ごとに要した直接工の直接作業時間数は，典型的な配賦基準である．配賦基準の選択，それに伴う製造間接費の配賦には恣意性が伴い，製造原価の算定が歪められていることが多くの文献で指摘されている．第14章で説明されているABC（Activity-based costing；活動基準原価計算）は，この欠点を解消する原価計算の技法である．

正確な原価計算を行うためには，すべての製造原価が直接費であることが望ましいが，すべての原価を直接費として認識することは困難である．材料費を例にとると，製品別に消費された材料の金額を認識，測定することは可能であろうが，工場で消費された消耗品（たとえば，工具の軍手など）の価値の消費分を製品別に集計することは困難である．また，仮に集計することが可能であったとしても，直課することのメリット（原価の正確性の向上）とその手間にかかるコストとを比較して，あえて間接費として配賦するケースもある．

5.2　部門別計算

部門別計算とは，費目別計算で把握された製造原価を，部門別に分類して集計する手続きである．部門とは，製造工程における作業区分に対応する形で設定された原価の集計単位である（小林，1997）．部門別計算の段階では，部門が原価計算対象となる．また，部門は製品の製造を担当する製造部門と製造部門における生産活動をサポートするための補助部門とに分類される．

部門別計算では，費目別計算で集計した原価のうち，主に製造間接費を部門別に集計する．製造間接費のうち，どの部門で発生したかを特定できるものを

部門個別費という．部門個別費は，部門という原価計算対象に対しては直接費であるから，部門個別費は各部門に対して直課する．これに対して，どの部門で発生したか特定できないものを部門共通費という．部門共通費は，部門別計算でも間接費となる．

　部門共通費は，配賦基準を用いて各部門（製造部門および補助部門）に対して配賦する（1回目の配賦）．次に，動力部門，修繕部門といった補助部門に集計された原価（補助部門費）を製造部門に対して配賦する（2回目の配賦）．2回の配賦を通じて，製造間接費はすべて製造部門に集計される．部門別原価計算の手続きを，図16-4で示した．

部門集計表及び配賦表

摘要	配賦基準	合計	製造部門		補助部門		
			A製造部門	B製造部門	動力部門	修繕部門	工場事務部門
部門個別費							
間接材料費		10,000	4,200	3,400	300	800	1,300
間接労務費		12,000	4,980	4,420	1,300	600	700
間接経費		4,200	1,650	1,350	270	700	230
部門個別費合計		26,200	10,830	9,170	1,870	2,100	2,230
部門共通費							
厚生費	従業員数	920	350	350	50	50	120
建物減価償却費	専有面積	880	320	280	80	50	150
部門共通費合計		1,800	670	630	130	100	270
部門費合計		28,000	11,500	9,800	2,000	2,200	2,500
工場事務部門費	業務処理数	2,500	1,350	1,150			
修繕部門費	修繕作業時間	2,200	800	1,400			
動力部門費	機械運転時間	2,000	850	1150			
配賦額計		6,700	3,000	3,700			
製造部門費合計			14,500	13,500			

図16-4　部門別計算

5.3 製品別計算

製品別計算とは，製造部門に集計された製造間接費を製品別に集計し，製品別の原価を算定する手続きをいう[ii]．部門別計算によって製造部門に集計された製造間接費は，適切な配賦基準を用いて，最終的な原価計算対象である製品に対して配賦される（3回目の配賦）．以上のように，部門別計算を採用している場合，製造間接費は3回の配賦を経て製品別に集計されることになる．原価計算対象が製品である場合には，この製品別計算をもって原価計算の手続きは終了する．原価計算の結果を，図16－5の原価計算表に示した．

製品原価計算では，操業度（企業が保有している能力の活用度）に関連した配賦基準を用いて，製造部門の製造間接費を原価計算対象へ配賦することが多い．たとえば，直接作業時間（特定の製品の製造のために直接工が作業した時間数），機械運転時間，製品の生産量などである．この場合，直接作業時間が長いほど，または生産個数が多いほど，多くの製造間接費が配賦されることとなる．すなわち，長時間の作業を要する製品や多くの個数が生産された製品は，製造間接費も多く負担すべきであるという前提が存在している．

製造指図書No.	No.201	No.202	合計
月初仕掛品	0円	10,000円	10,000円
当月製造費用			
直接材料費	12,000円	8,000円	20,000円
直接労務費	5,000円	3,000円	8,000円
直接経費	2,100円	1,900円	4,000円
製造間接費			
A製造部門	7,000円	7,500円	14,500円
B製造部門	6,500円	7,000円	13,500円
合計	32,600円	37,400円	70,000円

図16－5　原価計算表による原価計算の結果の表示

§6　製造原価明細書と財務諸表との関係

　原価計算の主要な目的の1つには財務諸表の作成があったが，財務会計機構と有機的に結びつく制度としての原価計算体系を原価計算制度という．先に述べたように，原価計算は費目別，部門別，製品別の順に行われる．部門別計算の勘定科目を省略した勘定連絡図を示すと図16-6の通りである．

　また，企業は会計期間（通常は1年）ごとに製品製造原価を計算し，製造原価明細書を作成する必要がある[iii]．製造原価明細書にはいつくかのタイプがあるが，いずれのタイプにおいても費目別の製造原価，期首と期末の材料と仕掛品の残高が表記され，当期の製品製造原価の算定結果が示される．このうち，材料と仕掛品の期末残高の数値は貸借対照表の流動資産として表示され，製品の製造原価は当期の売上原価を算定するための項目として用いられる．製造原価明細書と貸借対照表，損益計算書の関係については，図16-7で示されている．

第16章　原価計算の基礎

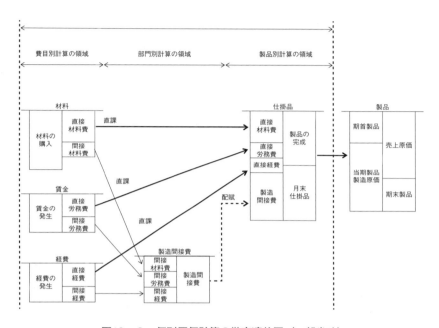

図16－6　個別原価計算の勘定連絡図（一部省略）

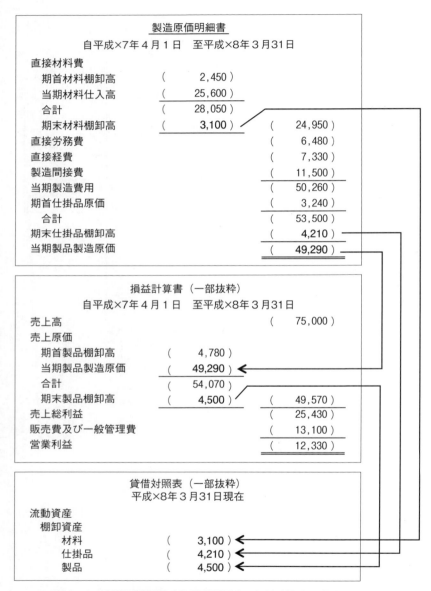

図16－7　製造原価明細書と貸借対照表，損益計算書の関係

第16章　原価計算の基礎

§7　サービス業の原価計算

　本章では製品原価計算を中心に，原価計算の基本的な概念および手続きについてみてきた．しかし，原価計算の対象は製造業には限定されない．サービスや顧客も原価計算対象になりうる．たとえば，コンサルティング・ファームや監査法人ではクライアント別に要したコストを集計して，請求価格の決定や原価管理に役立てている．また，多くの小売業では，顧客層別に原価を集計して収益性を測定し，経営上の意思決定に役立てている．

　サービス業においても間接費の配賦は同様に問題となる．しかし，サービス業においては①原価計算を実施することが法的には要請されていないため，管理会計として原価計算を実施できる，②原価計算の方法が原価計算基準に規定されず，ABCなど自由な技法を利用できる，③サービス業では一般的には在庫が存在しないためすべての原価を期間費用として認識できるという違いがある．

（注）

ⅰ　本書においては，紙幅の関係から，総合原価計算についての詳細な記述は省略している．興味のある読者は，原価計算に関する専門書を読んでいただきたい．

ⅱ　企業によっては，部門別計算を行わないことがある．その場合の原価計算は，①費目別計算，②製品別計算の2段階となる．

ⅲ　内閣府令第19号「財務諸表等の用語，様式及び作成方法に関する規則等の一部を改正する内閣府令」等により，平成26年3月31日以後に終了する事業年度に係る財務諸表からは，連結財務諸表においてセグメント情報を注記している会社では製造原価明細書の開示が免除されることになった．しかし，たとえ開示されないとしても製造原価明細書を作成する必要性までが消失したわけではない．また，同省令の要件を満たさない企業では，現在でも製造原価明細書を作成する必要がある．

269

参考文献

Horngren, C. T., G. L. Sundem, W. O. Stratton. 2002.Introduction to Management Accounting, 12 edition, Prentice Hall.（渡邊俊輔訳. 2004.『マネジメント・アカウンティング第2版』TAC出版）

小林啓孝. 1997.『現代原価計算講義第2版』中央経済社.

櫻井通晴. 2014.『原価計算』同文舘出版.

第16章の練習問題

問16. 1 以下の資料に基づいて，単純個別原価計算に基づいて平成×8年×1月の原価計算表を作成しなさい.

　　1．材料元帳によれば，×1月の材料の平均単価と払出量は以下の通りである.

　　① Ａ 材 料

　　　　製造指図書No.201の製品製造のための払出量45個

　　　　製造指図書No.202の製品製造のための払出量36個

　　　　製造指図書No.203の製品製造のための払出量15個

　　　　平均法による平均払出単価540円／個

　　② Ｂ 材 料

　　　　製造指図書No.201の製品製造のための払出量35kg

　　　　製造指図書No.202の製品製造のための払出量35kg

　　　　製造指図書No.203の製品製造のための払出量15kg

　　　　間接材料としての払出量8kg

　　　　平均法による平均払出単価200円／kg

　　2．労務費に関する資料

　　① 直接工による直接作業時間

　　　　製造指図書No.201の製造に費やした時間：90時間

　　　　製造指図書No.202の製造に費やした時間：110時間

　　　　製造指図書No.203の製造に費やした時間：45時間

第16章　原価計算の基礎

②　直接工の平均賃率450円／時間

③　間接工に対する賃金5,000円

3．経費に関する資料

①　工場の水道光熱費の金額：1,200円（間接経費として取り扱う）

②　工場の機械の減価償却費：775円（間接経費として取り扱う）

4．製造間接費の合計額は，直接作業時間を配賦基準として各製品に配賦する．

5．製造指図書No.202の製品は前月より生産を開始しており，今月（×1月）の月初の時点で，すでに6,500円の製造原価が発生していた．

	No.201	No.202	No.203	合計
月初仕掛品	（　　　）円	（　　　）円	（　　　）円	（　　　）円
当月製造費用				
直接材料費	（　　　）円	（　　　）円	（　　　）円	（　　　）円
直接労務費	（　　　）円	（　　　）円	（　　　）円	（　　　）円
製造間接費	（　　　）円	（　　　）円	（　　　）円	（　　　）円
合計	（　　　）円	（　　　）円	（　　　）円	（　　　）円

問16.2　製造原価明細書の作成

以下の資料に基づき，解答欄の空欄を埋めて製造原価明細書と損益計算書を作成しなさい．

（資料）

1．棚卸資産に関する資料

(1)　期首棚卸資産有高：材料25,000千円，仕掛品65,000千円，製品85,000千円

(2)　材料の庫出高：直接材料として258,000千円，間接材料として72,000千円

(3)　期末棚卸資産有高：材料32,000千円，仕掛品73,000千円，製品77,000千円

2．労務費の発生高：賃金：直接労務費として144,000千円，間接労務費として72,000千円，販売員及び一般管理者給料として90,000千円

3．経費の発生高：直接経費として98,000千円，間接経費として66,000千円

4．当期中の製品完成高：710,000千円

5．当期の製品売上高：1,055,000千円

271

6．当期の販売費及び一般管理費：120,000千円（1から5に含まれる販売費及
　　び一般管理費は除く）

製造原価明細書

（単位：千円）

自平成×7年4月1日　至平成×8年3月31日

直接材料費
　期首材料棚卸高　　　（　　　　　　　　）
　当期材料仕入高　　　（　　　　　　　　）
　合計　　　　　　　　（　　　　　　　）
　期末材料棚卸高　　　（　　　　　　　　）　（　　　　　　）
直接労務費　　　　　　　　　　　　　　　　（　　　　　　）
直接経費　　　　　　　　　　　　　　　　　（　　　　　　）
製造間接費　　　　　　　　　　　　　　　　（　　　　　　）
当期製造費用　　　　　　　　　　　　　　　（　　　　　　）
期首仕掛品棚卸高　　　　　　　　　　　　　（　　　　　　）
　合計　　　　　　　　　　　　　　　　　　（　　　　　　）
期末仕掛品棚卸高　　　　　　　　　　　　　（　　　　　　）
当期製品製造原価　　　　　　　　　　　　　（　　　　　　）

損益計算書（一部抜粋）

（単位：千円）

自平成×7年4月1日　至平成×8年3月31日

売上高　　　　　　　　　　　　　　　　　　（　　　　　　）
売上原価
　期首製品棚卸高　　　（　　　　　）
　当期製品製造原価　　（　　　　　）
　合計　　　　　　　　（　　　　　）
　期末製品棚卸高　　　（　　　　　）　　　（　　　　　　）
売上総利益　　　　　　　　　　　　　　　　（　　　　　　）
販売費及び一般管理費　　　　　　　　　　　（　　　　　　）
営業利益　　　　　　　　　　　　　　　　　（　　　　　　）

〔青木章通（あおき・あきみち）〕

第17章　M&Aの管理会計

§　1　M&Aの目的

　M&AとはMerger（合併）and Acquisition（買収）の略称である．企業の買収や合併は，現在の事業の規模を変えてコスト効率を良くしたり，新しい事業に進出するために他社の事業と統合することによって，「シナジー効果」（相乗効果，融合効果）を出したりする戦略的な意思決定である．

　これらの戦略的意思決定によって，いわゆる「**株主価値**」を大きくしたり，「**企業価値**」を大きくすることが直接的な狙いになる．ここに，株主価値とは**株式時価総額**のことであり，企業価値とは，**株式時価総額プラス負債価値の総額**である．本章では，主にこのような「株主価値」や「企業価値」はどのようにして測定するかを学習する．

　利益を増やすことによって株式時価総額を増大させて，企業の経営者は株主・債権者・顧客・従業員・取引先などの利害関係者たち（ステークホルダー）のさまざまな貢献を引き出す誘因を生み出すことが期待される．ここでの「誘因」とは，配当の増大，借入金返済，良い商品を安く提供，給与の引上げ，購入部品価格の引上げなどである．

　だが，一番大切なことは，これらの誘因をより大きくするために資金を設備投資や研究開発費に支出することであるが，それは単に株主らが「株式時価総額を大きくせよ」と掛け声をかけるだけでは生まれない．実質的なイノベーション（技術革新やビジネスモデルの革新）が必要である．

　経営者の戦略的決定の事項としては，自社の強み（技術力・商品力・ブランド力など）を生かし，他社との合併を通じてそれを拡大することや（「規模拡大」の合併），自社の強みを他社の買収を通じて融合効果としての「シナジー

273

効果」を出し，革新的に発展させること（つまり「進化」させること）がある．
M&Aは，このようにイノベーションを創出すること，つまり自社の強みの進化をもたらすための戦略的意思決定である．「株主価値」の増大はそのための動機づけになり，企業の革新的発展に対して好循環をもたらす．

　以下では，まず§2でM&Aの手法にはどのようなものがあるか，それを買収と合併について解説し，それぞれはどのような会計手法で処理されているのかを解説する．

　次いで§3では，企業評価や事業評価の手法を学び，§4で交付株式数の決定手法，つまり，買収や合併において合併企業（あるいは買収企業）が被合併企業（あるいは被買収企業）の株主にその対価として提供する「交付株式数」の決定手法を解説する．最後の§5は「付録」であるが，§3での企業評価公式の妥当性について数学的証明を行っている．

§2　M&Aと企業結合会計

2.1　M&Aの分類

　M&Aとは合併と買収である．それらは会計学では「企業結合」と呼ばれ，企業または事業を単一の報告主体または単一の経済主体として統合することである．

(1)　買　　　収

　買収とは，買収会社が被買収会社の議決権付き株式の過半数を取得し，その意思決定機関（株主総会）を「コントロール」することをいう．ただし，買収という言葉は，広義には合併も含めて使われることが多いので，合併と区別するために「株式買収」と呼ぶことが多い．

　買収には，(1)「現金による株式取得」の方法あるいは，(2)「株式交換」を用いる．

　(1)は，株式市場で被買収会社の株主が保有している株式を現金で買収することによって行われる（図17-1参照）．これには，相対での「公開買い付け」

第17章　M&Aの管理会計

（TOB；"take over bit"または"tender offer"）も含まれる．

(2)の「株式交換」(Stock exchange)とは，買収会社の株式と被買収会社の株主の保有している株式とを交換することである．この方法によれば，「完全子会社」（100％取得の子会社）を作ることができる（後に示す図17－3を参照）．

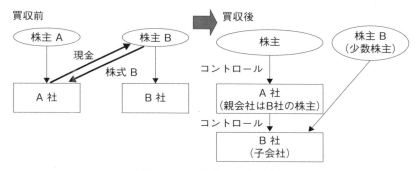

図17－1　現金支出による買収

(2) 合　　併

合併とは，合併会社（取得会社あるいは合併後の新設会社）が被合併会社のすべての資産・負債を取得し，統合した（一体化した）会社を作ることである．これによって合併会社は被合併会社（あるいは合併後会社）の純資産を直接コントロールできるようになる．

合併会社は，取得した資産・負債の対価として，被合併会社の株主に対して新規発行株式（あるいは金庫株）を交付する（図17－2を参照）．

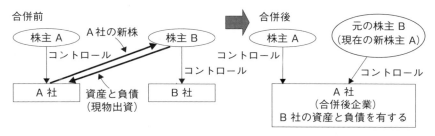

図17－2　合併（現物出資とその対価の新株発行）

275

合併と買収の使い分け

　さて，ここまでで合併と買収の概要をのべた．それでは合併と買収はどのように使い分けられるのか．合併は同業者間で多く行われていて，同業者間の統合によってその事業の「規模の経済」によるコスト低減や売上増加などのシナジー効果を追求する目的で行われる．

　これに対して，株式買収の方は，事業統合による規模拡大のシナジー効果を追求するよりも，既存事業とは直接関係のない新規事業への参入や多角化に適している．市場での株式買収は比較的簡単に支配権を取得できるし，段階的に買い増して行って支配権を強めることも容易である．また撤退する時には，株式を売却しさえすればよい．

(3) **株式交換による完全取得**（完全買収）

　P社とS社とがあると仮定しよう．P社それ自身とS社の株主との間で「株式交換」を実施して，P社は（完全）親会社になる，S社は（完全）子会社になる．

　株式交換では，図17−3に見られるように，S社の株主の全株式がP社の新株と交換される．P社がS社の全株式を所有することになるので，S社はP社に完全にコントロールされる「完全子会社」となる．さらに，S社の元の株主

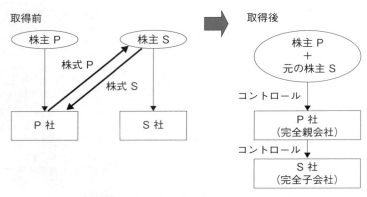

図17−3　株式交換による完全子会社化

第17章　M&Aの管理会計

すべてがＰ社の株式を保有することになるので，かれらはすべてＰ社の新しい
株主になる．

株式交換の実際

　株式交換が実施されるのは，通常，現在の100％未満の子会社（それは現在，
株式市場に上場されていて「少数株主」がいる）について，その親会社が完全子会
社にしようとする場合に行われる．したがって，この方法は「少数株主」を排
除するために用いられ，親会社が子会社を完全にコントロールして，より大き
なシナジー効果を創造する目的で行われる．

２.２　被買収会社や被合併会社の「識別可能な」純資産の「公正価値」

⑴　公正価値とは

　「識別可能な」資産・負債とは，会社が有する個々に識別して認識できる資
産や負債を指すが，有形資産のみならず，特許権や商標などの無形資産も含ん
でいる．

　そのような識別可能な資産の「公正価値」（Fair Value）とは，

①　その資産の取引に必要な知識を有する，

②　独立の第三者が自発的に取引する際に適用する，

③　取引価格をいう．

　それは，通常は，市場における「市場価格」（時価；market price）である．
（市場価格については図17－４のＳ社の資産・負債の時価を参照しなさい．）

　市場が存在していなければ，合理的に計算された金額が公正価値として用い
られる．それは，当該資産から発生する「将来のキャッシュフローの割引現在
価値」と資産の「正味売却価値」とのうち，いずれか高い方である．

277

(2) 買収前のP社とS社の貸借対照表

P社の B/S
（S社を買収する前）

資産		負債と株主持分	
様々の資産	100	負債	50
		株主持分	50
		資本金	15
		払込剰余金	10
		留保利益	25
合計	100	合計	100

S社の B/S

資産		負債と株主持分	
様々の資産	50	負債	30
（時価	100)	（時価　40)	
		株主持分	20
		（時価60＝100－40)	
		資本金	10
		払込剰余金	5
		留保利益	5
合計	50	合計	50

図17－4　買収前のP社とS社の貸借対照表（単位は $ 1 million)

(3) 取得した純資産 $60の市場価値（時価）

　買収や合併において，子会社の<u>すべての資産項目</u>と<u>すべての負債項目</u>は，
「公正価値」（市場価格）で評価しなければならない．部分的な資産・負債，つ
まり親会社の所有する持分の範囲の資産・負債だけの時価評価は，行わない．
全部の資産・負債（つまり，親会社と少数株主の保有する全資産・負債）が新連結
において時価評価されるべきである．

　ここで，「負債の評価」は，一般的な買掛金とか支払手形など借用証文や契
約によって支払予定額が確定されているものは，その「1つの金額」で評価す
ることはいうまでもない．しかし，退職給与引当金とか製品保証引当金など，
見積もりを伴う負債の評価については，複数の将来のキャッシュアウトフロー
とそれぞれの発生確率を予測して期待値計算を行い，さらに割引率を推定し
て，負債の現在価値計算が行われるようになった（徳賀芳弘稿：神戸大「会計学
辞典」第6版参照）．企業会計原則では，製品保証引当金，賞与引当金，退職給
与引当金などは法的な支払義務を伴う引当金であるから，必ず負債として計上
しなければならないとしている．しかし，1998年の改正税法では賞与引当金や
製品保証引当金は損金算入が廃止されるに至り，2002年度の改正では退職給与

引当金も損金算入が廃止されている．IFRS37号では，修繕引当金と特別修繕引当金は負債に該当しないとされている．このように負債の評価法はまだ固まっていない．

さらに，連結Ｂ／Ｓの作成において，有形固定資産の測定のためには，「評価益」は公正価値による評価に基づいて行われる．その理由は，連結会計と企業結合会計においては，現金および（あるいは）株式の交付によって子会社の資産・負債は親会社による実際の買収（買い取り）が行われているからである．あるいは被合併会社の資産・負債は，その時価によって合併会社の株式と交換が行われるからである．つまり，これらの買収や株式交換の取引によって，コントロール権（支配権）が取得されるからである．

したがって，取得者による純資産の買い取りが行われるのだから，それら純資産の「評価益」は単に発生しているだけにとどまらず，それはすでに買い取られて実現されるので，固定資産の評価益も公正価値（時価）によって測定され計上されなければならない（図17－5を参照）．

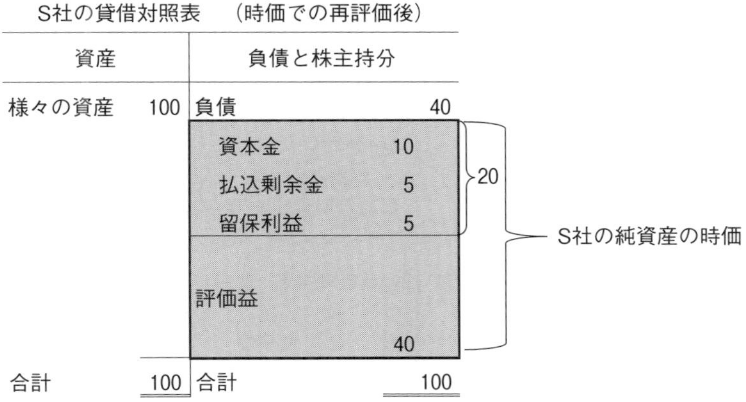

S社の貸借対照表　　（時価での再評価後）

資産		負債と株主持分	
様々の資産	100	負債	40
		資本金	10
		払込剰余金	5
		留保利益	5
		評価益	
			40
合計	100	合計	100

図17－5　時価（公正価値）による再評価後のS社の貸借対照表（単位は＄１million）

⑷　**株式交換による買収後のＰ社の貸借対照表**

　いま，さきにのべた「株式交換」によってＰ社がＳ社を買収することになっ
たとしよう．そのためにＰ社が増資して発行した新規発行株式の総額＄70（時
価で測定された額）は，全額がＰ社の「資本金」に組み入れられたとする．（た
だし，たとえば，資本金＝＄50と，株式払込剰余金＝＄20のように分割して組み入れる
方法もある．）このＰ社の新規発行株式はＳ社の株主に提供され，それと交換に
Ｓ社株主の持つＳ社株式は図17－6のようにＰ社の貸借対照表の資産の部に
「**子会社への投資**」として表示されている（これは正確には「**長期保有株式**」と
か「**長期保有有価証券**」として計上される）．

Ｓ社を買収後のＰ社のB/S

資産		負債と株主持分	
様々な資産	100	負債	50
子会社への投資	70	株主持分	120
		資本金	85*
		払込剰余金	10
		留保利益	25
合計	170	合計	170

* 資本金　85 ＝（既存の資本金　15 ＋ 新規の増資額　70）

図17－6　Ｓ社を買収後のＰ社の貸借対照表（単位は＄1 million）

　図17－6の資産の部に示されているように，増資新株を使った「**株式交換に
よる子会社株式の取得**」は，通常，現金支払いによる株式買収とは違って，親
会社の資本金あるいは払込資本剰余金を増やすことになる．しかし，Ｐ社が買
収以前から手元に保有している「自社株」（金庫株ともいう）を使用して交換す
る場合にはＰ社の資本金は増えない．

　また「**現金払いによるＳ社株式の取得**」の場合には，増資はないとのべた

280

が，これはP社の手元資金が潤沢である場合である．2015年の日本の東証上場企業の過半の企業（1,800社）は「**実質無借金**」である．つまり，手元の「現金及び現金等価物」と「短期売買可能有価証券」との合計（「**手元資金**」と呼ばれる）は，**有利子負債**（総負債額から買掛金と支払手形の残高を差引いた差額）を超えていて，「ネットキャッシュ」企業となっている．こうした会社は通常は，増資などをしなくても買収することができるだろう．

しかし，P社がその現金を用意するために増資したり，社債を発行することも少なくない．この場合にも，P社の資本金や払込剰余金，あるいは社債などが増えることになる．

2.3　貸借対照表の連結プロセス

ここでは，「買収」により親会社が子会社と貸借対照表を連結する手続きを，細かなそれ以外の取引（たとえば，両社間の商品の振替に伴う未実現利益を除去する方法とか，金銭の貸し・借りの関係の相殺など）はないものとして，買収という取引のみがある場合の両者の貸借対照表の結合方法を説明しよう．

それには，数値例として「買収」が起こる前にP社とS社の貸借対照表が図17-4の通りであったとしよう．これに対し，買収直前にS社の資産・負債を公正価値で評価（つまり，時価評価）した直後のS社の貸借対照表は図17-5のようになったとする．

さらに，P社が増資をして資本金を増やして発行した自社株をS社の株主に提供して，S社株主からはS社株を譲り受けた時（つまり「株式交換」でS社株式を取得した時），（あるいは，P社が手元現金を支払って株式市場などからS社株を購入した時）などにおいて，P社の貸借対照表がどのように変化したかを示したものが，図17-6である．

いま，図17-5と図17-6の資産・負債・資本を単純合計すると，次の図17-7のようになる．

281

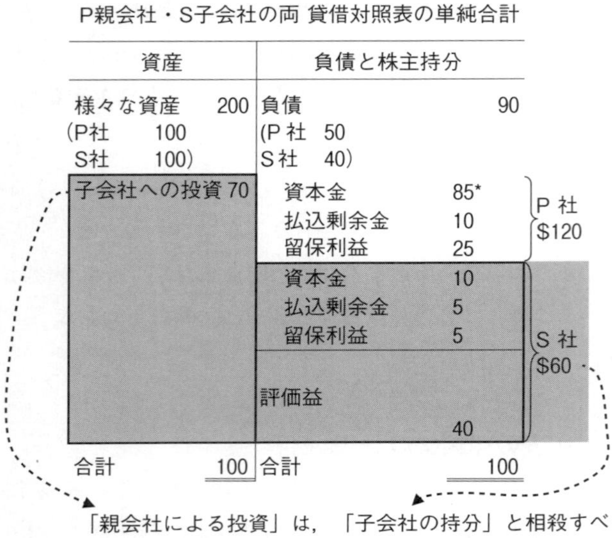

P親会社・S子会社の両 貸借対照表の単純合計

資産		負債と株主持分	
様々な資産	200	負債	90
（P社	100	（P社	50
S社	100)	S社	40)
子会社への投資	70	資本金	85*
		払込剰余金	10
		留保利益	25
		資本金	10
		払込剰余金	5
		留保利益	5
		評価益	
			40
合計	100	合計	100

P社 $120

S社 $60

「親会社による投資」は，「子会社の持分」と相殺すべき．

図17－7　P社とS社の両方の貸借対照表を単純合計したもの

　図17－7において，灰色で示した個所の左側と右側は，左はP社からS社への出資金（S社株主の保有株式の取得額），右はS社がP社から提供を受けた資本金など株主資本の内容である．これら両者はいわば連結企業集団の中での「貸し・借り」のような関係にあるから，グループ内では相殺してしかるべきものである．その相殺の仕訳はつぎのようになる．

　評価益（子会社）40 ／ 子会社への投資　70
（簿価）┌ 資本金（子会社）　10
　　　　├ 払込剰余金（子会社）5
　　　　└ 留保利益（子会社）　5
　のれん　10

　この仕訳を図17－7に適用すると，連結貸借対照表は次の図17－8のようになる．

第17章　M&Aの管理会計

P社の連結貸借対照表

資産		負債と株主資本	
様々な資産	200	負債	90
（P社	100	（P社	50
S社	100)	S社	40)
のれん	*10	株主持分	120
		資本金	85
		払込剰余金	10
		留保利益	25
合計	210	合計	210

* のれん 10 ＝ 子会社への投資　70
　　　　　　　 －取得純資産の時価　60

図17－8　P社の連結貸借対照表

2.4　のれんの概念と算定法

2.4.1　のれんの算定法

　図17－7で左右に色付けされた「子会社への投資」＄70と「子会社の株主資本」＄60は，上記の仕訳によって相殺されるのであるが，両者の差額の＄10は「のれん」（goodwill）というもので，次式で算定される．

　S社が買収において同社の純資産の時価＄60よりも高い価格＄70で買い取られた理由は，S社には「識別可能純資産」以外にも，識別不能な無形資産（超過収益を生む）が存在するからである．したがって，この「のれん」の算定法は，次の図17－9に示された通り，次式による．

　のれん＝S社への投資－S社の純資産の時価

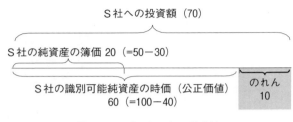

図17−9 「のれん」の算定法

2.4.2 「のれん」の概念

のれんは，将来に「超過収益」を生むという資産の一般的な性格を有する（識別不能な）無形資産の一種である．それは，同業他社の収益を超える特別収益をもたらす（目に見えない）資産である．

およそ資産の本質的性質は，それが将来のキャッシュインフローを増加させるか，将来のキャッシュアウトフローを減ずることにある．会社がそのような資産に支出すれば，その資産は支払額で測定され，貸借対照表上で計上される．

のれんは，単一の独立企業においても，さまざまな重要な無形資産などが組み合わさって発生する．のれんはまた，M&Aの場合には2社のシナジー効果としても発生する．

2.4.3 のれんの償却

2004年のIFRS＃3「企業結合会計基準」および米国のFASAの2001年のFAS＃141（企業結合）と＃142（のれん）は，合併後企業の貸借対照表や親会社の連結貸借対照表に計上された「のれん」について定期的な償却を要求していない．これらの基準は，のれんの減損の認識だけを（それが発生した時にのみ）要求している．他方，日本の企業結合会計基準は，のれんについて，20年以内の規則的な償却を要求している．

のれんの償却が報告利益と株主に与える影響

日本の会計基準はのれんの規則的な償却を求めているから，この償却と同額だけ報告利益は減少してしまう．したがって，株主配当が少なくなってしま

第17章　M&Aの管理会計

う可能性が生ずるので，株主は買収や合併に同意したくなくなるかもしれない．これは企業再生のために，企業グループ組織の再編をめざすM&Aにマイナスの影響をもたらすかもしれない（ただし，パナソニックによる三洋電機の完全子会社後に三洋が業績不良のままであったため，パナソニックは買収時に設定した「のれん」について，巨額の「のれん減損」（約3,000億円）処理をしなければならなくなった．この一時処理損の額は定期償却よりも大きくなった）．

のれん償却は報告利益を少なくするので，他方で，税金支出を少なくする（つまりキャッシュインフロー）の効果もある．

2.4.4　負ののれん
被買収企業の純資産への投資額が，当該純資産の時価よりも小さければ，「負ののれん」が発生している（IFRSでは，「負ののれん」を「バーゲン買い」（Bargain purchase）と呼んでいる）．

負ののれんは，かつては一種の「負債」として取り扱われてきた．しかし，2008年12月改定の日本の企業結合会計基準によれば，これは「当期の特別利益」として処理することが要求されている．

2.5　新株の発行による合併
いま，先に図17－4であげた買収前のP社（親会社）とS社（子会社）の貸借対照表と同じ数字例の会社を，本節の「合併」の事例にも使うことにし，それぞれ合併会社のA社と被合併会社のB社として呼ぶことにしよう．

この合併では，被合併企業（B社）の純資産価値＄70に等しくなるだけ合併企業（A社）の新株が発行され，被合併会社の株主に交付されるものとする．その新規発行株式の時価総額は＄70になり，それは，全額がA社の「資本金」に繰り入れられるものとする．この合併の結果としての，「合併後企業A社の貸借対照表」は，形の上では図17－8で示したP社による完全買収後の「連結貸借対照表」と同一になる．

ただし，合併の場合には被合併社の資産・負債は完全にA社に合一されてしまうので，合併後はB社の株式は消滅してしまう．そのため，買収の場合と

285

違って合併では「株式の交換」が行われたとは考えず，いったんＢ社は清算してＢ社株主による「資産・負債の現物出資」がＡ社に対してなされ，その現物出資額＄70に対する対価としてＡ社株式が時価総額で＄70分だけ元のＢ社株主に交付されると見なす（図17－2を参照されたい）．

§3　企業評価と事業評価の方法

3.1　株主価値と企業価値の概念

M&Aの目的はファイナンス的には，いわゆる「**株主価値**」を大きくしたり，「**企業価値**」を大きくすることにある．ここに，株主価値とは**株式時価総額**であり，企業価値とは，**株式時価総額プラス負債価値の総額**である．本節では，このような買収や合併の中心にある「株主価値」や「企業価値」はどのようにして測定するのかを学習しよう．

総資産の簿価，株主価値および企業価値の関係

はじめに株主価値ないし企業価値の概念が，会計上の貸借対照表における諸項目とどのような関係にあるかを図17－10に示しておく．読者におかれては，本節でさまざまな数式の飛び交う企業価値や株主価値が貸借対照表の負債の部や資本の部の項目とどのような関係にあるかを事前に概観しておいていただきたい．

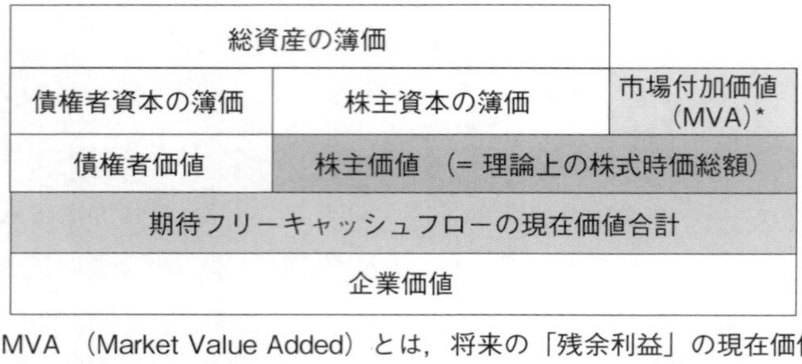

総資産の簿価		
債権者資本の簿価	株主資本の簿価	市場付加価値（MVA）*
債権者価値	株主価値　（＝ 理論上の株式時価総額）	
期待フリーキャッシュフローの現在価値合計		
企業価値		

* MVA （Market Value Added）とは，将来の「残余利益」の現在価値合計

図17－10　総資産の簿価，株主価値および企業価値の関係

第17章　M&Aの管理会計

株主価値は，次のような目的で測定される．

1）M&Aによる「事業統合」：市場におけるターゲット企業（統合の相手企業）の評価によって買収ないし合併．

2）企業グループ内の個々の事業の存続か撤退かの意思決定．

3）事業部や社内分社や子会社を管理する個々の管理者の業績評価．

4）株式の売買の決定．

5）株式上場（IPO）にあたり株式の価格づけ．

3.2　フリーキャッシュフローと残余利益の定義と計算

企業価値や株主価値を増大させるには，管理会計としてどういう会計指標を使えばよいか．それは，「フリーキャッシュフロー」という指標と「残余利益」という指標である．

フリーキャッシュフローというのは，本書の第5章でも説明された「キャッシュフロー計算書」の営業キャッシュフローと投資キャッシュフローとの合計である．

仮説の数字例：

営業キャッシュフロー＝税引後当期利益 $11,000＋利子費用 $1,000

＋減価償却費 $12,000＋運転資本増減額 $0

投資キャッシュフロー＝粗設備投資 $12,000

とすると，

（公式）　フリーキャッシュフロー

＝営業キャッシュフロー＋投資キャッシュフロー

＝（$11,000＋$1,000＋$12,000＋$0）＋（−$12,000）＝$12,000

次に，残余利益には，本書の第6章（事業部制の管理会計）や第11章（EVA）でも出てきたようにいろいろあるが，基本的には「税引後営業利益」データを使うもの（これを「営業残余利益」ということもある）と，「税引後当期純利益」データを使うものとがある．まず前者についてのべよう．これは第11章のEVAと同じものであるから，詳しくはその章をもう一度参照されたい．

287

残余利益にも会社全体のもの（個別企業あるいは連結企業グループ）と個々の事業部のものとがあるが，本章では個別企業の会社全体の残余利益を扱おう.

以下で用いる仮設の数字例は，次のとおり.

第1期のフリーキャッシュフロー＝＄12,000

第1期の税引後当期利益＝＄11,000

第1期の利子費用＝＄1,000

第1期の期首総資産（簿価）＝＄150,000

加重平均資本コスト率＝5％＝0.05

（公式）（営業）残余利益＝税引後の営業利益－総資本コスト

ここで，右辺の第1項の「税引後の営業利益」とはNOPAT（Net Operating Profit After Tax）といわれるもので，すぐ上の仮設数字例では，

NOPAT＝税引後当期純利益＋利子費用＝＄11,000＋＄1,000＝＄12,000.

（これは，営業利益から当期純利益にかかる税金を差し引いたものでもある.）

次に右辺の第2項目の「総資本コスト」（＝加重平均資本コスト率×期首総資産簿価）を計算しなければならない. 上記の数字例を適用すれば，

総資本コスト＝0.05×＄150,000＝＄7,500.

したがって，

残余利益＝税引後の営業利益－総資本コスト

＝＄12,000－＄7,500＝＄4,500.

ここで，加重平均資本コスト率とか資本コストの概念の詳細は，第11章を参照されたい.

3.3　フリーキャッシュフローによる企業価値の測定：実務的簡便法1

仮定：フリーキャッシュフロー（FCFと略称）は将来の各年について一定であると仮定する（この仮定は後に外す）.

前節の数値例を使って，A社の将来の各年にわたって，上記で計算した一定のFCF＄12,000が毎年発生するとしよう. 株主と債権者からなる投資家の最低希望投資利益率（これが加重平均資本コスト率である）＝5％であるとする（加重

第17章　M&Aの管理会計

平均資本コスト率は，それはWeighted Average Cost of Capitalであり，WACCと略称される）．この仮定の下での簡便法によると，

　　　A社の企業価値＝将来の各年の期待FCFの現在価値合計

　　　　　　　　　＝（一定のFCF）÷WACC＝＄12,000÷0.05＝＄240,000…(1)

３．４　残余利益による事業価値の測定：実務的簡便法２

　仮定：上記で計算した残余利益＄4,500は将来の各年について一定のままであるとする．

　すると，次の簡便法で事業価値（あるいは企業価値）が計算できる．

　　　事業価値＝（第１期の残余利益÷加重平均資本コスト率）

　　　　　　　　＋期首総資産の簿価……………………………………………(2)

　　　数値例：第１年目の残余利益＝＄4,500,

　　　　　　　資本コスト率＝５％,

　　　　　　　期首総資産簿価＝＄150,000.

　　　事業価値＝[＄4,500÷0.05]＋＄150,000＝＄240,000.

３．５　企業評価の一般公式と簡便公式

(1)　**手法１（フリーキャッシュフロー*FCF*を使用する方法．ミラー・ミディリアーニ理論**[(1)]**による基本理論的手法）：**

$$企業価値 = \frac{FCF_{t=1}}{(1+i)^1} + \frac{FCF_{t=2}}{(1+i)^2} + \frac{FCF_{t=3}}{(1+i)^3} + \cdots + \frac{FCF_{t=\infty}}{(1+i)^\infty}$$

$$= \sum_{t=1}^{\infty} \frac{FCF_t}{(1+i)^t} \quad \cdots\cdots\cdots\cdots\cdots\cdots\cdots\cdots\cdots\cdots\cdots\cdots\cdots (3)$$

$$= \frac{FCF_1}{i} \quad \cdots\cdots 簡便法の(1)式$$

　　　FCF_tは，第 t 期のフリーキャッシュフローの予測値

　　　i は，加重平均資本コスト率

289

（注1）　Miller and Modigliani（1961）の論文は，企業価値を測定する手法の嚆矢と
なったものである．MM理論では，利子と配当の区別をせず，株主資本と債権
者資本の違いがないので，左辺の「企業価値」は「株主時価総額」として(3)
式を導出している．

(2) **手法2（残余利益を使った方法）：**

$$企業価値＝期首総資産簿価＋\left\{\frac{RI_{t=1}}{(1+i)^1}＋\frac{RI_{t=2}}{(1+i)^2}＋\frac{RI_{t=3}}{(1+i)^3}＋\cdots\cdots＋\frac{RI_{t=\infty}}{(1+i)^\infty}\right\}$$

$$＝期首総資産＋\sum_{t=1}^{\infty}\frac{RI_t}{(1+i)^t}\cdots\cdots\cdots\cdots\cdots\cdots\cdots\cdots\cdots(4)$$

$$＝期首総資産＋\frac{RI_1}{i}\cdots\cdots\cdots\cdots\cdots\cdots\cdots\cdots 簡便法の(2)式$$

上記の(3)式と(4)式の右辺の同等性は，無限等比級数の公式を適用して証明で
きる．さらに，(3)式と(1)式の同等性，(4)式と(2)式の同等性も証明できる（証明
は，本章末の「§5付録」を参照されたい）．

(3) **実務的手法と終価：**

上記の(3)式と(4)式を厳密に適用すると，将来の各年のフリーキャッシュフ
ローや残余利益を無限の未来の各年まで予測しなければならない．それは不可
能だから，実務上はせいぜい5期程度までだけ予測し，それ以降の各年の数値
は，5期末にまとめて「終価」（terminal value）として予測しておくというこ
とが行われる．本章の(1)式・(2)式の簡便法は，それらをさらに簡単にして読者
に理解しやすくしようとしたものである．

$$企業価値＝\sum_{t=1}^{5}\frac{FCF_t}{(1+i)^t}＋\frac{終価_{t=5}}{(1+i)^{t=5}}$$

$$終価_{t=5}＝\frac{FCF_{t=6}}{(i-g)}$$

ここでの終価は，第6期以降のFCFは毎期に一定の成長率gで増大していく
と仮定している．$g=0$の場合は，$終価_{t=5}＝\dfrac{FCF_{t=6}}{i}$となる．このことを数式
で説明しておくと，次のようになる（なお，$t=5$期末の終価は，当該当資産を第5

第17章　M&Aの管理会計

期末に売却するとすれば，$t=5$期末の当該資産の売却価値となる）．

　終価についての数式への注釈：

$$事業価値 ＝（今後５年間の各年のFCFの現在価値合計）$$
$$+ \left\{（終価_{t=5}）÷（1＋資本コスト率）^5\right\}$$

$$終価_{t=5}＝\sum_{t=6}^{\infty}\frac{FCT_t(1+g)^{t-1}}{(1+i)^t}$$

$$＝\frac{FCF_{t=6}}{(i-g)}＝（第６期のFCF）÷（資本コスト率－成長率）$$

§４　合併での交付株式数はどのように決められるか

　合併では，合併会社Ａ（または新設会社）は被合併会社Ｂから「現物出資で得た純資産」への対価として，被合併会社の株主に対してＡ社の株式を交付する（図17－２の左図を参照）．

　そのような交付株式の株式数や買収価格は，次のような３つのステップによって計算される．

4.1　ステップ１：各結合企業の株主価値を測定する

⑴　オールソンモデル

　ここでは，残余利益法によって株主価値を測定するが，前節までの「税引後営業利益」（つまり，NOPAT）をベースにした残余利益（営業残余利益とも呼ばれる）ではなく，財務会計上の「税引後当期純利益」を使う株主価値の計算法を採用してみよう．それは「オールソン・モデル」と呼ばれる計算法である（参考文献Ohlson（1995）による）．

　オールソンモデルは，クリーン・サープラスの仮定を前提にしている．「クリーン・サープラス（Clean Surplus）の仮定」とは，「期末純資産と期首純資産の差」が「税引後当期利益と配当の差」に等しいという仮定である．つまり，純資産は増資や減資では増減しないものと仮定する．ここで，「純資産」とは

291

「株主資本」（Stockholder's Equity）のことである．この仮定を数式で表すと，次のようになる．

　　期末純資産－期首純資産＝税引後当期利益－配当……………………………(6)

　この(6)式から演繹していくと，以下の(7)式で示すような株主価値の測定法が導かれる（平岡秀福（2010）pp.142－144参照）．

　オールソンモデルの株主価値は，配当割引モデル（Dividend Discount Model）（トロント大学のMyron J. Gordonが開発したもので「ゴードンモデル」とも称される）による株主価値と等しくなることも証明されている（上記の平岡秀福（2010）を参照）．

　以下，オールソンモデルを合併のケース（A社がB社を吸収合併）に適用して数値例で説明しよう．まず，前節のような「税引後営業利益」（NOPAT）を使わずに，「税引後当期利益」を使った株主資本利益率ROE（Return on Equity）は，次のようになる．

　　ROE＝「税引後当期利益」÷期首純資産

　これを使うと，年次の「残余利益」は次のように計算される．

　　年次の残余利益＝税引後当期利益－株主資本コスト率×期首純資産簿価
　　　　　　　　　　＝（ROE×期首純資産簿価）
　　　　　　　　　　　－株主資本コスト率×期首純資産簿価
　　　　　　　　　　＝（ROE－株主資本コスト率）×期首純資産簿価
　　　　　　　　　　＝「エクイティ・スプレッド」×期首純資産簿価

　オールソンモデルでは，加重平均資本コスト率ではなく，株主資本コスト率が用いられることに注意されたい．

　　株主価値
　　＝第1期目の純資産簿価
　　　＋$\sum_{t=1}^{\infty}$〔（t期の残余利益）÷（1＋株主資本コスト率）^{t}〕………………(7)

　いま，第1期目の残余利益は，無限の未来についてコンスタントに継続すると仮定すると，無限等比級数の公式によって次のような簡便式(8)で測定できる．

第17章　M&Aの管理会計

株主価値＝第１期首の純資産簿価

　　　　＋［第１期の残余利益÷株主資本コスト率］

　　　＝第１期首の純資産簿価

　　　　＋［(ROE－株主資本コスト率)×期首純資産］

　　　　÷株主資本コスト率……………………………………………………(8)

(2)　**数値例の適用**

　いまA社がB社を合併するとして，合併直前のA社とB社の過去３か年間の平均のROEが，それぞれの会社の将来の予想ROEであると見なそう．

　　　A社のROE＝16%　　A社の期首純資産簿価＝＄50million.

　　　B社のROE＝10%　　B社の期首純資産簿価＝＄20million.

　また，合併企業A社の株主資本コスト率＝８％である．

　さらに，合併日の証券取引所におけるA社株式の時価＝＄210とする．

　これらの数値データを簡便法の(8)式に代入すると，

　　　A社の株主価値

　　　　＝A社の第１期首の純資産簿価

　　　　　＋(A社の第１期の残余利益)／株主資本コスト率

　　　　＝A社の第１期首の純資産簿価

　　　　　＋((A社のROE－株主資本コスト率)×期首純資産簿価)

　　　　　／株主資本コスト率

　　　　＝＄50＋［(16%－８％)×＄50］／８％＝＄100million.

　　　B社の株主価値

　　　　＝＄20＋［(10%－８％)　×＄20］／８％＝＄25million.

　本例でのドル金額（＄）の単位は，百万ドルと仮定されているので，各社の株主価値の金額は，それぞれ＄100millionと＄25millionである（例えば，＄100millionは１億ドルである）．

4.2　ステップ２：合併比率の決定

　合併比率（merger rate）とは，被合併会社の１株に対して，合併会社の株式

293

を何株だけ（被合併会社の株主に）交付すべきかを表す割合である．すなわち，

合併比率

＝（被合併会社の１株あたりの株主価値）

÷（合併会社の１株あたりの株主価値）　………………………………………(9)

仮定の追加数字例：

合併前のB社の発行済み株数＝200,000株，

合併前のA社の発行済み株数＝500,000株

とすると，

合併比率＝（＄25million ／ 200,000株）÷（＄100million ／ 500,000株）

＝125÷200＝0.625

上記で算定した合併比率0.625とは，B社株式の１株を持っている株主は，A社の株式を0.625株だけ交付されることを意味する．いい換えると，B社株式を1000株もっている株主は，A社株式を625株だけ交付されることになる．

なお，合併比率の算定は，実際の合併の半年〜１年ほど前におけるプレスリリースの時点でも公表される．（ただし，実際の合併までに株価が大幅に変化した時には，合併比率は修正される．）

また，合併公表後に合併後企業がもたらすであろう大きな「シナジー効果」が事前に予想されたとしよう．この場合のシナジー効果を買収価格の中に組み入れて，被合併会社株主に配分すべきであるが，そのことは当初の両社それぞれの単独企業の「スタンドアローンの株主価値」（１株当たり）の比を使った(9)式による合併比率を使えば可能である（くわしくは門田（2009）pp.58−60参照）．

4.3　ステップ３：交付株式の総数および買収価格を算定する

A社の交付株式の総数

＝（合併前のB社の発行済み株式総数）×（合併比率）

＝200,000株×0.625

＝A社の株式の125,000株．

この場合，A社はB社の株主に対してA社株を125,000株だけ交付すればよ

いのであるが，その時の実際のＢ社の「株主価値」，つまりＢ社の「買収価格」は，合併直前のＡ社の実際の「株式時価」を用いると（例えば，合併直前の10日間の株価平均＄210を使用），次式のように＄26,250,000となる．すなわち，

　　買収価格＝Ａ社の交付株式数×Ａ社の株式時価
　　　　　　＝125,000株×＄210＝＄26,250,000.

§5　付録：企業評価の諸公式の合理性証明

5.1　フリーキャッシュフロー法の簡便法の証明

　本章の§3では，企業と事業の評価に関する公式として，§3でのべた(3)式から簡便法の(1)式へ，また(4)式から簡便法の(2)式へとどのように導かれるのかを数学的に証明しておく．

　第 t 期（$t=1$，…，∞）以降は FCF_t が毎年 g ％の比率で成長するものと仮定すると，

　無限等比級数の公式：

$$S = \sum_{t=1}^{\infty} a_1 \gamma^t = a_1 / (1-\gamma)$$

（ここで，a_1＝初項，γ＝公比（各期に共通の乗数項），ただし，$|\gamma|<1$ と仮定）を適用すると，

$$CV_n = \sum_{t=1}^{\infty} \frac{FCF_t}{(1+k_w)^t}$$

$$= \sum \frac{FCF_1 \times (1+g)^{t-1}}{(1+k_w)^t} = \sum \frac{FCF_1}{1+k_w} \cdot \left(\frac{1+g}{1+k_w}\right)^{t-1}$$

$$= \frac{FCF_1/(1+k_w)}{1-(1+g)/(1+k_w)} = \frac{FCF_1}{k_w-g} \text{；公比} |\gamma|<1 \text{だから，} k_w>g \text{が仮定。}$$

ここで，$g=0$ ならば，　$CV_n = \dfrac{FCF_1}{k_w}$

　(2)式で表わされる簡便法も，上の(1)式による簡便法と同様のプロセスで証明できることは自明であろう．

また第3節の3.3節でのべた，企業価値測定の実務的手法の「終価」を求める簡便法も，上の(1)式と同様の方法で証明できることは自明である．

5.2　企業価値評価のフリーキャッシュフロー法と営業残余利益法の同等性

「(営業) 残余利益」による企業評価は，理論的には企業評価のための割引キャッシュフロー・モデルに基づいている．そこで両者の関係をきちんと説明しておこう（これは，上記の§1における(1)式と(2)式のそれぞれの右辺が同等であることの証明である）．

はじめに，本節で使う記号をリストアップしておく．

$CP_t = t$期首の総資本簿価

$ORI_t = t$期の期待される経済的利益，つまり「営業残余利益」

　　　　　（t期末に発生すると仮定）

$FCF_t = t$期に期待されるフリーキャッシュフロー

$NOPAT_t = t$期に期待される税引後営業利益（t期末に発生すると仮定）

$NI_t = t$期のネットの投下資本純増分，つまり「純投資」

　　　　　（＝粗投資－減価償却費）

c＝加重平均資本コスト率

g＝毎期の総資本の純増加率

r＝総資本利益率

すでにのべたように，ORI_tによる企業価値V_{ORI}は次のように決まるものとされる．

$$V_{ORI} = 期首総資本簿価＋市場付加価値$$
$$= CP_1 + MVA_1$$
$$= CP_1 + \sum_{t=1}^{\infty} \frac{ORI_t}{(1+c)^t} \quad \cdots\cdots\cdots(4)$$

他方で，フリーキャッシュフロー（FCF）による企業価値V_{FCF}は次のように決まる．

296

第17章　M&Aの管理会計

$$V_{FCF} = \sum_{t=1}^{\infty} \frac{FCF_t}{(1+c)^t} \quad \cdots\cdots\cdots\cdots\cdots\cdots\cdots\cdots\cdots\cdots\cdots\cdots\cdots\cdots\cdots\cdots\cdots\cdots(3)$$

ここで $FCF_t = t$ 期のフリーキャッシュフロー

(3)式の V_{ORI} と(4)式の V_{FCF} とは，理論的には同じ額になる．そのことを以下でできるだけ分かり易く証明しておこう．

$$V_{FCF} = \sum_{t=1}^{\infty} \frac{FCF_t}{(1+c)^t}$$

$$= \sum \frac{NOPAT_t - NI_t}{(1+c)^t}$$

$$= \sum \frac{CP_t r - CP_t g}{(1+c)^t}$$

（ここでは $NOPAT$ は毎期，期首投下総資本 CP_t の総資本利益率 r 倍だけ発生し，毎期の投下資本純増分（つまり「純投資」）は CP_t の成長率 g 倍だけ発生するものとする．）

$$= \sum \frac{CP_t(r-g)}{(1+c)^t}$$

$$= \sum \frac{(CP_t \cdot c - CP_t \cdot g) + (CP_t \cdot r - CP_t \cdot c)}{(1+c)^t}$$

$$= \sum \frac{CP_1(1+g)^{t-1}(c-g)}{(1+c)^t} + \sum \frac{CP_t(r-c)}{(1+c)^t} \quad \cdots\cdots\cdots\cdots\cdots\cdots(5)$$

ここで，(5)式の右辺の第1項 $= \sum \left\{ \frac{CP_1(c-g)}{1+c} \right\} \left(\frac{1+g}{1+c} \right)^{t-1}$

$$= \frac{\left\{ \dfrac{CP_1(c-g)}{1+c} \right\}}{1 - \left(\dfrac{1+g}{1+c} \right)} = CP_1$$

ここでは，無限等比級数の公式：

$$S = \sum_{t=1}^{\infty} a_1 \gamma^t = a_1 / (1-\gamma) \quad （ただし，a_1 = 初項，\gamma = 公比）$$

この場合，$a_1 = \dfrac{CP_1(c-g)}{1+c}$ ，$\gamma = \dfrac{1+g}{1+c}$ を適用している．

また，(5)式の右辺の第2項の分子 $CP_t(r-c)$ は，ORI_t の定義そのものであるから，

$$(5)式の右辺 = CP_1 + \sum \frac{ORI_t}{(1+c)^t} = V_{ORI}$$

（証明了）

参考文献

伊藤邦雄. 2010.「ゼミナール　現代会計入門」(第8版) 日本経済新聞社.

平岡秀福. 2010.「企業と事業の財務的評価に関する研究」創成社.

前川南加子・野寺大輔・松下円. 2005.「M&Aの基礎」日本経済新聞社.

Miller, M. and Modigliani, F. 1961. "Dividend Policy, Growth, and the Valuation of Shares," *Journal of Business*, Vol.XXXIV, No.4, October, pp. 411-433.

門田安弘. 2009.「企業間協力のための利益配分価格」税務経理協会.

門田安弘. 2001.「管理会計：戦略的ファイナンスと分権的組織管理」税務経理協会.

日本公認会計士協会編. 2007.「企業価値ガイドライン」清文社.

Ohlson, J. A., 1995. Earnings, Book Values, Dividends in Equity Valuation, *Contemporary Accounting Research*, Vol. 11, No.2. pp. 661-687.

白木　豊・加藤直樹.1997. EVAモデルの考え方と日本企業への適用,「証券アナリスト ジャーナル」11月号, pp.17-35.

第17章の練習問題

問17.1　企業評価と事業評価の目的（用途）を，2つ以上のべなさい.

問17.2（連結企業集団の価値の算定）:

　　　　X社の連結企業集団に関する来年度のNOPAT（税引き後営業利益；"net operating profit after tax"）は，＄15,000と予測されたとしよう（表17-1参照）.

　　　さらに，この連結企業集団に関する来年度の「フリーキャッシュフロー」は，NOPATと同額の＄15,000と予測されたとしょう（表17-1参照）. このことの意味するところは，

　　粗投資額＝減価償却費額

と仮定するので，当初の総資産は将来のどの年度の期首でも一定となる.

　　　さらに，運転資本の各項目（たとえば，売掛金，在庫，買掛金など）の金額は，期首と期末で不変であると仮定しているので，営業キャッシュフロー＝NOPAT＋減価償却費と単純化している.

第17章　M&Aの管理会計

表17－1　連結企業集団のNOPATとフリーキャッシュフロー

		（単位は＄1million）
連結集団の各年の NOPAT	＄15,000	将来の各年で一定
連結集団の各年の フリーキャッシュフロー	NOPATと同額の ＄15,000	将来の各年で一定
連結貸借対照表の期首総資産	＄200,000	
注：加重平均資本コスト率＝5％		

設問17.2.1　（フリーキャッシュフローによる企業価値の算定）：

「フリーキャッシュフロー」を用いて連結企業集団の価値を計算しなさい.

設問17.2.2　（NOPATによる企業価値の算定）：

この連結企業集団の価値を，「営業RI」の額と連結貸借対照表の「期首総資産」を用いて算定しなさい.　読者は，将来の各年のRIはコンスタントであると単純化仮定をおきなさい.

〔**門田安弘**（もんでん・やすひろ）〕

索　　引

＜欧文＞

ABC（活動基準原価計算）…… 223, 227
ABM ……………………………… 230, 231
ABM のガイドライン ……………… 232
ABM の概要 ………………………… 232
Accountability ……………………… 4
Acquisition ………………………… 273
Bargain Purchase………………… 285
BSC………………………………… 187
CAD（Computer Aided Design）
………………………………… 252
CAPM ………………………… 149, 174
Clean Surplus …………………… 291
CSF………………………………… 193
CVP 分析 …………………………… 38
DCF ………………………………… 143
Delphi Technique………………… 15
Effectiveness……………………… 3
Efficiency ………………………… 3
EOQ モデル ……………………… 76
EVA（Economic Value Added）
…………………………… 96, 171, 172
EVA スプレッド ………………… 178
FA（Factory Automation）……… 219
FA 化……………………………… 219
Fair Value ………………………… 277
Goal congruence ………………… 10
Goodwill…………………………… 283
Interactive control ……………… 7

IR …………………………………… 198
IRR ………………………………… 144
IT（Information Technology）…… 252
KPI（Key Performance Index）
………………………… 99, 100, 193
KPM（Key Performance Measure）
………………………………… 100
M&A ……………………………… 163
Merger …………………………… 273
Merger Rate ……………………… 293
Management Control …………… 5
MVA ……………………………… 286
NOPAT ……………………… 172, 292
NOPAT マージン………………… 180
Opportunities …………………… 8
PDCA サイクル ………………… 33
Period Planning ………………… 11
PPM ………………………… 157, 171
Programming …………………… 10
Project Planning ………………… 11
QFD（Quality Function Deployment）
………………………… 239, 242
ROI（投資利益率）…… 87, 94, 95, 178
SBU………………………………… 154
Stock Exchange ………………… 275
Strategic Planning ……………… 10
Strategy Formulation …………… 5
Strategy Implementation ……… 6
Strengths ………………………… 8
"Strengths, Weaknesses, Opportunities
and Threats Analysis" ……… 9

301

SWOT 分析 ……………………… 9
Task Control ……………………… 6
Threats ……………………………… 8
TOB ……………………………… 275
TOC（制約条件理論）…………… 132
VA（Value Analysis）…………… 250
VE（Value Engineering）
………………………… 249, 250
WACC …………………………… 173
Weaknesses ……………………… 8

＜ア行＞

アクション・プラン（実行計画）… 193
安全性……………………………… 81, 82
安全性分析………………………… 24
安全余裕率………………………… 40, 41
安定性……………………………… 81, 82
意思決定…………………………… 119
意思決定過程……………………… 137
インセンティブ…………………… 88
インプレスト・システム………… 71
インベストメント・センター…… 89, 93
売上原価予算……………………… 60
売上債権回転率…………………… 75
売上債権の管理…………………… 75
売上総利益率……………………… 42
売上高営業利益率………………… 23
売上高経常利益率………………… 23
売上高研究費比率………………… 27
売上高新製品比率………………… 27
売上高伸び率……………………… 26
売上高販管費率…………………… 23
売上高予算………………………… 59
運転資金…………………………… 72, 73

運転資金管理……………………… 72, 73, 75
運転資本…………………………… 73
営業活動…………………………… 79, 80
営業活動によるキャッシュ・フロー
………………………………… 28
営業キャッシュ・フロー対総負債比率
………………………………… 82
営業キャッシュ・フロー対
　短期債務比率…………………… 81
営業キャッシュ・フロー対
　長期有利子負債比率…………… 82
営業キャッシュ・フロー対利息比率
………………………………… 82
営業キャッシュ・フロー対
　流動負債比率…………………… 81
営業キャッシュ・フロー比率…… 30, 81
営業債権の管理…………………… 75, 77
営業残余利益……………………… 288
影響づけ…………………………… 2
営業利益…………………………… 241
エクイティ・スプレッド………… 292
遠心力……………………………… 113
オールソンモデル………………… 291

＜カ行＞

買入信用のコスト………………… 77
会計責任…………………………… 4
会社分割…………………………… 109
回収期間（法）…………………… 145
開発指示書………………………… 246
開発提案…………………………… 242
外部環境調査システム…………… 7
外部分析…………………………… 17
課業コントロール………………… 6

索　　引

課業コントロールのための管理会計
　……………………………………　13
学習と成長の視点…………………　191
各要求品質の相対的ウェイト………　245
加重平均資本コスト………　97, 149, 173
価値比率……………………………　250
活動基準管理………………………　223
活動基準原価計算……………　42, 223
活動コスト・プール………………　225
活動センター………………………　224
活動ドライバー………………　225, 231
活動分析……………………………　231
合併・買収…………………………　115
合併比率……………………………　293
株式移転……………………………　109
株式交換……………　109, 275, 276, 280
株主価値………………………　273, 286
株主資本コスト……………………　173
貨幣の時間価値……………………　120
関係比率分析………………………　19
勘定科目法…………………………　36
間接費………………………………　259
間接法………………………………　79
完全競争市場………………………　42
カンパニー制…………………　99, 103
管理会計……………………………　1
管理会計の定義……………………　2
管理可能貢献利益…………………　92
管理可能差異………………………　215
管理指標……………………………　35
関連原価……………………………　122
関連収益……………………………　122
関連情報……………………………　120
キー・バリュー・ドライバー……　100
キー・プロセス・マッピング………　100

機会費用……………………　125, 126, 149
企画の品質…………………………　244
期間計画………………………　11, 34
期間予算……………………………　50
企業価値………………………　273, 286
企業ガバナンス……………………　104
企業間の情報共有…………………　253
企業戦略……………………………　153
企業予算……………………………　49
企業理念……………………………　113
基準操業度…………………………　207
期待投資収益率……………………　149
期中統制……………………………　53
機能別戦略…………………………　156
忌避宣言権…………………………　98
基本予算……………………………　51
キャッシュ・フロー…………　78, 81
　――インタレスト・カバレッジ
　　・レシオ………………　82
　――マージン………………　29
　――管理………………　78, 81
　――計算書………　78, 79, 80, 81
　――循環………………　28
　――比率………………　82
　――分析………………　29, 81
キャパシティ・コスト……………　42
クリーン・サープラス……………　291
休業原価法………………………　36, 37
吸収分割……………………………　109
求心力………………………………　113
脅威…………………………………　8
業績管理会計………………………　2
業績差異分析………………………　13
業績尺度……………………………　232
業績測定システム…………………　195

303

業績ドライバー……………………… 199
業績分析…………………………… 231
競争戦略…………………………… 164
競争優位…………………………… 164
共通固定費………………………… 162
業務的意思決定…………………… 120
許容操業度………………………… 219
許容標準直接作業時間…………… 219
金のなる木………………………… 159
金融持株会社……………………… 105
偶然的原価………………………… 205
経営資源…………………………… 163
経営戦略…………………………… 153
経営分析システム…………………… 8
経験曲線効果……………………… 157
経済性分析……………………… 137, 139
経済的発注量………………………… 76
経済的発注量（ＥＯＱ）モデル… 71, 76
経済（的）付加価値…… 96, 97, 115, 171
継続予算……………………………… 50
経費………………………………… 259
権威型予算管理……………………… 53
減価償却費…………………………… 62
原価維持…………………………… 205
限界利益……………………… 229, 241
限界利益率…………………………… 46
原価企画………………………… 42, 219
　　──システム（target costing）… 239
　　──の体系…………………… 240
原価計算…………………………… 255
原価計算対象……………… 224, 257
現価係数…………………………… 139
原価差異…………………………… 205
原価差異分析………………… 206, 211
原価低減目標……………………… 246

原価標準……………………… 206, 261
原価要素…………………………… 207
原価率………………………………… 39
現金資金……………………………… 68
　　──管理…………… 68, 70, 71
　　──計画…………………… 68
現金支出を伴わない費用………… 140
現金収支表…………………………… 62
現金適正取得額……………………… 72
現金適正保有高の決定……………… 71
現金同等物…………………………… 79
現金流出入額……………………… 137
現金割引期間内に支払わない
　ことによって発生するコスト… 77, 78
現在価値法………………………… 143
検索機能の強化…………………… 252
現場管理……………………………… 6
効果性…………………………… 3, 14
好機………………………………… 8
貢献利益…………………………… 241
公式法……………………………… 210
工場支援レベル…………………… 227
公正価値…………………………… 277
構成比率分析………………………… 19
構造的意思決定…………………… 120
工程設計…………………………… 248
高低点法（二点法）…………… 36, 37
交付株式数の決定………………… 291
効率性………………………………… 3
子会社への投資…………………… 280
顧客の視点………………………… 189
小口現金制度………………………… 71
コスト・センター…………………… 89
コスト・ドライバー………… 227, 231
コスト・ドライバー分析………… 231

索　引

コストテーブル……………………… 249	財務レバレッジ……………………… 23
コスト展開…………………………… 242	材料価格差異………………………… 212
コスト割当の視点…………………… 230	材料数量差異………………………… 212
固定資本……………………………… 73	材料費………………………………… 259
固定長期適合率……………………… 25	差額原価……………………………… 122
固定費…………………………… 35, 209	差額収益……………………………… 122
固定費能率差異……………………… 216	差額分析（差額原価収益分析）…… 120
固定比率…………………………… 25, 215	差額法………………………………… 122
固変分解……………………………… 36	差額利益……………………………… 122
固定予算…………………………… 209, 210	作業時間差異………………………… 213
個別業務計画………………………… 120	作業時間差異の発生原因…………… 218
個別計画…………………………… 11, 34	サブシステム………………………… 247
個別原価計算………………………… 261	――の目標原価…………………… 247
個別構造計画………………………… 120	――の目標原価と見積原価の
個別新製品企画……………………… 242	比較……………………………… 249
個別新製品基本計画………………… 245	サプライチェーン・マネジメント
コミッテッド・コスト……………… 162	（ＳＣＭ）………………………… 77
コングロマリット…………………… 156	サブ連結……………………………… 107
混合差異……………………………… 212	参加型予算管理……………………… 54
	３分法………………………………… 211
＜サ行＞	残余利益（Residual Income）
	…………………… 94, 95, 172, 287, 289
在庫管理…………………………… 71, 76	シェアード・サービス……………… 110
在庫切れコスト……………………… 76	時間価値……………………………… 139
最小自乗法……………………… 36, 37, 175	事業戦略……………………………… 156
最適な換金額………………………… 72	事業ドメイン……………………… 7, 112
財務会計システム………………… 120, 127	事業のポートフォリオ……………… 116
財務活動…………………………… 79, 80	事業評価……………………………… 182
財務活動によるキャッシュ・フロー	事業部貢献利益……………………… 92
……………………………………… 28	事業部制……………………………… 103
債務償還年数………………………… 82	事業部制組織………………………… 85
財務情報分析………………………… 17	事業ポートフォリオ……………… 171, 182
財務諸表……………………………… 17	事業ポートフォリオ戦略…………… 162
財務の視点…………………………… 188	事業持株会社………………………… 104
財務流動性……………………… 67, 75, 81	識別可能な資産……………………… 277

資金	68
資金運用表	73, 74, 75
資金管理	67, 68, 81
資金繰表	68, 69, 70
資金繰り	68
資金計画	67, 81
資金計画表	73
資金統制	67
資金の源泉・運用表	73
資金予算	62, 63, 67, 78
資源ドライバー	225
自己完結（型）	86, 99
自己完結性	93
自己資本コスト	149
自己資本当期純利益率（ＲＯＥ）	23
自己資本比率	26
事後統制	53
市場成長率	157
自製か外注か	124
事前統制	53
実行予算	51, 56
実際原価	261
実査法	210
実数分析	18
自動見積作成	252
シナジー効果	165
資本コスト	95, 96, 149
資本資産評価モデル	149, 174
資本収益性	67
シミュレーション	72
社内金利	98
社内資本金	98
社内資本金制度	108
収益性分析	22
終価	290

重要業績評価尺度（ＫＰＩ）	201
重要成功要因（ＣＳＦ）	193, 201
受注の可否	122
主要機構	247
主要機能	247
主要機能別分解	246
主要業績評価指標	193
需要の価格弾力性	42
純粋持株会社	103
準変動費	36
証券市場線	175
消費差異	216
商品企画書	242
正味運転資本	73, 74, 75
正味運転資金	74
正味現在価値（ＮＰＶ）	143
職能別組織	85
新株発行による合併	285
新設分割	109
垂直統合	156
水平的多角化	156
趨勢比率分析	19
スキャター・グラフ（法）	36, 37
スターン・スチュワート社	171, 176
生産移行計画	267
生産技術部	248, 249
製造間接費	207, 209
――差異	214
――総差異	214, 215, 217
――標準	209
――標準配賦額	214
――標準配賦率	214
――予算（額）	209, 210
製造原価	255, 258
製造原価明細書	266

索　　引

製造支援活動······················ 223
製造高予算·························· 60
成長性分析·························· 26
税引前事業部利益·················· 92
製品企画構想······················ 242
製品支援レベル···················· 227
製品の目標原価···················· 245
セールスポイント·················· 244
セグメントの追加・廃止············ 129
セグメント別キャッシュ・フロー情報
································ 161
セグメント別損益情報·············· 161
絶対的ウェイト···················· 245
設備資金·························· 73
設備投資計画······················ 137
線形計画法························ 72
全部原価計算················ 44, 45, 123
専門化のメリット·················· 111
戦略······························ 7
　──実施プロセス·················· 12
　──的管理会計···················· 1
　──的計画···················· 10, 153
　──的コスト低減·················· 166
　──的コストマネジメント·········· 165
　──的事業計画システム············ 8
　──的マネジメント・システム··· 195
　──の策定·················· 5, 7, 153
　──マップ···················· 193, 200
　──の実施························ 6
総額法···························· 122
操業度···························· 265
操業度基準························ 227
操業度差異·············· 215, 217, 218
増減法···························· 18
総合原価計算······················ 261

総合新製品計画···················· 257
総合予算·················· 51, 53, 56
相互作用コントロール·············· 7
相互独立投資······················ 138
相互排他的投資···················· 138
総資産（本）回転率················ 23
総資産（本）経常利益率············ 22
相対的マーケットシェア············ 158
組織均衡理論······················ 3
損益分岐点分析···················· 38, 44

＜タ行＞

大綱的利益計画···················· 54
多角化戦略························ 156
棚卸資産の管理···················· 76
多品種少量生産···················· 219
単位数レベル······················ 227
単位生産能力当たり貢献利益········ 131
短期利益計画·············· 33, 44, 257
中間持株会社······················ 107
直接原価計算············ 44, 45, 46, 124
直接材料費························ 207
　──総差異·················· 211, 212
　──標準························ 208
　──予算························ 60
直接費···························· 259
直接法···························· 79
直接労務費························ 207
直接労務費総差異·················· 213
直接労務費標準···················· 208
直接労務費予算···················· 60
直課···························· 263
賃率差異·························· 213
賃率差異の発生原因················ 218

307

追加加工…………………	127
強み……………………	8
定額前渡制………………	71
提携……………………	163
デルファイ法……………	15
デルフィ法………………	15
投下資本…………………	97
投下資本回転率…………	180
投下資本利益率…………	178, 180
当座借越契約……………	71
当座資産…………………	25
当座比率…………………	25
投資額の二重計算………	140
投資価値…………………	139
投資活動…………………	79, 80
投資活動によるキャッシュ・フロー	
…………………………	28
投資評価尺度……………	116
投資ベース………………	95, 97
投資優先順位……………	147
特殊原価調査……………	121
独立採算性………………	86, 93

＜ナ行＞

内部業務プロセス（内部ビジネス	
・プロセス）の視点………	190
内部相互補助……………	230
内部分析…………………	17
内部利益率（法）………	144
二元的ＡＢＣ……………	230
2分法……………………	211
日本証券経済研究所……	176
ネットキャッシュ企業……	281
年齢調べ…………………	75

年齢調査…………………	75
能率……………………	3
能率差異…………………	215, 217, 218
のれん……………………	283

＜ハ行＞

バーナード………………	3, 14
買収……………………	274
買収価格の算定…………	294
配当性向…………………	115
配賦……………………	263
配賦基準数値……………	207
発注費……………………	76
バッチレベル……………	227
花形……………………	159
パフォーマンス…………	164
バランスト・スコアカード……	91, 187
販管費予算………………	61
販売費および一般管理費予算………	61
非現金支出費用…………	62
ビジネス・プロセス……	224
1株当たり営業キャッシュ・フロー	
…………………………	29, 30
1株当たり当期純利益…	24
表計算ソフト……………	63
標準管理…………………	207
標準原価…………………	205, 206, 260
――カード……………	208
――計算………………	205
――計算システム……	205
標準材料価格……………	208
標準材料消費量…………	208
標準作業時間……………	208
標準賃率…………………	208

索　　引

標準配賦率·························· 207
比率分析························· 19
品質機能展開···················· 242
複利現価表···················· 139
負債コスト···················· 173
負債の資本コスト············· 149
負債の評価···················· 278
負ののれん···················· 285
不働能力差異················· 216
部品構成表（Bill of Materials）
······················ 251, 253
部品別目標原価··············· 248
部門共通費···················· 264
部門個別費···················· 264
フリー・キャッシュ・フロー
·········· 30, 78, 79, 114, 162, 287
フリー・キャッシュ・フロー比率··· 30
振替価格······················· 98
不利差異···················· 206, 212
プログラミング··············· 10
プロセスの視点··············· 251
プロダクトミックス·········· 42, 130
プロフィット・センター······ 89, 90
分権化組織···················· 86
平均回収期間··················· 75
変動貢献利益··················· 92
変動費···················· 35, 209
変動費能率差異··············· 216
変動費率······················· 215
変動予算···················· 209, 210
ボーモル・モデル··············· 71
保管費························· 76
ボストン・コンサルティング・グループ
······················ 154, 171

＜マ行＞

埋没原価···················· 122, 132
負け犬······················· 159
増分法························· 122
マネジド・コスト·············· 161
マネジメント・コントロール········· 5
　——システム（ＭＣＳ）········· 87, 88
　——の会計··················· 2
　——の中心課題··············· 10
見積キャッシュ・フロー計算書
······················ 63, 64, 78
見積財務諸表··················· 51
見積資金運用表················· 73
見積資金繰表················· 68, 69
見積損益計算書················· 61
ミラー＝オア・モデル·········· 72
未利用原価···················· 218
無関連原価···················· 122
無限等比級数の公式············ 295
メインバンク制··············· 105
目標原価···················· 245, 246
目標原価の算定プロセス········ 246
目標整合性····················· 10
目標販売価格··················· 245
目標利益······················· 41
問題児························· 159

＜ヤ行＞

有利差異···················· 206, 212
要求品質展開··················· 243
要求品質のウェイトの決定········ 244
要求品質の属性················· 243

309

予算………………………	49	リエンジニアリング………………	42, 43
予算委員会……………………	55	利害関係者…………………………	4
予算管理………………	49, 207, 256	リストラクチャリング……………	42, 43
──の計画機能…………………	52	リベート……………………………	37
──の調整機能…………………	53	流動性………………………………	81
──の統制機能…………………	52	流動比率……………………………	25
予算期間………………………	49	歴史的原価…………………………	132
予算差異……………………	215, 217	レスポンシビリティ・センター……	89
予算制度………………………	50	レバレッジの度合い………………	82
予算編成………………………	12	レベニュー・センター……………	89, 90
予算編成基準…………………	54	レベルアップ率……………………	245
予算編成日程…………………	56	連結キャッシュ・フロー計算書……	28
予算編成方針…………………	54	連結納税制度………………………	108
予定資金運用表………………	73	連単倍率……………………………	23
弱み……………………………	8	労務費………………………………	259
		ローリング予算……………………	50

＜ラ行＞

ライフサイクル…………………	157
利益計画…………………………	38, 46

＜ワ行＞

割引キャッシュ・フロー法…………	143

執筆者紹介：

門田　安弘　神戸大学大学院経営学研究科博士後期課程単位取得退学
　　　　　　学術博士（筑波大学）
　　　　　　筑波大学名誉教授　　　　　　　　［第1章，第15章，第17章］

浜田　和樹　筑波大学大学院社会科学研究科博士課程単位取得退学
　　　　　　博士（経営工学）（筑波大学）
　　　　　　岡山商科大学経営学部　特任教授　　　　　　　　［第2章］

高野　　学　明治大学大学院商学研究科博士後期課程修了
　　　　　　博士（商学）（明治大学）
　　　　　　駒澤大学経済学部　教授　　　　　　　　［第2章］

松下　芳生　筑波大学大学院経営・政策科学研究科修士課程修了
　　　　　　経済学修士（筑波大学）
　　　　　　JPスタイル研究所　代表　　　　　　　　［第3章］

今林　正明　東京理科大学大学院理工学研究科博士課程単位取得退学
　　　　　　工学修士（東京理科大学）
　　　　　　目白大学経営学部経営学科　教授　　　　　　　　［第3章］

上埜　　進　Southern Illinois University 会計大学院博士課程修了
　　　　　　経営学博士（DBA）（南イリノイ大学）
　　　　　　甲南大学名誉教授　　　　　　　　［第4章］

坂手　啓介　関西学院大学大学院商学研究科博士課程後期過程単位取得退学
　　　　　　修士（商学）（関西学院大学）
　　　　　　大阪商業大学総合経営学部　准教授　　　　　　　　［第4章］

徳崎　　進　米国ハーバード大学ケネディ行政大学院公共経営研究科修士
　　　　　　課程修了
　　　　　　博士（経営学）（甲南大学）
　　　　　　関西学院大学専門職大学院経営戦略研究科　教授　　［第5章］

311

横田　絵理　慶應義塾大学大学院経営管理研究科博士課程単位取得退学
　　　　　　博士（経営学）（慶應義塾大学）
　　　　　　慶應義塾大学商学部　教授　　　　　　　　　　　　［第6章］

淺田　孝幸　神戸大学大学院経営学研究科博士後期課程単位取得退学
　　　　　　博士（経営学）（神戸大学）
　　　　　　大阪大学　名誉教授　　　　　　　　　　　　　　　［第7章］

塘　　誠　大阪大学大学院経済学研究科博士後期課程単位取得退学
　　　　　　博士（経済学）（大阪大学）
　　　　　　成城大学経済学部　教授　　　　　　　　　　　　　［第7章］

小沢　浩　名古屋大学大学院経済学研究科博士課程単位取得退学
　　　　　　博士（経済学）（名古屋大学）
　　　　　　名古屋大学大学院経済学研究科　教授　　　　　　　［第8章］

李　健泳　筑波大学大学院社会工学研究科博士課程修了
　　　　　　学術博士（筑波大学）
　　　　　　新潟大学　名誉教授　　　　　　　　　　　　　　　［第9章］

平岡　秀福　筑波大学大学院経営・政策科学研究科修士課程修了
　　　　　　博士（経営学）（明治大学）
　　　　　　創価大学経営学部　教授　　　　　　［第10章，第14章］

鈴木　浩三　筑波大学大学院ビジネス科学研究科企業科学専攻修了
　　　　　　博士（経営学）（筑波大学）
　　　　　　東京都水道局　中央支所長　　　　　　　　　　　［第10章］

杉山　善浩　大阪大学大学院経済学研究科博士前期課程修了
　　　　　　博士（経営学）（神戸大学）
　　　　　　甲南大学経営学部　教授　　　　　　　　　　　　［第11章］

小菅　正伸　関西学院大学大学院商学研究科博士課程後期課程単位取得退学
　　　　　　博士（商学）（関西学院大学）
　　　　　　関西学院大学商学部　教授　　　　　　　　　　　［第12章］

豊田　尊久　関西学院大学大学院商学研究科博士課程後期課程単位取得退学
　　　　　　修士（商学）（関西学院大学）
　　　　　　日本スピンドル製造株式会社　空調・冷熱事業部
　　　　　　企画グループリーダー　　　　　　　　　　　　　　［第12章］

松岡　俊三　大阪府立大学大学院経済学研究科博士課程単位取得退学
　　　　　　経済学修士（大阪府立大学）
　　　　　　阪南大学名誉教授　　　　　　　　　　　　　　　　［第13章］

山口　直也　北海道大学大学院経済研究科博士後期課程単位取得退学
　　　　　　経営学修士（北海道大学）
　　　　　　青山学院大学大学院会計プロフェッション研究科　教授
　　　　　　　　　　　　　　　　　　　　　　　　　　　　　［第13章］

片岡　洋人　一橋大学大学院商学研究科博士後期課程単位取得退学
　　　　　　博士（商学）（一橋大学）
　　　　　　明治大学専門職大学院会計専門職研究科　教授　　［第14章］

大串　葉子　九州大学大学院経済学研究院博士課程修了
　　　　　　博士（経済学）（九州大学）
　　　　　　椙山女学園大学現代マネジメント学部　教授　　　［第15章］

青木　章通　慶應義塾大学大学院商学研究科博士課程単位取得退学
　　　　　　修士（経営学）（専修大学）
　　　　　　専修大学経営学部　教授　　　　　　　　　　　　［第16章］

〈編著者紹介〉

門田安弘（もんでん　やすひろ）

現　　職：筑波大学名誉教授・学術博士（筑波大学）
　　　　　　日本組織会計学会の英文書シリーズ編集委員長
　　　　　　（http://jsoa.sakura.ne.jp/english/index.html）
関西学院大学経済学部卒業，神戸大学大学院経営学研究科博士後期課程単位取得退学．
愛知大学法経学部講師，大阪府立大学経済学部助教授を経て，
筑波大学社会工学系教授（1983 ～ 2004年）．
公認会計士試験第2次試験委員（2000 ～ 2003年）
Production and Operations Management Society（POMS），director（1992-1994年）．
Management Accounting Section of the American Accounting Association，director
　　　　（1986 – 1989年）．
JICAの短期派遣専門家としてシンガポールでリーン生産方式を技術指導（1987年）
JICAの短期派遣専門家としてタイ王国で戦略的原価管理を技術指導（1998年）

主要論文の掲載ジャーナル：
Journal of Management Accounting Research（American Accounting Association）
Advances in Management Accounting（ELSEVIER）
International Journal of Production Economics（ELSEVIER）
International Journal of Production Research（Taylor & Francis）

主要著書・編著：
Toyota Production System，1st edition， 1983. Industrial Engineering and Management
　　　　Press（第27回「日経・経済図書文化賞」受賞）
Toyota Production System，4th edition， 2012. New York，Taylor & Francis Group.
Management of an Inter-Firm Network， 2012. Singapore，World Scientific Pub. Co.
Management of Enterprise Crises in Japan， 2014. Singapore，World Scientific Pub. Co.
Lean Management of Global Supply Chain， 2015. Singapore，World Scientific Pub. Co.
Economics of Incentives for Inter-Firm Innovation， 2018. Singapore，World Scientific
　　　　Pub. Co.

セミナー管理会計
―――――――――――――――――――――――

2016年4月15日　初版発行
2019年10月1日　初版第2刷発行
2024年4月15日　初版第3刷発行

編著者　門田安弘
発行者　大坪克行
発行所　株式会社 税務経理協会
　　　　〒161-0033東京都新宿区下落合1丁目1番3号
　　　　http://www.zeikei.co.jp
　　　　03-6304-0505
印刷所　光栄印刷株式会社
製本所　牧製本印刷株式会社

 本書についての
ご意見・ご感想はコチラ

http://www.zeikei.co.jp/contact/

―――――――――――――――――――――――

本書の無断複製は著作権法上の例外を除き禁じられています。複製される
場合は、そのつど事前に、出版者著作権管理機構（電話03-5244-5088、
FAX03-5244-5089、e-mail: info@jcopy.or.jp）の許諾を得てください。

JCOPY ＜出版者著作権管理機構 委託出版物＞
ISBN 978-4-419-06315-3　C3063

© 門田安弘 2016 Printed in Japan